新学習指導要領対応

学校でも、家庭でも
教科書レベルの力がつく！

社会 小学3・4年生

習熟プリント

馬場田 裕康 著
橋口 龍太

JN094574

これならできた！

清風堂書店

はじめに

　本書は、学習指導要領に基づいて作られている3社（東京書籍・教育出版・日本文教出版）の教科書を検討しながら作成しました。

　中学年の社会科は、「地域学習」が主たる内容です。このプリント学習を通じて、地域に関心を持ち、地域のことを知るきっかけになればと思っています。

　もう一つは、高学年につながる社会科の基本的な技能や知識を身につけることにあります。例えば、地図記号を含めた「地図」の読み方、「グラフや資料」の読み取り方、都道府県名や産業などにかかわる「基本的な用語」などです。

【プリントの構成】

① イメージマップ （各単元のとびら）

　　単元全体のイメージがつかめるように、内容が一目でわかるようになっています。アミ字をなぞったり、色をぬったりして楽しんで学習してください。

② 項目別プリント

　　基礎・基本がしっかり定着することを大事しながら、思考力を高められるステップも用意しています。

③ 単元まとめプリント

　　基礎・基本がどれだけ定着しているかを確かめながら、キーワードなどを使って、思考力がつくような問題もあります。

④ 学年末まとめプリント

　　知識・技能・思考の力がどれだけついているかが、確かめられるようにしています。

※ 社会ゲーム

　　クイズ形式などで都道府県が楽しく覚えられるようにしています。

　学校での学習内容と、このプリントをリンクさせて、さらに学力がアップできるようになればと願っています。

　※漢字は、教科書にあわせています。そのため、習っていない漢字は読むときはふりがなつきの漢字、答えを書くときはひらがなにしています。

使い方

イメージマップ

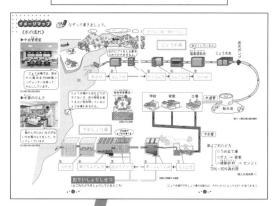

項目別プリント

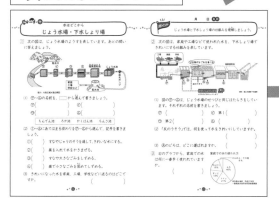

（基礎学力の定着・自己点検）

単元まとめプリント

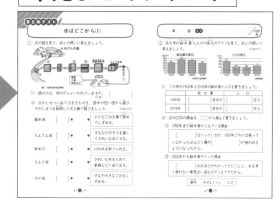

学年末まとめプリント

（知識・グラフの読み取り・思考の力がつくような問題）

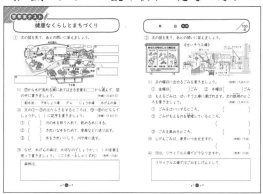

社会ゲーム

社会習熟プリント3・4年生　もくじ

作業① なぞってかきましょう。

① 八方位 (はちほうい)

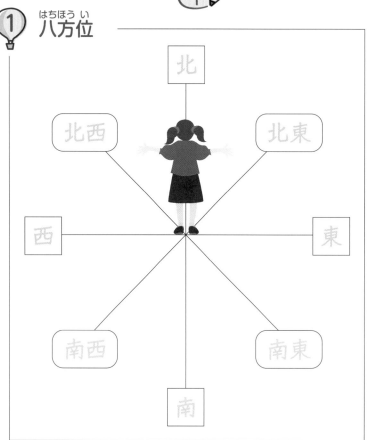

北
北西　北東
西　東
南西　南東
南

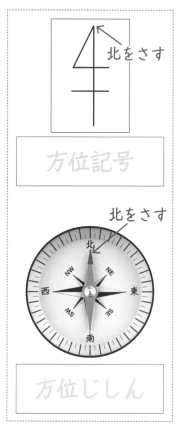

北をさす

方位記号

北をさす

方位じしん

② 地図記号 (ちずきごう)

記号	説明	記号	名前
🌾	(いねをかりとったあ)(との切りかぶ)	‖‖	田
🌱	(タネからめを出した)(2まい葉 (ば))	∨∨	畑 (はたけ)
〒	(昔 (むかし)のゆうびんの)(マーク)	⊖	ゆうびん局 (きょく)
⚲	(昔使 (つか)われていた火を)(消すための道具 (どうぐ))	Ψ	消 (しょう)ぼうしょ
✕	(けいぼうを交さして)(○でかこんだもの)	⊗	けいさつしょ

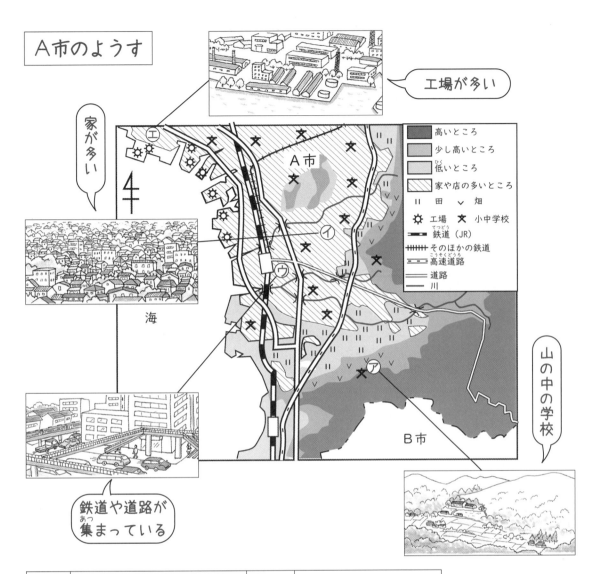

A市のようす

工場が多い

家が多い

海

鉄道や道路が集(あつ)まっている

山の中の学校

A市

B市

高いところ
少し高いところ
低いところ
家や店の多いところ
‖ 田　∨ 畑
✿ 工場　✖ 小中学校
━━ 鉄道(てつどう)（JR）
┿┿┿ そのほかの鉄道
▭▭ 高速道路(こうそくどうろ)
══ 道路
── 川

🌀🌀	（工場の 歯車(はぐるま)）	✿	工場
✚ ⛉	（赤十字のしるしをもとにしたもの）	⊞	病院(びょういん)
🏫	（文という形）	文	学校(小・中)
⛩	（神社(じんじゃ)の入り口にあるとりい）	卅	神社
🍎	（りんごやなしなどの実(み)を横(よこ)から見た形）	° ° ° °	くだもの畑

7

1 次の問いに答えましょう。

(1) 次の（ ）にあてはまる言葉を、[____]からえらんでかきましょう。

東西南北の向きのことを（① 　　　）といいます。

東西南北の（② 　　　）や、さらに細かくした（③ 　　　）などを用いて表すことができます。正かくな方位を知りたいときは、平らな所に右の写真の（④ 　　　）をおいて調べます。

> 方位じしん　　八方位　　四方位　　方位

> 方位じしんは、色のついたはりの先がさす方向が北になるのよ。

(2) 次の（ ）に東・西・南のどれかをかきましょう。

北を向いて立ったとき、右手は（① 　　　）、左手は（② 　　　）の方位をしめします。

また、せなかは（③ 　　　）を向きます。

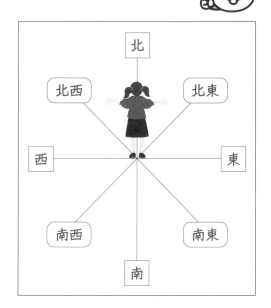

ポイント　方位を表すのに八方位を使うと、わかりやすいことを
知りましょう。

2 次の方位記号の( )の中に、あてはまる方位をかきましょう。

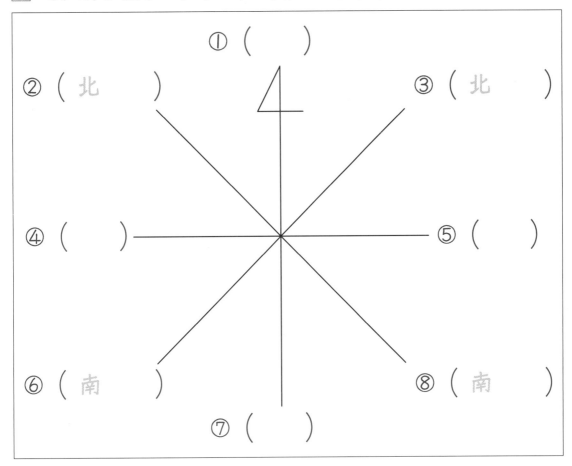

① ( )

② (北)　　　③ (北)

④ ( )　　　⑤ ( )

⑥ (南)　　　⑧ (南)

⑦ ( )

3 次の( )にあてはまる言葉を、⌐⌐⌐からえらんでかきましょう。

絵地図は、田や畑、住たくなど、(①)がどのように使

われているか、病院やゆうびん局などの(②)は

どこにあるかなどを絵でかいた地図のことです。地図をかくとき

は、ふつう上が(③)をしめしています。

┌─────────────────────────┐
│ 北　南　公きょうしせつ　土地 │
└─────────────────────────┘

絵地図

1 次の地図は，ある学校の校区の絵地図です。①〜④にしたがってかきましょう。

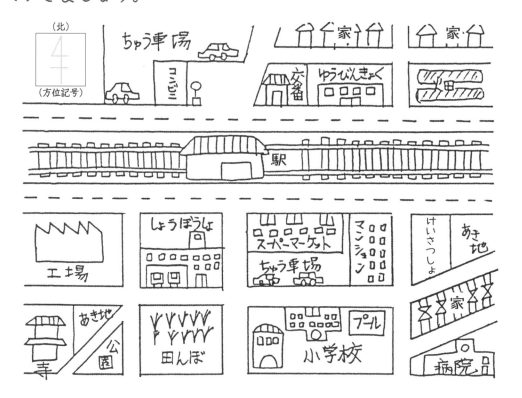

① 地図の左上の方位記号をなぞりましょう。

② 家が集まっているところを赤い色でぬりましょう。

③ 田んぼと畑を緑色でぬりましょう。

④ 工場を青色でぬりましょう。

ポイント　絵地図をかくときには、目じるしになるたて物^{もの}などをかきましょう。

🍎 地図からわかることとして、正しいものに○をつけましょう。

（　　）　駅^{えき}の南にはコンビニがある。

（　　）　この学校の校区には病院^{びょういん}はない。

（　　）　小学校は駅より南にある。

（　　）　小学校の東には田んぼがあり、寺がある。

2　絵地図をかくときについて、正しいものに○をつけましょう。

（　　）　地図の上を北とする。

（　　）　家は1つずつすべてかくようにする。

（　　）　目じるしになる学校や神社^{じんじゃ}などをかく。

（　　）　大きな道や川、鉄道^{てつどう}などをかくとき、方位をまちがえないようにする。

（　　）　数字や文字の向^むきは考えなくてもよい。

（　　）　車をたくさんかくと、道路^{どうろ}だとわかりやすい。

（　　）　土地のようすがわからないところは、自分が想^{そう}ぞうしたことを入れて、地図をつくる。

（　　）　家のあるところや、田畑^{たはた}、工場などは色分けをするとわかりやすい。

地図記号(きごう)

[1] 次(つぎ)の地図を見て、あとの問(と)いに答えましょう。

(1) 地図中の地図記号(きごう)は何を表(あらわ)していますか。①～⑦にあてはまる言葉(ことば)を、[　]からえらんでかきましょう。

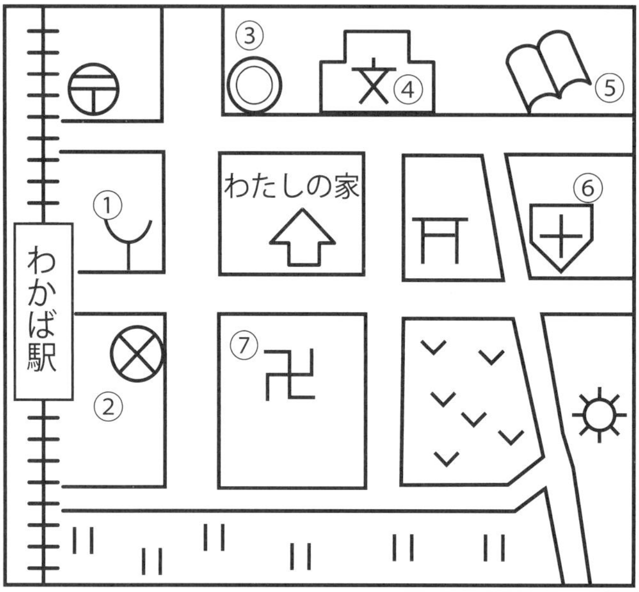

①（　　　　　　）
②（　　　　　　）
③（　　　　　　）
④（　　　　　　）
⑤（　　　　　　）
⑥（　　　　　　）
⑦（　　　　　　）

けいさつしょ　学校　消(しょう)ぼうしょ　市役所(しやくしょ)　寺　図書館(としょかん)　病院(びょういん)

(2) 次の文を読んで、たて物(もの)の名前を[　]から、地図記号を地図からえらんでかきましょう。

① 駅の北にあり、手紙や小づつみなどをあつかっている。（　　　　　　）□

② わたしの家の道路(どうろ)をはさんだ東がわにある。（　　　　　　）□

③ 地図の南東のはしにあり、物をつくっている。（　　　　　　）□

工場　神社(じんじゃ)　ゆうびん局(きょく)

ポイント

地図記号の意味を知りましょう。

2　次の地図記号と意味のあうものを、線でむすびましょう。

① 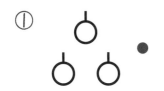 ●　　　　　　● 工場（工場でつくるきかいの部品（歯車））

②  ●　　　　　　● くだもの畑（くだものの形）

③  ●　　　　　　● 田（いねをかりとったあとの形）

④  ●　　　　　　● 畑（タネからめを出した2まいの葉の形）

⑤  ●　　　　　　● ろう人ホーム（つえをもつ人がいる家の形）

⑥  ●　　　　　　● けいさつしょ（けいぼうを交さした形）

地図をつくる

1 山田小学校の校区の地図を見て、次の（ ）にあてはまる言葉を、⌐⌐⌐からえらんでかきましょう。

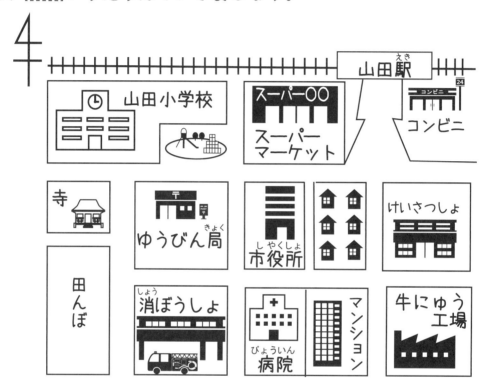

　町の北には（① 　　　　　　　）が走っていて、駅前には
（② 　　　　　　　）やコンビニがあり、多くの人が出入りしています。山田小学校は、駅から線路にそって（③ 　　　　　　　）に進むとあります。学校の給食で飲んでいる牛にゅうは、この町の
（④ 　　　　　　　）にある牛にゅう工場からとどけられています。町の西には（⑤ 　　　　　　　）があり、大みそかに除夜のかねが鳴ります。

⌐ ⌐ ⌐ ⌐ ⌐ ⌐ ⌐ ⌐ ⌐ ⌐ ⌐ ⌐ ⌐ ⌐ ⌐ ⌐ ⌐ ⌐ ⌐ ⌐
スーパーマーケット　鉄道　寺　西　南東
∟ ∟ ∟ ∟ ∟ ∟ ∟ ∟ ∟ ∟ ∟ ∟ ∟ ∟ ∟ ∟ ∟ ∟ ∟

ポイント　地図をかくときには、方位と地図記号を上手に使いましょう。

② 左の地図を見て、次の問いに答えましょう。

（1）地図中の①〜⑨に入る「地図記号」を▭▭からえらんでかきましょう。また、住たくがあるところはピンク色、お店は茶色にぬりましょう。

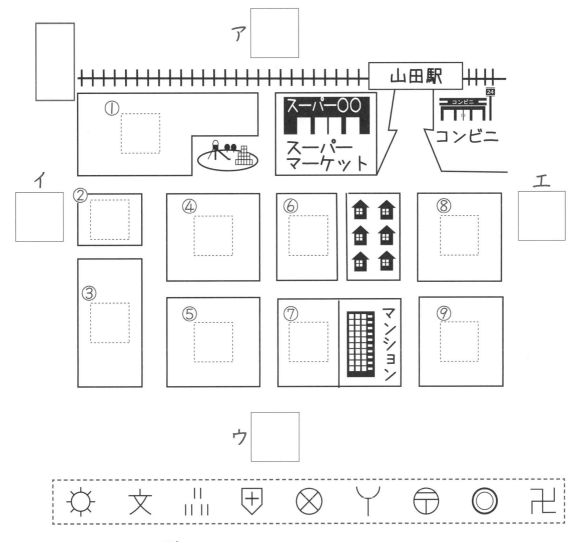

（2）▭ア〜エに方位をかきましょう。

（3）▭に方位記号をかきましょう。

町たんけん・公きょうしせつ

1　町のようすを調べるために、町たんけんに出かけます。次の問いに答えましょう。

(1)　持っていくものとしてよいと思うものに、○をつけましょう。

（　　　）自転車　　　　　　（　　　）たんけんカード

（　　　）えんぴつ　　　　　（　　　）おかし

（　　　）ゲーム　　　　　　（　　　）ノート

(2)　町たんけんをするときに気をつけることとして、正しいものに○をつけましょう。

（　　　）学校の外に出るので、交通ルールは必ず守る。

（　　　）歩きながら、進む方向をその時に決める。

（　　　）町の中のいろいろなものを見落とさないように、できるだけ歩道を広がって歩くようにする。

（　　　）行きたい場所や知りたいことを話し合って決めておく。

(3)　町の人にインタビューをすることにしました。インタビューのしかたで、よいと思うものに○をつけましょう。

（　　　）話を聞かせてもらえるかどうか、はじめに聞く。

（　　　）聞いたことや知ったことなどは、メモしておく。

（　　　）仕事がいそがしそうでも、インタビューする。

（　　　）話を聞いたあとはお礼を言う。

ポイント　町たんけんをして、公きょうしせつのやくわりを学びましょう。

2　公きょうしせつについて、次の問いに答えましょう。

(1)　次の（　）にあてはまる言葉を、┈┈からえらんでかきましょう。

公きょうしせつとは、（①　　　　　　　　　　）のためにつくられたたて物や場所のことです。たとえば、みんなが通っている（②　　　　　　　　　）や、だれもが遊べる（③　　　　　　　）などがあります。

┌─────────────────────────┐
学校　　コンビニ　　みんな　　公園
└─────────────────────────┘

(2)　次の仕事をしている公きょうしせつを、線でむすびましょう。

絵や書、工芸などの作品をてんじしている。　　●

●　市役所

たくさんの本がおいてあり、本を読んだり、かりたりすることができる。　　●

●　図書館

市みんのけんこうや子育てなど、市みんのくらしやさん業にかかわるさまざまな仕事を行っている。　　●

●　美じゅつ館

市のようす(1)

1 次の地図はA市のようすを表したものです。地図を見て、あとの問いに答えましょう。

(1) ( )にあてはまる言葉を、 からえらんでかきましょう。

A市のようす

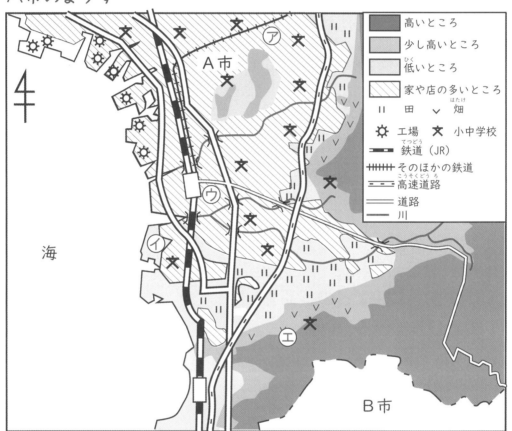

A市の土地のようすを見てみると、西部は(①)が広がっていて、市の東から西にかけて(②)が流れています。北部には(③)がたくさん集まっていて、南部には(④)が多く、米や野さいなどをつくっています。

川　家や店　海　田や畑

月　　日 [名前]

ポイント

地図から市のようすを学びましょう。

(2) 左の地図を見て、次の問いに答えましょう。

① 工場が多いのは、北部と南部のどちらですか。(　　　　)

② 学校が多いのは、北部と南部のどちらですか。(　　　　)

③ ＪＲはこの地いきをほぼどの方向に通っていますか。次のア〜ウからえらびましょう。(　　　　)

ア 北〜南　　イ 東〜西　　ウ 北西〜南東

④ 次の文は市役所のまわりについてせつ明しています。市役所のある場所を地図中の㋐〜㋓からえらんでかきましょう。

市役所のまわりには家やお店が多く、JRのほかに鉄道などの交通が集まっています。

(　　　　)

⑤ 人口が多いのは北部と南部のどちらでしょう。また、そう考えた理由を答えましょう。

人口が多いのは(　　　　)です。

理由は、(家や店、田や畑) という言葉を使ってかきましょう。

地図と方位
市のようす(2)

1 次の地図を見て、あとの問いに答えましょう。

A市のようす

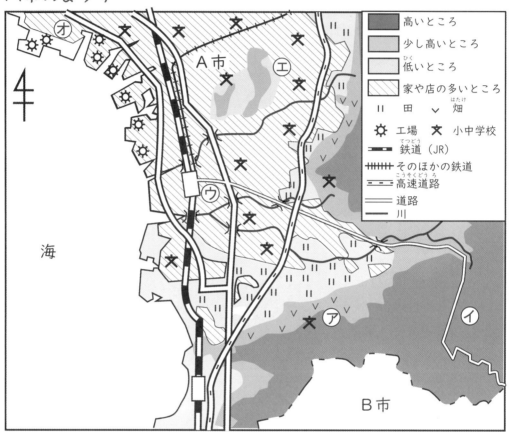

凡例:
- 高いところ
- 少し高いところ
- 低いところ
- 家や店の多いところ
- ‖ 田　∨ 畑
- ✿ 工場　✘ 小中学校
- ▬ 鉄道（JR）
- ╫ そのほかの鉄道
- ▭ 高速道路
- ═ 道路
- ─ 川

(1) 次の文で、正しいものに○をつけましょう。

（　　）山は、くだもの畑に使われている。

（　　）工場は、海がわに多い。

（　　）A市を通っている鉄道は、JRだけである。

（　　）家は、山のしゃ面に多く集まっている。

（　　）A市には、川は流れていない。

ポイント

地図から市のようすを学びましょう。

(2)　次の絵は、地図のどの地点をかいたものでしょうか。左のページの地図の㋐〜㋑にあてはまるものをえらび、記号（きごう）でかきましょう。（同じ答えが2つあります。）

①　山が多いところ
（　　　）

②　家が集まっているところ
（　　　）

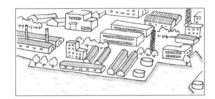

③　工場が多いところ
（　　　）

④　駅前（えきまえ）の商店がいがあるところ
（　　　）

⑤　鉄道や道路が集まっているところ　（　　　）

⑥　山の中に学校があるところ
（　　　）

2　市のことを調（しら）べるとき、パソコンを使ってしりょうを集めることができます。このようなネットワーク（仕組（しく）み）のことを何といいますか。[____]からえらんでかきましょう。

（　　　　　　　　　　　　）

メディア放送（ほうそう）　　インターネット　　テレビゲーム

まとめテスト

地図と方位(ほうい)(1)

[1] 次(つぎ)の方位記号(ほういきごう)の①〜④に、あてはまる言葉(ことば)をかきましょう。

(2点×4)

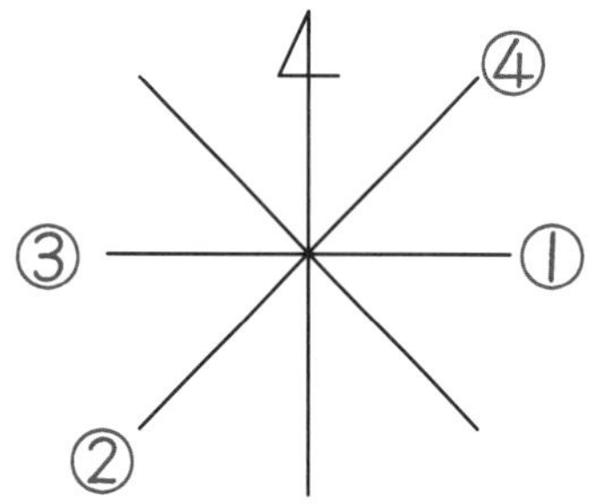

①(　　　　)　②(　　　　)

③(　　　　)　④(　　　　)

[2] [1]の方位の表(あらわ)し方を何といいますか。　(2点)

(　　　　　)

[3] 次の地図記号は、何を表しているか答えましょう。　(4点×8)

① 〶(　　　　)　② 卍(　　　　)

③ ⛨(　　　　)　④ ☼(　　　　)

⑤ ∴(　　　　)　⑥ ⊗(　　　　)

⑦ ◎(　　　　)　⑧ Y(　　　　)

[4] 地図をかくときに気をつけることとして、正しいものに○をつけましょう。　(4点×2)

(　　) 地図の上は北とする。

(　　) 地図の上は南とする。

(　　) 家は1けんずつかく。

(　　) 目じるしとなる学校や神社(じんじゃ)などをかくとわかりやすい。

(　　) 道路(どうろ)は車をたくさんかくとわかりやすい。

月　日 [名前]　／100点

[5] 次の地図は、ある町の駅前(えきまえ)のようすを表したものです。あとの問(と)いに答えましょう。

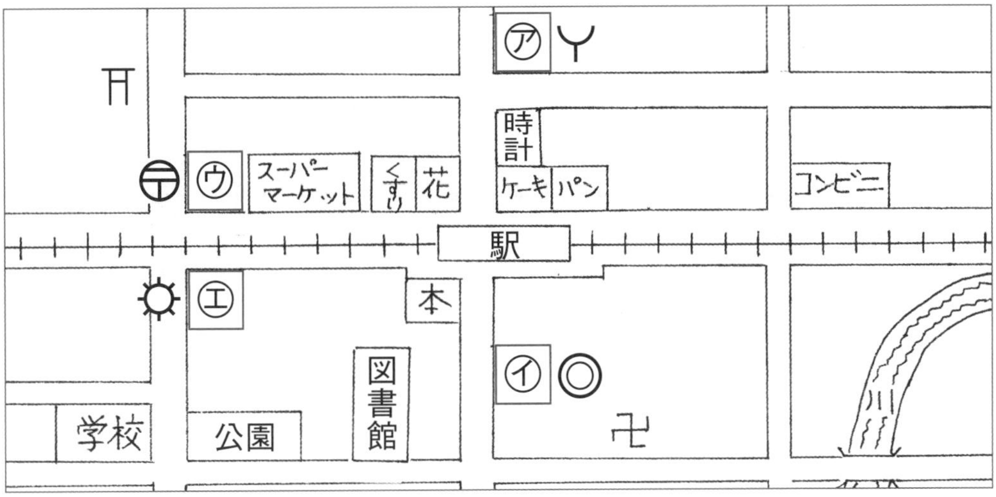

(1) 次の場所(ばしょ)は地図の㋐～㋓のどこを表しているでしょう。話を聞いて答えましょう。(10点×4)

：スーパーのとなりに①ゆうびん局(きょく)があるよ。

：②工場は、ゆうびん局の南にあるんだ。

：駅の北には、③消(しょう)ぼうしょがあるんだ。

：④市役所(しやくしょ)は、工場より東にあるよ。

① ゆうびん局（　　）　② 工場（　　）

③ 消ぼうしょ（　　）　④ 市役所（　　）

(2) 次のたて物(もの)を西から東にじゅん番にならべましょう。(完答10点)

図書館(としょかん)　市役所　学校　寺

西（　　→　　→　　→　　）東

まとめテスト

地図と方位(2)

[1] ある市のようすを表した地図を見て、次の問いに答えましょう。

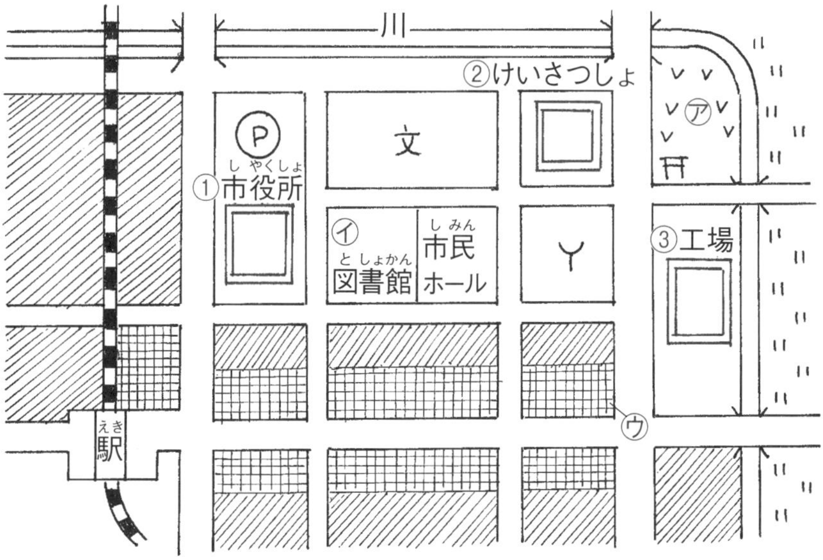

店の多いところ　家の多いところ

(1) 地図の3つの□にあてはまる地図記号をかきましょう。 (10点×3)

①(　　　　)　②(　　　　)　③(　　　　)

(2) 店の多いところには青色、家の多いところにはピンク色をぬって地図をかんせいさせましょう。 (10点)

(3) 次の絵は、地図中の㋐〜㋒のどの地いきのようすを表したものでしょう。あてはまるものを記号でかきましょう。 (5点×3)

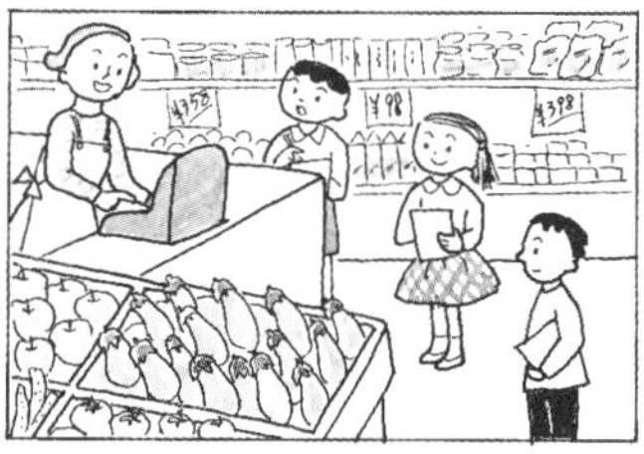
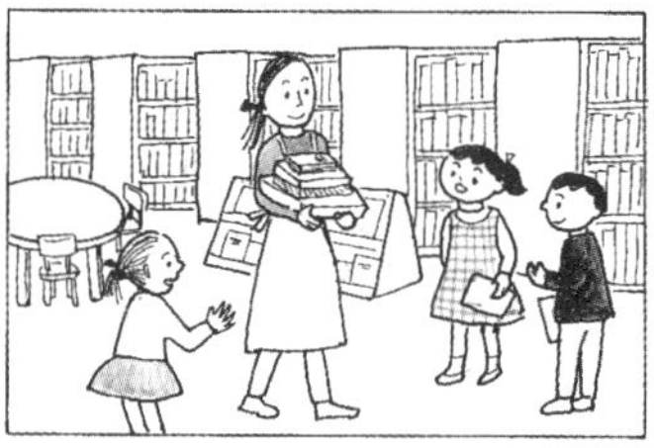
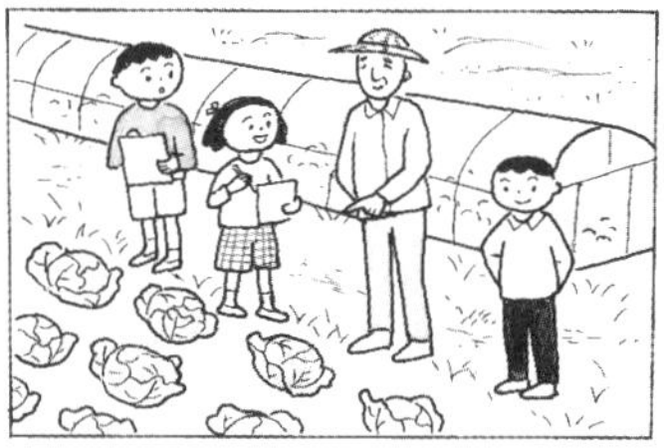

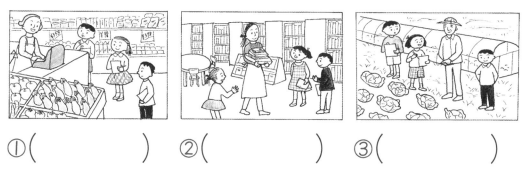

①(　　　　)　②(　　　　)　③(　　　　)

(4)　右の地図記号のせつ明として、正しいものを次のア〜エから１つえらびましょう。　（6点）

```
∨ ∨ ∨
 ∨ ∨
∨ ∨
```

ア　めを出してきた２まいの葉の形

イ　そろばんの玉の形

ウ　くだものの形

エ　工場にあるきかいの歯車の形　　　　　（　　　　　）

(5)　次の文を読んで、正しいものに〇をつけましょう。　（5点×3）

（　　　）　駅の東の方には買い物をするところが集まっている。

（　　　）　東の方には工場がある。

（　　　）　川は学校の近くを流れている。

（　　　）　学校のまわりは田になっている。

（　　　）　川に橋は５つかかっている。

(6)　店が多いところがどこか、（　）にあてはまる言葉を、┌┄┄┐からえらんでかきましょう。　（8点×3）

大きな道路があるところや、（①　　　　）前は、（②　　　　）のべんがよく、人がたくさん集まってきます。それらの人たちがり用できるように（③　　　　）が多くつくられています。

┌┄┄┄┄┄┄┄┄┄┄┄┐
┊　店　　駅　　交通　┊
└┄┄┄┄┄┄┄┄┄┄┄┘

イメージマップ

 作業1 なぞってかきましょう。

コンビニエンスストア

- 長時間開(あ)いている。
- 小さな店内に多くの商品(しょうひん)が ある。
- 銀行(ぎんこう)のかわりにもなる。

スーパーマーケット

©株式会社阪急オアシス

- 品物(しなもの)が多い。　・安い。
- 広いちゅう車場がある。
- たくさん買える。

商店(しょうてん)がい

- お店の人と話しながら買い 物ができる。
- お店どうしがきょう力して イベントなどを行っている。

なし 〔鳥取県(とっとり)〕

さつまいも 〔鹿児島県(かごしま)〕

きゅうり 〔宮崎県(みやざき)〕

かく地でとれる野菜・くだもの

作業2 それぞれの都道府県を
すきな色でぬりましょう。

たまねぎ

じゃがいも
〔北海道〕

〔青森県〕
りんご

キャベツ
〔群馬県〕

もも
〔福島県〕

レタス
〔長野県〕

だいこん
〔神奈川県〕

みかん
〔和歌山県〕

す
〔高知県〕

店ではたらく人びと
買い物調べ

1 次のグラフを見て、あとの問いに答えましょう。

(1) 3年1組（30人）で買い物調べをしました。右の表は何を表していますか。

［　　　　　　　　　　］

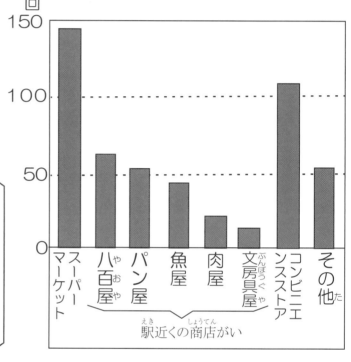

1週間で買い物をした店と回数

回

駅近くの商店がい

(2) 上のグラフについて、正しいものに○をつけましょう。

（　　）駅近くの商店がいで買い物をした回数をあわせると、スーパーマーケットでの回数より多い。

（　　）一番多く買い物をした店は、コンビニエンスストアである。

（　　）駅近くの商店がいの店は、仕事帰りの人だけがり用している。

（　　）1週間にスーパーマーケットでの買い物をおよそ150回している。

ポイント　どこで買い物をすることが多いのか、グラフや表から読み取りましょう。

② 次の表は、たくやさんの家族（かぞく）の１週間の買い物調べ表です。この表を見て、あとの問いに答えましょう。

1週間の買い物調べ　　　　　　　　　　　　　　たくやさんの家

	日	月	火	水	木	金	土
パン	スーパーマーケット					パン屋	
肉	スーパーマーケット						
野さい	スーパーマーケット						
魚	スーパーマーケット						
飲み物（のみもの）	スーパーマーケット			コンビニエンスストア			
おかし	スーパーマーケット			コンビニエンスストア		コンビニエンスストア	
文房具（ぶんぼうぐ）	スーパーマーケット						
洋服（ようふく）							デパート
その他　どこで		コンビニエンスストア		コンビニエンスストア	ドラッグストア		デパート
その他　何を		電池		おにぎり	せんざい		くつ

(1) 次の文のうち正しいものをえらんで、番号（ばんごう）をかきましょう。

① 毎日買い物をしている。

② コンビエンススストアで買うのは、食べ物だけである。

③ 一番多く行っているのがコンビニエンスストアである。

④ 一番多くのしゅるいの品物（しなもの）を買った日は、月曜日である。

（　　　　　　　）

(2) 上の表からスーパーマーケットのようすがわかることを考えてかきましょう。

（

　）

店ではたらく人びと
スーパーマーケットの仕事(1)

1 次の( )にあてはまる言葉を、□□□からえらんでかきましょう。

スーパーマーケットには、遠い所からでも車で来られるように、大きな(①   )があります。また、食べ物から洋服まで(②   )の品物があり、(③   )にまとめて買うことができます。新聞に入っていたり、インターネットで見れる(④   )で、安いものが何かがわかり買いに行けます。また、家族の人数に合わせてほしい(⑤   )だけ買えるように、いろいろな大きさに切られた野さいなどが売り場に出されています。

> 一度　　たくさん　　チラシ　　ちゅう車場　　りょう

2 スーパーマーケットの「安全・安心のくふう」について、正しいものに〇をつけましょう。

（　　） 野さいのそばに、りょう理で使う調味りょうもいっしょにおいている。

（　　） 野さいをつくった農家の人の名前や顔を、お客さんにつたえている。

（　　） 食べ物からふだんの生活で使う品物まで、たくさんの品物をおいている。

（　　） 遠くからでもよく見えるように、大きなかん板がある。

ポイント　　スーパーマーケットの仕事を写真などから学びましょう。

③　品物にはられているシールのせつ明を、ア〜オからえらんで、記号（きごう）をかきましょう。

©株式会社阪急オアシス

ア　バーコード

イ　消（しょう）ひ期（き）げん

ウ　加工（かこう）会社など

エ　品名（ひんめい）と生（せい）さん地（ち）

オ　ねだん

④　次の写真（しゃしん）について、せつ明した文を線でむすびましょう。

©株式会社阪急オアシス

©株式会社阪急オアシス

©株式会社阪急オアシス

牛にゅうパックやトレーなどを回しゅうするためのリサイクルボックス

しょうがいがある人のためのちゅう車スペース

小さな子どもをつれていても荷物（にもつ）が楽に運べるように、子どもを乗（の）せることができるカート

スーパーマーケットの仕事(2)

１ 次の問いに答えましょう。

(1) スーパーマーケットで①〜③の仕事をしている人を、㋐〜㋒の写真からえらびましょう。

① できたてのおそうざいを食べられるように、1日に何回かにわけて作っている。　　　　　　　　　　　　（　　　　）

② 品物がなくなっていないかなど品物の売れぐあいを調べて、注文する数を決めている。　　　　　　　（　　　　）

③ 品物の名前とねだんが、自動でレシートにうち出されるバーコードをきかいで読み取っている。　　（　　　　）

㋐

㋑

㋒

©株式会社阪急オアシス

(2) 次のＡ・Ｂは、お客さんのねがいです。これは(1)の㋐〜㋒のどれとかんけいしていますか。記号をかきましょう。

Ａ 品切れがないようにしてほしい。　　　　　　　（　　　　）

Ｂ 夜おそくても、おそうざいのしゅるいを多くしてほしい。
　　　　　　　　　　　　　　　　　　　　　　　　（　　　　）

ポイント　スーパーマーケットの仕事と、品物がどこから運ばれ
てくるかを写真や図から学びましょう。

2　まことさんは、自分が住んでいる町のスーパーマーケットの品
物が、どこから運ばれてくるのかを調べています。次の問いに答
えましょう。

(1)　れいをさん考にして、地図中の▢にあてはまる品物の名
前をかきましょう。

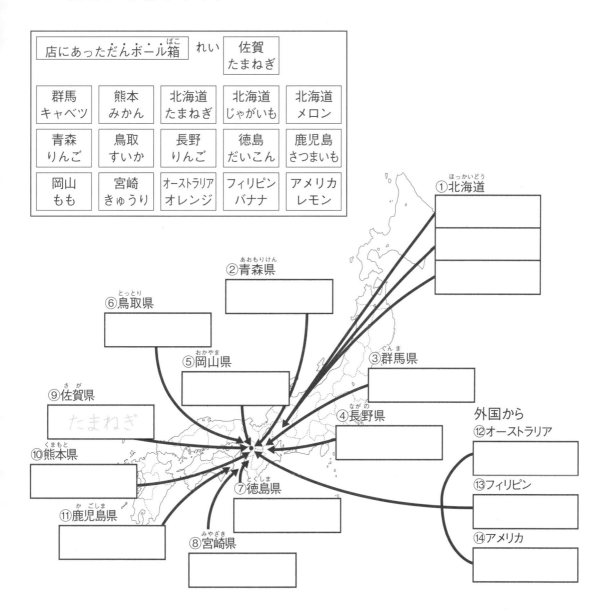

まとめテスト

店ではたらく人びと

[1] 次(つぎ)の①～⑥は、㋐家の近くの商店(しょうてん)がい、㋑スーパーマーケット、㋒コンビニエンスストアのうち、どの店のとくちょうをしめすものでしょうか。（ ）に㋐～㋒をかきましょう。 （8点×6）

① （　　） 品物(しなもの)のしゅるいやりょうが多いので、一度(いちど)に多くの買い物ができる。

② （　　） お店の人と知り合いになって、りょう理のしかたなどを直せつ聞けたりできる。

③ （　　） 夜おそく開(あ)いているので、足りなくなった物がすぐ買える。

④ （　　） おまけしてくれたりもする。

⑤ （　　） 広いちゅう車場があるので、自動車(じどうしゃ)でたくさんの買い物ができる。

⑥ （　　） 映画(えいが)やコンサートのチケットが取れたり、銀行(ぎんこう)の仕事(しごと)をしたり、おべんとうも売ったりしている。

[2] 駅前(えきまえ)の商店がいでは，お客(きゃく)さんが雨や雪の日でも、かさをささないで買(か)い物(もの)がしたいというねがいに対(たい)してどのようなくふうをしていますか。番号(ばんごう)をかきましょう。 （10点）

① アーケード（屋根(やね)）をつけている。
② チラシをくばる。
③ ちゅう車場をつくっている。

（　　）

3　次の問いに答えましょう。　　　　　　　　　　（8点×4）

(1)　次の（　）にあてはまる言葉を、□からえらんでかきましょう。

> こんでいるときでも、車いすや（①　　　　　　　　）が使えるように（②　　　　　　）が広くなっています。また、①には小さな子どもが乗れるものがあり、大人の人は安心して買い物ができます。また、（③　　　　　　）が平らになっているので、つえをついている高れい者も安全に買い物ができます。

> ゆか　　　通路　　　ショッピングカート

(2)　(1)のせつ明は、①の㋐〜㋒のどれですか。　　　（　　　）

4　次の地図で、外国から運ばれてくるものは何ですか。地図から1つえらびましょう。　　　　　　　　　　　　　　　（10点）

（　　　　　　　　）

青森県
山形県
長野県
愛媛県
フィリピン

イメージマップ

作業1 ✏️ なぞってかきましょう。

① 野さい（きゅうり）が出荷されるまで

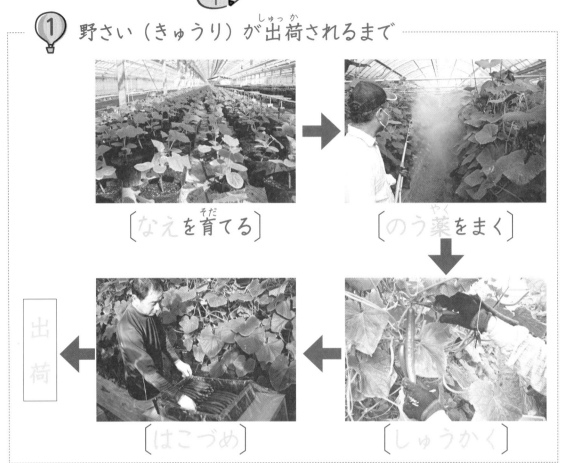

〔なえを育てる〕 → 〔のう薬をまく〕

出荷 ← 〔はこづめ〕 ← 〔しゅうかく〕

② 野さいの出荷時期（宮崎市）

ビニールハウス
寒いときでも、中はあたたかいので、育てることができる。

品目 （品種）		出荷時期											ピーク
		1月	2月	3月	4月	5月	6月	7月	8月	9月	10月	11月	12月	
きゅうり		ハウスさいばい							※ろ地さいばい			ハウスさいばい		12〜5月
ピーマン		ハウスさいばい						※ろ地さいばい				ハウスさいばい		12〜5月
トマト		ハウスさいばい											ハウスさいばい	3〜4月

※ろ地さいばい…外で育てること　　● ハウスさいばい…ビニールハウスで育てること

③ パンが出荷されるまで

〔ざいりょうをき かいでねる〕

〔生地を休ませ てふくらませる〕

出荷

〔１きんずつ ふくろづめ〕

〔バケットで休ま せてからやく〕

〔きかいで同じ大 きさに切る〕

 ④ 安全なせい品をつくるため

ぼうし

マスク

白い服

手ぶくろ

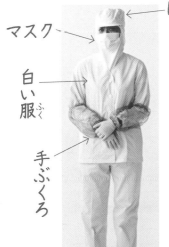

食品をつくっている工場では、えいせいにとくに注意しています。作業をするときは、決められた服を着て、ぼうしやマスクをつけているのよ。

風で服のほこりをとっているよ。

畑ではたらく人びと
宮崎市でつくられる農ちくさん物

1 次は宮崎市でつくられている農ちくさん物（野さいやくだもの、肉やたまごなど）を表したものです。あとの問いに答えましょう。

宮崎市

かく地区の主な農ちくさん物

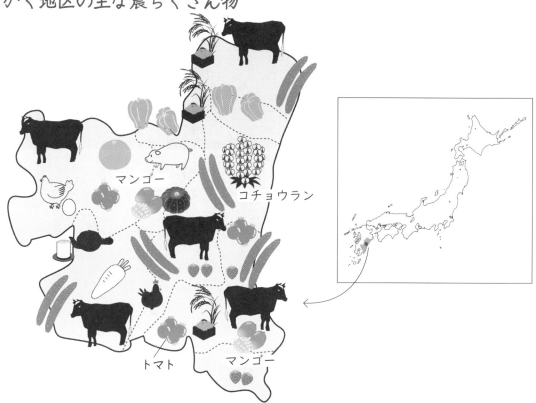

マンゴー

コチョウラン

トマト

マンゴー

右の表は市でつくられている野さいを表しています。一番多くつくられている野さいの名前をかきましょう。

（　　　　　　　）

宮崎市でつくられている野さい

	生さん量（トン）
きゅうり	32,306
ピーマン	4,799
マンゴー	405
黒皮かぼちゃ	50.8

（宮崎市調べ　2019年）

ポイント　畑ではどんなものがつくられているかを、地図から学びましょう。

2　左の地図からわかることについて、正しいものに○をつけましょう。

（　　）　マンゴーや、コチョウランなど暑い国の農作物がつくられている。

（　　）　お米はつくられていない。

（　　）　ちくさんは、肉牛だけである。

（　　）　トマトやきゅうり、ピーマンなどの夏野さいがつくられている。

（　　）　きゅうりは、多くの地区でつくられている。

3　農家の見学のしかたについて、正しいものに○をつけましょう。

（　　）　畑のようすや農家の人がどのような作業をしているかをよくかんさつする。

（　　）　農家の人が話をしているときに、友だちとしゃべってもよい。

（　　）　見学が終わったら、農家の人にお礼を言う。

（　　）　話を聞いてわかったことは、メモをしておく。

（　　）　自分が気になる野さいがあると、勝手に見に行く。

畑ではたらく人びと
農家の仕事(1)

1　宮崎市の農さん物を表しています。次の問いに答えましょう。

品目 (品種)		出荷時期												ピーク
		1月	2月	3月	4月	5月	6月	7月	8月	9月	10月	11月	12月	
きゅうり			ハウスさいばい							※ろ地さいばい			ハウス さいばい		12～5月
マンゴー					ハウスさいばい									5～6月
トマト			ハウスさいばい										ハウス さいばい	3～4月
ミニ トマト			ハウスさいばい										ハウス さいばい	3～5月

※ろ地さいばい…外で育てること　　● ハウスさいばい…ビニールハウスで育てること

(1)　出荷時期が一番長い農さん物の名前をかきましょう。

（　　　　　　　　　　　　）

(2)　次の（　）にあてはまる言葉を、［＿＿］からえらんでかきましょう。

表の農さん物は（　　　　　　）の野さいとくだものですが、出荷

は（　　　　　　）から春にかけてです。

右の写真の（　　　　　　　　）

を使います。この中はあたたかいの

で、寒いきせつでも育てることがで

きます。

┌──────────────────────┐
　ビニールハウス　　夏　冬
└──────────────────────┘

月　　日 [名前]

ポイント　畑でつくられている野さいが出荷されるまでを、写真や表から学びましょう。

2　次の写真は、（宮崎市の）きゅうりの出荷までのようすです。かんけいする言葉を［　　］からえらんで記号（きごう）をかきましょう。

（①　　　）

（②　　　）

（③　　　）

（④　　　）

㋐　しゅうかくする	㋑　なえを育てる
㋒　箱（はこ）づめをする	㋓　農薬（のうやく）をまく

畑ではたらく人びと
農家の仕事(2)

1　農家の人びとは、くだものや野さいをつくってしゅうかくするまでに、えだ切りや実をまびくなどの多くの仕事をします。これは何のためですか。正しいものに○をつけましょう。

※まびく…なえをじょうぶにするために、間のなえをぬくこと。

（　　）　しゅうかくを楽にするため。

（　　）　たくさんのしゅるいのくだものや野さいをつくるため。

（　　）　おいしいくだものや野さいをつくるため。

2　農業に必要なきかいやひ料を売ったり、農家の作物づくりの助けになる仕事をしているところを何といいますか。次からえらんで番号をかきましょう。

①農協（農業協同組合/JA）　②村役場　③青果市場

（　　　　　　）

3　次の（　）にあてはまる言葉を、_____からえらんでかきましょう。

　　給食などでは、地いきでつくられたものを地いきで食べるという（　　　　　　　）の取り組みが進められています。

地いきでつくられたものは（　　　　　　　）で、生さん者がわかるので（　　　　　　）して食べることができます。

┌──────────────────────────┐
│　安心　　新せん　　地さん地消　│
└──────────────────────────┘

ポイント

農家の人びとと農協のつながりを図から学びましょう。

④　次の表の①～③にあてはまる言葉を、[＿＿＿]からえらんでかきましょう。

八百屋　　工場　　青果市場　　農家

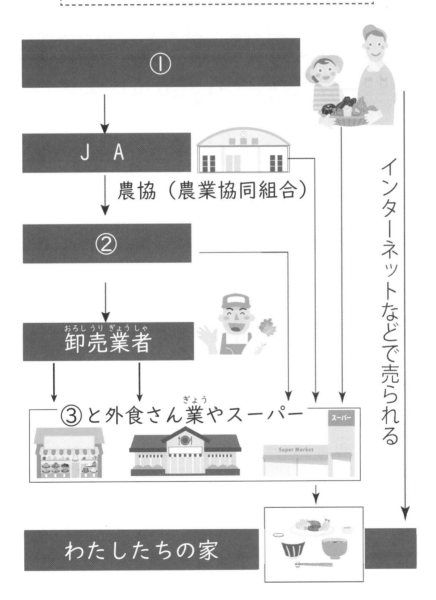

①

JA

農協（農業協同組合）

②

卸売業者

③と外食さん業やスーパー

インターネットなどで売られる

わたしたちの家

①	②	③

畑ではたらく人びと

① 次の表を見て、あとの問いに答えましょう。

品目 (品種)		出荷時期												ピーク
		1月	2月	3月	4月	5月	6月	7月	8月	9月	10月	11月	12月	
きゅうり			ハウスさいばい						※ろ地さいばい			ハウスさいばい		12〜5月
トマト			ハウスさいばい										ハウスさいばい	3〜4月

(1) 表からわかることについて、（ ）にあてはまる言葉をかきましょう。 (完答25点)

きゅうりが外でつくられるのは、（　　）月〜（　　）月です。

(2) (1)いがいでは、きゅうりは右の写真のようなしせつを使ってつくられています。このようなしせつを何といいますか。 (15点)

（　　　　　　　　）

(3) 右の作業は、何をしていますか。次からえらびましょう。 (15点)

ア　じょうぶな作物ができるように、ひ料をまいている。

イ　種をまいて、なえを植えている。

ウ　虫がついたり、病気になったりしないように農薬をまいている。

（　　　　）

(4)　右の作業はきゅうりをしゅうかくしているところです。（　）にあてはまる言葉をかきましょう。　(15点)

> （　　　　　　）を使って、一本ずつつると実^みをつないでいる部^ぶ分^{ぶん}を切ります。

(5)　右のグラフはきゅうりの入荷量^{にゅうかりょう}と１kgのねだんです。このグラフを見てわかることを、┈┈からえらんで（　）にかきましょう。　(15点)

> 入荷量が少ない^①（　　　）は、ねだんが^②（　　　）なり、入荷量が多い^③（　　　）はねだんが^④（　　　）なる。

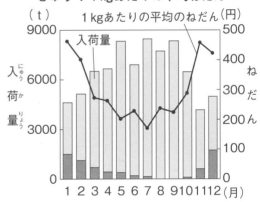

東京市場^{とうきょうしじょう}における月別^{つきべつ}のきゅうりの入荷量と
きゅうり１kgあたりの平均^{へいきん}ねだん

> 夏　冬　高く　安く^{やす}

②　できたきゅうりを箱^{はこ}づめし、出荷するところを何といいますか。次からえらびましょう。　(15点)

ア　スーパーマーケット　　イ　市役所^{しやくしょ}・村役場^{むらやくば}

ウ　農業協同組合^{のうぎょうきょうどうくみあい}　　エ　コンビニエンスストア

（　　　）

工場ではたらく人びと
パン工場の仕事(1)

1　社会科の学習で、パン工場に行きました。（　）にあてはまる
言葉を、 ┆┄┄┄┆からえらんでかきましょう。

> 工場についたとき、トラックがパンの原りょうである
> （①　　　　　　）を運んできたところでした。工場の中では、
> はたらく人はみんな（②　　　　　　）服を着て、ぼうしや
> （③　　　　　　）、手ぶくろなどをしていました。さらに、ロー
> ラーや風で服のほこりをとっていました。食べ物をつくる工
> 場では（④　　　　　　）にするように注意していることがわか
> りました。

┆┄┄┄┆
　　　マスク　　　せいけつ　　　白い　　　小麦こ
┆┄┄┄┆

2　パン工場ではせい品の原りょうは、どうやって手に入れています
か。次の地図を見て、正しいものに〇をつけましょう。

　　　（　　）すべて日本国内のさ
　　　　　　ん地から買っている。

　　　（　　）原りょうもすべて工場
　　　　　　の中でつくっている。

　　　（　　）世界のいろいろな国
　　　　　　から買っている。

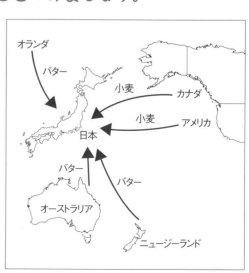

パン工場で、パンができるまでを写真などから学びま
しょう。

③　子どもたちがパンがやけるまでのようすをメモしました。せつ
明文とかんけいする写真を線でむすびましょう。

①パンのざいりょうを
　入れて、大きなきか
　いでねっていた。

②ねったざいりょうは
　あたたかな部屋にお
　かれて、とてもふく
　らんでいた。

③しおやバターなどで
　味つけされた生地
　は、きかいで同じ大
　きさに切られていた。

④パンのケースのまま
　長いベルトに乗せら
　れ、そのまま大きな
　オーブンでやかれて
　いた。

パン工場の仕事(2)

1 次の表はパン工場での「仕事べつにはたらく時間のちがい」を表しています。あとの問いに答えましょう。

		時　間																								
		1	2	3	4	5	6	7	8	9	10	11	12	13	14	15	16	17	18	19	20	21	22	23	24	
㋐	パンのえい業をする人												休けい													
㋑	パンの原りょうを運ぶ人												休けい													
㋒	パンをつくる人																									※
㋓	店ごとにパンを分ける人																									※
㋔	店にパンを運ぶ人							休けい																		
㋕	パンをつくるきかいを整びする人																									※
㋖	事む所ではたらく人												休けい													

　　　はたらいている時間　　　　　　※時間たいごとの3交代せいで、24時間はたらいています

(1) この表からわかることで、正しいものに○をつけましょう。

（　　） パン工場では、パンをつくる人や事むの人、パンを運ぶ人など、仕事を分たんしている。

（　　） パン工場では、1つの工場で1しゅるいのパンだけがつくられている。

（　　） パン工場は夜しか動いていない。

（　　） パンをつくる人は、1日に3交代せいではたらいている。

ポイント　パン工場では、いろいろな人たちがはたらいていることを表から知りましょう。

(2)　1日24時間ずっとはたらいているのは、どの仕事ですか。記号でかきましょう。　　　　（　　　）（　　　）（　　　）

(3)　店にパンを運ぶ人は、何時から仕事をしていますか。

（　　　）時

(4)　どうして(3)のように早いのですか。次の（　）にあてはまる言葉を、□からえらんでかきましょう。

（　　　）の出勤や通学時に、朝食や昼食のために買いに来るお客さんが多いので、その時間までに店に商品をそろえておくため。

┌──────────────┐
│　朝　　昼　　夜　│
└──────────────┘

2　次の（　）にあてはまる言葉を、□からえらんでかきましょう。

右の写真は（　　　　）によって一斤ずつふくろづめされ、安全チェックされているところです。

┌──────────────┐
│　人の手　　きかい　│
└──────────────┘

3　次の（　）にあてはまる言葉を、□からえらんでかきましょう。

パンは（①　　　　　　）で店に運ばれます。事む所の人から注文されたパンのしゅるいと（②　　　　　）を、どこの店に運ぶか指じされます。また、決められた（③　　　　　）に、きちんと店までとどけることが運転手さんの仕事です。

┌────────────────────┐
│　数　　時こく　　トラック　│
└────────────────────┘

工場ではたらく人びと

1 パン工場について、正しいものに〇をつけましょう。(10点×2)

（　　） はたらく時間をずらして交代で作業することで、たくさんのパンをつくっている。

（　　） 工場では、パンの注文を受ける人とパンをつくる人しかはたらいていない。

（　　） 食品をつくっている工場では、安全なせい品をつくるために、えいせいにとくに注意している。

2 次の①～④を、パンをつくるじゅんにならべましょう。(完答30点)

①きかいで同じ大きさに切る

②食パンのかたのままやく

③生地を休ませてふくらませる

④ざいりょうをきかいでねる

（　　　）→（　　　）→（　　　）→（　　　）

③ 右の図を見て、あとの問いに答えましょう。　　（10点×3）

(1) パンの原りょうには、小麦があります。小麦は、どこの国から来ていますか。

（　　　　　）と（　　　　　）

(2) 小麦は、何によって日本に運ばれていますか。

（　　　　　　　　　　　　）

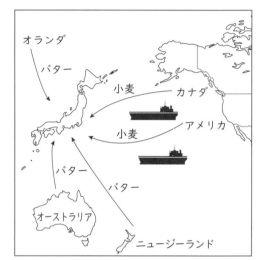

小麦やトウモロコシや、鉄の原りょうの鉄鉱石などを運ぶ船を「ばらづみ船」というよ。

一度にたくさん運ぶためにつぶのままつみこまれています。どちらかにかたよらないように、船の中はこんな形をしているよ。

©株式会社商船三井

④ 食品工場ではたらく人たちは、安全なせい品をつくるために、服そうに気をつけています。決められた服を着るほかに何を身につけていますか。右の写真を見て、（　）に〇をつけましょう。（10点×2）

（　　）マスク　　　（　　）ゴーグル

（　　）ぼうし　　　（　　）運動ぐつ

イメージマップ

作業1 なぞってかきましょう。

① 火事、急病・けがの
　　　　　　通ほう

② 消ぼうしょ

・ぼう火服

©伊丹市消防局

医者の指じのもとで手当てをするよ。

・救急救命士（消ぼうし）

©伊丹市消防局

・はしご車

©伊丹市消防局

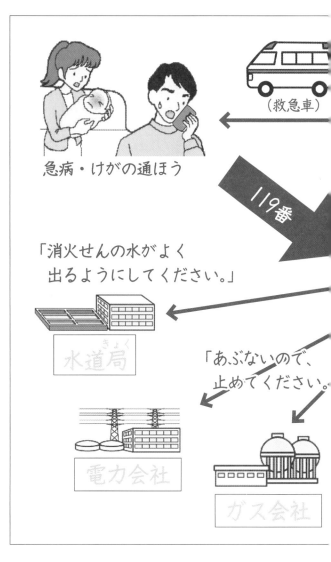

（救急車）

急病・けがの通ほう

119番

「消火せんの水がよく
　出るようにしてください。」

水道局

「あぶないので、
　止めてください。」

電力会社

ガス会社

③ 学校のぼう火せつび

水が出るところよ。

①消火せん

あわのような薬品が出て火を消すよ。

②消火き

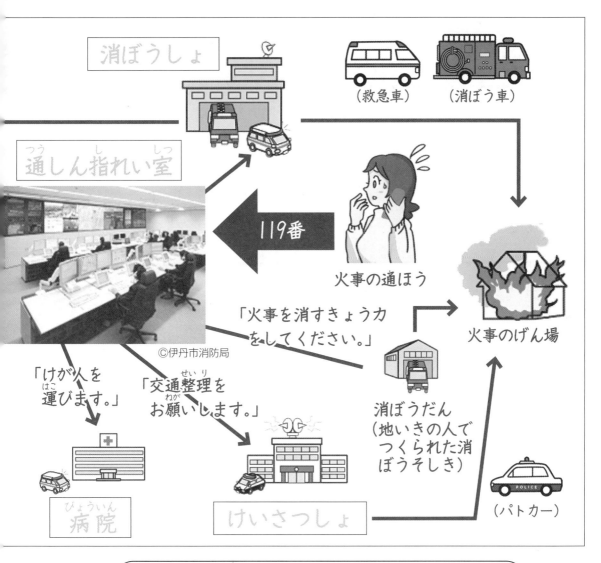

消ぼうしょ

（救急車）　（消ぼう車）

通しん指れい室

119番

火事の通ほう

火事のげん場

「火事を消すきょう力
をしてください。」

©伊丹市消防局

「けが人を
運びます。」

「交通整理を
お願いします。」

消ぼうだん
（地いきの人で
つくられた消
ぼうそしき）

（パトカー）

病院

けいさつしょ

大きな火事が起こったときは、ほかの市や町の消ぼうしょ
にもきょう力をもとめることもあります。

火事が発生したとき
に知らせてくれるよ。

とびらをしめて、火がもえ広がるのをふせぐよ。

高い階からひなん
するときに使うよ。

③火さいほう知き

④ぼう火とびら

⑤ひじょう階だん

火事をふせぐ
消ぼうしの仕事

1 次の( )にあてはまる言葉を、［⬚⬚⬚⬚］からえらんでかきましょう。

消ぼう車は急いでげん場にかけつけるために
（① ）を鳴らしながら走ります。火事の
（② ）や大きさによって出動する消ぼう車のしゅるい
や台数がちがいます。げん場についたら、ホースを
（③ ）につないで、水を出して消火にあたります。

［ 場所　消火せん　サイレン ］

2 次の文は、消ぼうしょを見学したときにまとめたメモです。せつ明文とかんけいする写真を、線でむすびましょう。

救急救命士

●　　　●

高いたて物が火事に
なったときに消火・救
助活動ができる。

はしご車

●　　　●

じょうぶでやぶれにく
く、およそ1200度の熱に
10秒くらいたえること
ができる。

提供：伊丹市消防局
ぼう火服

●　　　●

病院に着くまで、医者
の指じのもとに、ひつ
ような手当てをしている。

③　次の表を参考にして、消ぼうしの仕事について（　）にあてはまる言葉を、┆┄┄┄┆からえらんでかきましょう。

	1日目	2日目	3日目
田中さん	きんむ	非番	休み
山本さん	休み	きんむ	非番
中村さん	非番	休み	きんむ

非番とは、前日からのきんむを終えた日のことをいうのよ。

①　消ぼうしはだいたい（　　　　　　　）時間交代できんむします。

②　火事のときには20kgものそうびで活動するので、ふだんから（　　　　　　）はかかせません。

┌╌╌╌╌╌╌╌╌╌╌╌╌╌╌╌╌╌╌╌╌╌╌╌╌┐
　12　　24　　くんれん　　昼ね
└╌╌╌╌╌╌╌╌╌╌╌╌╌╌╌╌╌╌╌╌╌╌╌╌┘

④　次の文で消ぼうしょの仕事として、正しいものに○をつけましょう。

（　　）消ぼうしょは、自分たちの町や市で起きた火事だけでなく、近くの町や市の火事にも出動する。

（　　）消火のとき、家庭の水道の水をかりて、大量に出るようにしている。

（　　）救急車の中では、医者のかわりに手じゅつをしている。

（　　）ぼう火やひなんくんれんの指どうを行っている。

（　　）消火きなどをつくっている。

火事をふせぐ

消ぼうしの１日とぼう火せつび

１ 次の図は、消ぼうしの１日をまとめたものです。あてはまる言葉を □ からえらんで、（　）に記号をかきましょう。

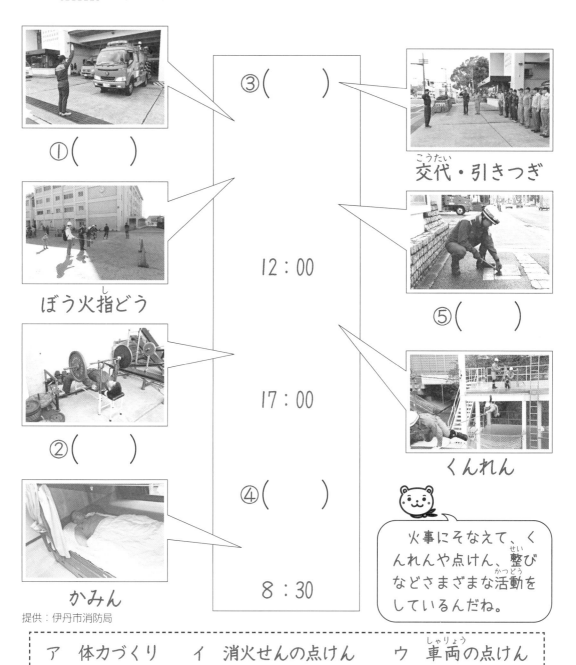

①（　　　）

ぼう火指どう

②（　　　）

かみん

提供：伊丹市消防局

③（　　　）

交代・引きつぎ

12：00

⑤（　　　）

17：00

くんれん

④（　　　）

8：30

火事にそなえて、くんれんや点けん、整びなどさまざまな活動をしているんだね。

ア　体力づくり	イ　消火せんの点けん	ウ　車両の点けん
エ　9：00	オ　12：30	カ　22：00

ポイント　消ぼうしの一日の仕事と、学校のぼう火せつびを写真や図から知りましょう。

② 学校には、火事が起こったときのためのせつびがあります。次の図は、そのせつびがどこにあるかしめしたものです。

・火事を消すせつび
　→◎消火せん　○消火き
・火事を広げないせつび
　→□ぼう火とびら
・火事を知らせるせつび
　→△ねつ感知き
　　▲けむり感知き
　　◆火さいほう知き
・ひなんせつび→ひじょう階だん

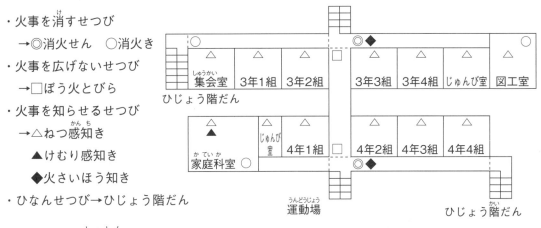

(1) 次の写真は上の図にあるせつびのどれにあたりますか。
　　（　）に名前をかきましょう。

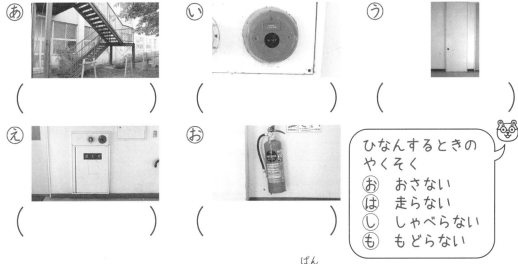

あ（　　　　　　）　い（　　　　　　）　う（　　　　　　）

え（　　　　　　）　お（　　　　　　）

ひなんするときの
やくそく
お　おさない
は　走らない
し　しゃべらない
も　もどらない

(2) 学校の通りには、右の写真のかん板があります。このかん板はどのようなせつびですか。正しいものに○をつけましょう。

（　　　）消火のための水を出すところ

（　　　）消火に使う水をためておくところ

火事をふせぐ(1)

1 次の図は、消ぼうの仕組みについてかいたものです。

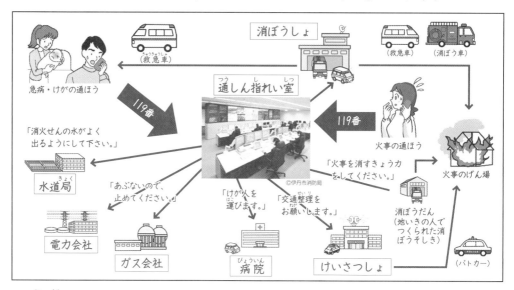

(1) 火事を消ぼうしょに知らせるとき、何番に電話しますか。

番 （8点）

(2) 次の □ にあてはまる言葉をかきましょう。 （4点×2）
   通ほうするときは、2つの大切なことがあります。

   まず、① □ か、病気やけがの「救急」かをはっきり

つたえます。次は、② □ です。近くの目じるしに
なる物を言うことも大切です。

(3) 通しん指れい室から、「病気やけがの人がいる」というれんらくを受けて、消ぼうしょから出動する自動車は何ですか。 （8点）

（　　　　　　　）

(4) (3)の自動車に乗り、医者の指じのもとに、ひつような手当てをする人を何といいますか。 （8点）　　（　　　　　　　）

月　日 [名前]　/100点

(5) 通しん指れい室は、火事のげん場のようすにあわせて、いろいろなところにれんらくします。どこにれんらくしますか。[ ]からえらんで記号(きごう)でかきましょう。（7点×4）

① 消火せんの水がよく出るようにする。（　）

② 火事が大きくならないように、ガスの元(もと)せんをしめる。（　）

③ 消火活動(かつどう)がしやすいように、交通整理をする。（　）

④ 消火や救助(きゅうじょ)活動をする。（　）

㋐けいさつしょ　㋑消ぼうしょ　㋒ガス会社　㋓水道局

(6) 左の図を見て、（　）にあてはまる言葉をかきましょう。（6点×2）

早い時期(じき)での消火を行うために、地いきの人たちでつくられた（①　　　）にもれんらくがいきます。また、大きな火事のときは、ほかの市や町の（②　　　）にもおうえんをたのみます。

[2] 次の①～④の文のうち、消ぼうしの仕事(しごと)には○を、そうでないものには×をつけましょう。（7点×4）

①（　）学校のぼう火くんれんの指どうを行う。

②（　）人が多く集(あつ)まるデパートやスーパーの消どくをする。

③（　）道がせまいと消ぼう車が通れないので、道を広げる。

④（　）町の消火せんなど、ぼう火せつびを点けんする。

火事をふせぐ(2)

1 次の写真は消ぼうしの活動をとったものです。（　）にあてはまる言葉を、□□□からえらんでかきましょう。

（6点×3）

（　　　　　　　　） （　　　　　　　　） （　　　　　　　　）

©伊丹市消防局

> くんれん　　ぼう火指どう　　車両の点けん

2 火事が起こったとき、げん場にすぐにかけつけられるように、消ぼうしはどのようなくふうをしていますか。（　）にあてはまる言葉を、□□□からえらんでかきましょう。

（6点×4）

消ぼうしのきんむは、当番・（①　　　　　　）・休みに分けられ、当番のときは（②　　　　　　）時間はたらいています。（③　　　　　　）から出動の指れいがあると、すぐにとび出せるように（④　　　　　　）には消火そうびをまとめておいています。

©伊丹市消防局

> ロッカー　　ひ番　　24　　通しん指れい室

③　次の図は学校にあるぼう火せつびを表しています。

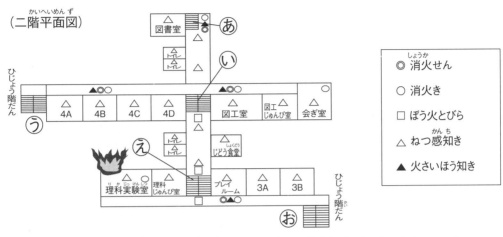

(二階平面図)

（1）　次の4つのはたらきにあうせつびの名前をかきましょう。

　　①　火事を知らせるためのせつび　　　　　　　　（7点×6）

　　　　（　　　　　　　　　　）（　　　　　　　　　　）

　　②　火事を消すためのせつび

　　　　（　　　　　　　　　　）（　　　　　　　　　　）

　　③　火事がもえ広がるのをふせぐせつび　（　　　　　　　　）

　　④　火事が起こったときに、安全ににげるためのせつび

　　　　　　　　　　　　　　　　（　　　　　　　　　）

（2）　あなたは3Bのクラスだったとします。理科実験室から火が
　　出ました。あ〜おのどの階だんを使ってひなんするのがもっと
　　もよいですか。（6点）

（3）　ひなんするときに気をつけなければならないことをかきま
　　しょう。（　　　　　　　　　　　　　　　　　　　　　　）
　　（10点）

 イメージマップ

 なぞってかきましょう。

① 交通事この通ほう

白バイ

けいさつしょが、町の中にせっちしているしせつだよ。事こが起きたときや、まい子のほごなどいろいろな仕事をしているよ。

交番

スピードい反や、ちゅう車い反などの交通い反を取りしまります。

② 事こが起きたとき

①けいさつかんの仕事

〔事このようすと原いんを調べる〕

〔交通整理をする〕

②消ぼうしの仕事

©伊丹市消防局

〔けが人を病院へ運ぶ〕

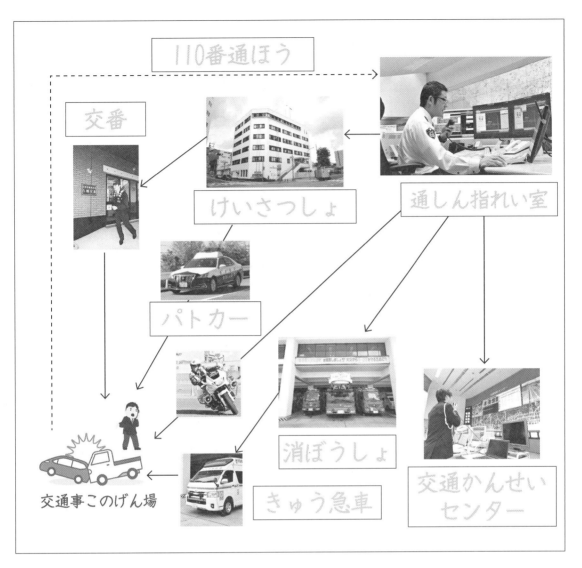

110番通ほう

交番

けいさつしょ

通しん指れい室

パトカー

消ぼうしょ

きゅう急車

交通かんせい
センター

交通事このげん場

---

③ けいさつかんの仕事

ちゅう車い反の
取りしまり

道あんないや
落とし物などの相談

交通安全教室
（青空教室）

交通事こや事けんをふせぐ
交通事この原いん

1 次の表は、小学生が自転車に乗っていたときに起きた交通事この原いんをしめしたものです。あとの問いに答えましょう。

交通事この原いんが子どもにあったとき

い反べつ	けん
信号で止まらなった	6
交さ点で注意して進まなかった	38
一時てい止しなかった	62
ハンドルやブレーキを正しく動かしていなかった	26
前方をよく見ていなかった	18
安全かくにんをしなかった	94

警視庁調べ

(1) 原いんの中で一番多いのは何ですか。

(　　　　　　　)

(2) 起こった事こは、全部で何けんありますか。(　　　　)けん

(3) 交通事こが多い時間たいに〇をつけましょう。

(　　) 深夜のみんながねている時間

(　　) 登校の時間

(　　) きゅう食の時間

(　　) 夕方の時間

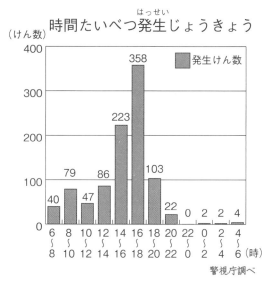

時間たいべつ発生じょうきょう

警視庁調べ

ポイント

交通事このけん数と原いんをグラフから学びましょう。

2　次のグラフは、交通事こにあったときの小学生の学年とそのときのようすをしめしたものです。

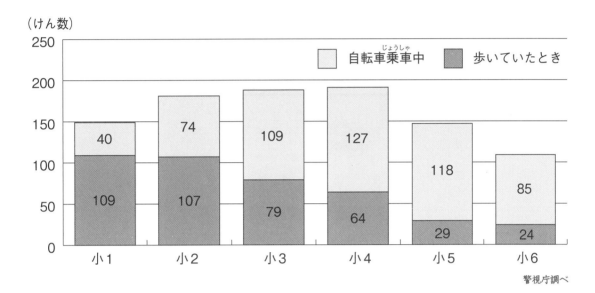

(けん数)

	自転車乗車中	歩いていたとき

250 — 200 — 150 — 100 — 50 — 0

小1：40 / 109
小2：74 / 107
小3：109 / 79
小4：127 / 64
小5：118 / 29
小6：85 / 24

警視庁調べ

(1)　次の交通事こにあうのは小1と小6のどちらが多いですか。（　）にかきましょう。

（　　　　）自転車に乗っていたとき　　（　　　　）歩いていたとき

(2)　事こにあったけん数が、一番多いのは何年生ですか。

（　　　　　　）

(3)　右の写真のガードレールには、どのようなはたらきがありますか。正しいものに〇をつけましょう。

（　　　）自動車が歩行者にぶつかるのをふせぐ。

（　　　）歩行者が道路を安全に横だんできる。

（　　　）まがり角の先のようすがわかる。

交通事こや事けんをふせぐ

交通事こが起きたら

1　交通事こが起きたとき、どうすればよいのか、次の絵を見て、
あとの問いに答えましょう。

(1)　交通事こが起きたときは、何番に通ほうしますか。

（　　　　　　　　　）

(2)　通ほうした電話は、どこにつながりますか。

（　　　　　　　　　）

(3)　通ほうした人にたずねることとして、正しいものに○をつけ
ましょう。

（　　　）　交通事このようす（けが人がいるかどうかなど）

（　　　）　この日の天気のようす

（　　　）　交通事この場所

（　　　）　通ほうした人の名前と電話番号

ポイント　交通事こが起きたときに、どんな人たちがかかわって
いるかを図などから知りましょう。

(4)　交通事こが起きたとき、交通じょうほう板などを通して、事
こを知らせる仕事をしているところはどこですか。図からえら
びましょう。

（　　　　　　　　　　　　　）

2　次の絵は交通事このげん場のようすを表しています。①～④の
人たちの仕事のせつ明にあう文と線でむすびましょう。

① 　●　　●　交通事このようすをほう
こくしたり、ひつようなら
おうえんをよんだりする。

② 　●　　●　けが人を手当てして救急
車で運ぶ。

③ 　●　　●　げん場の交通整理をする。

④ 　●　　●　交通事この原いんを調べ
る。

交通事こや事けんをふせぐ
けいさつかんの仕事

1 次の写真は、けいさつかんの仕事を表しています。

あ

い

う

え

(1) それぞれどんな仕事ですか。┌┈┐からえらんで、□にかきましょう。

あ

い

う

え

交通安全教室　　道あんない
ちゅう車い反の取りしまり　　地いきの見回り

(2) 右の写真は、けいさつのしせつの一つで、主に駅前などにおかれ、道あんないをしたり、落とし物を受けつけたりしています。このしせつを何といいますか。

（　　　　　）

けいさつかんの仕事を写真や表から学びましょう。

② 次の表を見て、あとの問いに答えましょう。

9:00	ひきつぎ
9:30	地いきのパトロール
11:00	地いきの家庭をたずねて、ぼうはん指どう
13:30	学校で①交通安全教室を開く
16:00	学校のまわりをパトロール
18:00	交番で落とし物の相談や道あんないなど
20:00	交番で事む
22:00	休けい、日しをつける
23:30	地いきのパトロール
7:00	学校前で交通指どう
9:00	交代

(1) けいさつかんは何時間はたらいていますか。　（　　　　　）

(2) 一番多くしている仕事は何でしょうか。次からえらびましょう。

（　　　）

ア　パトロール　　イ　交通整理

ウ　交通指どう　　エ　道あんない

(3) 下線部①の交通安全教室で行われている正しい自転車の乗り方について、正しいものに〇をつけましょう。

（　　）自転車は、けいたい電話を見ながら走ってもよい。

（　　）夜はライトをつけて走る。

（　　）二人乗りをしてもよい。

③ 次の（　）にあてはまる言葉を、____からえらんでかきましょう。

けいさつかんは、町の（①　　　　　）を守り、わたしたちが

（②　　　　　）してくらせるようにするのが仕事です。

安心　　安全

交通事こや事けんをふせぐ

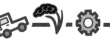

交通事こをふせぐせつびと取り組み

[1] 次の写真は、道路にある安全のためのせつびです。その名前を［　　］から、役わりを［　　］からえらんで記号をかきましょう。

①
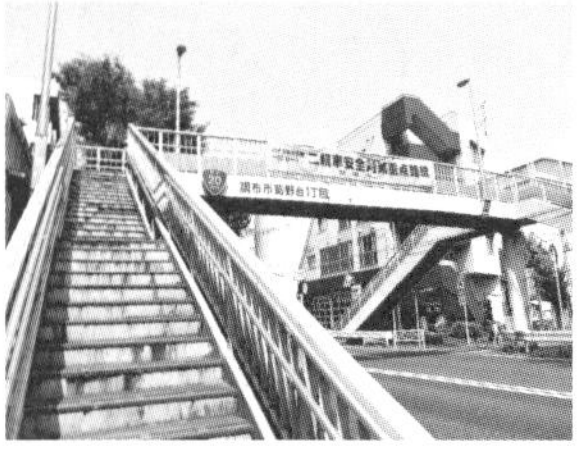

②
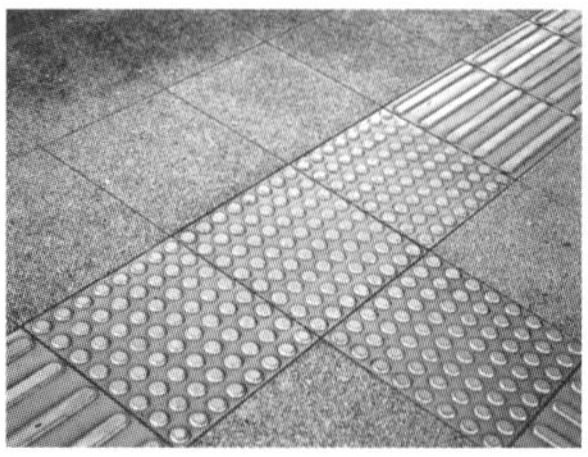

③
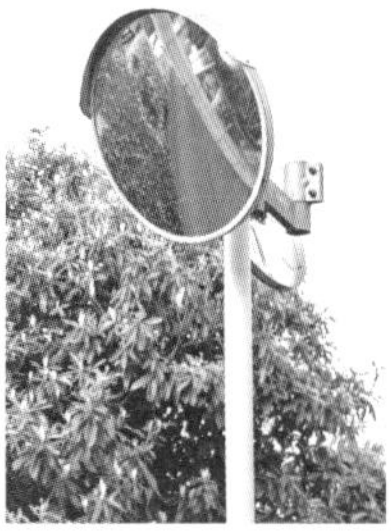

④
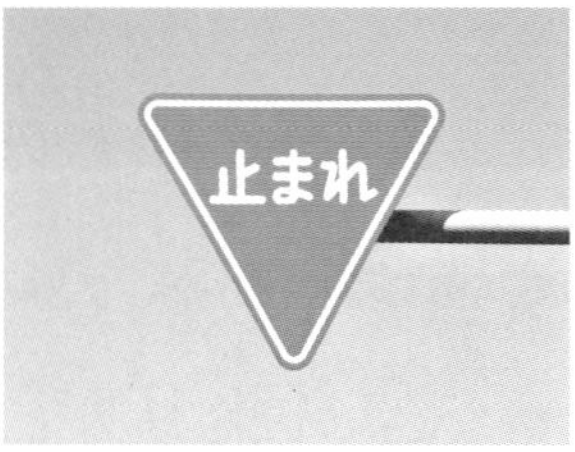

⑤
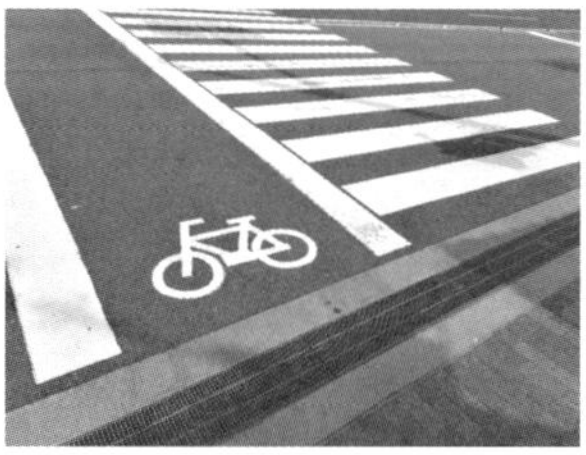

㋐カーブミラー
㋑点字ブロック
㋒歩道橋
㋓道路ひょうしき
㋔横だん歩道

[あ]交通安全の決まりやあんないをしめすためのかん板。
[い]歩行者が安全に道路をわたるための橋。
[う]道にしかれた丸い点のあるブロックで、目の不自由な人に注意をよびかけるせつび。
[え]広いはんいが見えるかがみで、道路の曲がっているところや、見通しの悪い交さ点などにとりつけて道の先をうつす。
[お]道路に白いペンキでかかれていて、人や自転車が道路をわたるところをしめしている。

	①	②	③	④	⑤
名前					
役わり					

ポイント　交通事こをふせぐためのせつびや、人びとのかかわりを写真から学びましょう。

2　安全なまちづくりについて行っている写真や図とせつ明文を、線でむすびましょう。

©伊丹市

お店や家に子どもたちが助けをもとめることができるようにしている。

地いきの人などが市ときょう力して下校時間に小・中学校のまわりをパトロールしている。

子どもたちの登下校の時間に、地いきの人たちが交代で立ち番をしている。

事こや事けんをふせぐため、あぶない場所や安全な場所がかきこまれた地図をつくっている。

交通事こや事けんをふせぐ

1 次の絵は事こが起こったときのようすを表しています。あとの問いに答えましょう。

 ㋐　 ㋑　 ㋒

 ㋓　 ㋔　 ㋕

(1) 次のようすは、㋐〜㋕のどの場面ですか。（　）に記号をかきましょう。

(6点×6)

（　　）けいさつかんが事このげん場で交通整理をしている。

（　　）事こを発見した人がけいさつに電話をしている。

（　　）救急車で、けが人を運んでいる。

（　　）指れいをうけて、パトカーがげん場に向かう。

（　　）じゅうたいが起きないように、電光けいじ板で事こを知らせる。

（　　）事このようすや原いんをその場で調べる。

(2) 事こが起こってから、しょりするまでのじゅん番を記号を使って表しましょう。 (6点×5)

けいさつ □ ⟶ □ ⑦

□ ⟶ 通しん指れい室 救急 □ ⟶ 病院（びょういん）

道路（どうろ） □

(3) 事こでけが人がいるようです。通しん指れい室からどこに知らせますか。(6点)
（　　　　　　　　　　）

(4) 次の文は、けいさつしょに事この発生（はっせい）を知らせたものですが、文には大事なことがぬけています。それを2つかきましょう。

「もしもし、今、車と子どもの乗（の）った自転車（じてんしゃ）が交（こう）さ点（てん）で、ぶつかりました。早く来てください。」 (5点×2)

| |
| |

2 次の写真（しゃしん）はけいさつかんが、何をしているところですか。
┈┈からえらんでかきましょう。 (6点×3)

（　　　　　　　）　（　　　　　　　）　（　　　　　　　）

地いきの見回り　　見守り活動（みまも・かつどう）　　落とし物の相談（お・もの・そうだん）

昔の遊び

1 次の写真は、昔の遊びの道具です。

けん玉

めんこ

がりがりとんぼ

ふくわらい

©千葉県立中央博物館大利根分館

©千葉県立中央博物館大利根分館

はごいた

すごろく

こま

©千葉県立中央博物館大利根分館

まり

たこ

©伊丹市立博物館

(1) （　）にあてはまる言葉を上からえらんでかきましょう。④は「おいばね」の道具をえらんで、名前をかきましょう。

もういくつねると　お正月
お正月には　（①）あげて
はやくこいこいお正月

（②）をまわして　遊びましょう
もういくつねると　お正月
お正月には　（③）ついて
はやくこいこいお正月

④
おいばねついて　遊びましょう

	遊びの道具
①	
②	
③	
④	

(2)　(1)のほかに次のせつ明文にあうお正月の遊び道具を写真から
えらんで、名前をかきましょう。

①　受け皿<ruby>受<rt>う</rt></ruby>のようになったところと、けんのように先が出てい
るところに、ひもにつるされた玉をいどうさせる遊び。

②　「わらう門<ruby>門<rt>かど</rt></ruby>には福来る<ruby>福来<rt>ふくきた</rt></ruby>る」とえんぎがいい遊び。

③　昔は、どろで人の顔（面<ruby>面<rt>めん</rt></ruby>）をつくった「どろめんこ」を、
われるまでうちつけたり、ぶつけたりして遊んでいた。

④　竹のギザギザになったところをぼうで前後にこすると、先
についているプロペラが回る遊び。

⑤　サイコロをふってコマを進めるので、みんなで楽しめてそ
の年の運<ruby>運<rt>うん</rt></ruby>だめしにもなる。

①		②		③	
④		⑤		

2　次の遊び道具で使<ruby>使<rt>つか</rt></ruby>っているものを線でむすびましょう。

①ポンポン船　　②あやとり　　③ブンブンごま　　④やじろべえ

●　　　　　　●　　　　　　●　　　　　　●

●　　　　　　●　　　　　　●　　　　　　●

㋐ひも　　㋑ろうそく　　㋒どんぐり　　㋓ボタン（2つあな）

イメージマップ

 ① 昔と今の道具

はたらき	昔	今
ごはんをつくる	かまど　　はがま ©箕面市立郷土資料館	すいはんき ©パナソニック株式会社
ごはんをほ温する	ふご（わらであんだかごに おひつを入れたもの） ©伊丹市立博物館	すいはんき ©パナソニック株式会社
そうじをする	ほうき ©箕面市立郷土資料館	そうじき ©パナソニック株式会社
部屋を明るくする	ランプ　　電球 ©箕面市立郷土資料館　©大東市教育委員会	LEDのけい光とう ©パナソニック株式会社
だんぼうをする	火ばち　　いろり ©箕面市立郷土資料館	エアコン ©パナソニック株式会社
せんたくをする	たらいとせんたく板 ©箕面市立郷土資料館	ドラム式せんたくき ©パナソニック株式会社
食事をする台	はこぜん ©伊丹市立博物館	テーブル

はたらき	昔	今
ぬののしわを のばす	コテ ©箕面市立郷土資料館　炭火アイロン ©大東市教育委員会	アイロン ©パナソニック株式会社

② 昔と今の道具のよいところと悪いところ

	昔	今
よい ところ	水やねんりょうをたくさん使わない。	かんたんで、すぐできる。
悪い ところ	手間がかかり、すぐにできない。力がひつよう。	電気やねんりょうをたくさん使う。

昔の食事のようす　　　　　今の食事のようす

① ごはんを入れている　　② 食事をする台
③ 料理をつくったり、温める　④ 明るくする

今にのこる昔のくらし

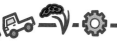

昔の道具とくらし(1)

[1] 次の写真は、昔の生活で使われていた道具です。㋐～㋓は何をするための道具か、[　　]からえらんで、かきましょう。

㋐ かまど　はがま

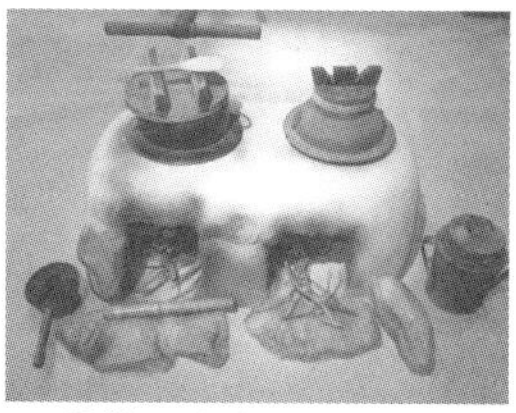
©箕面市立郷土資料館

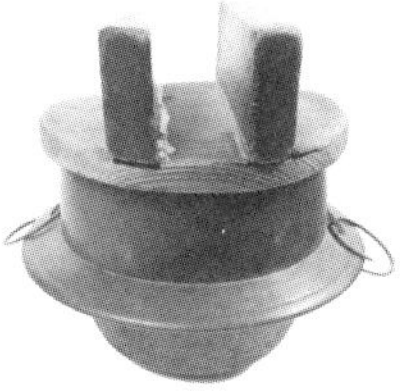
©箕面市立郷土資料館

（　　　　　　　　　　）

㋑ 火ばち　いろり

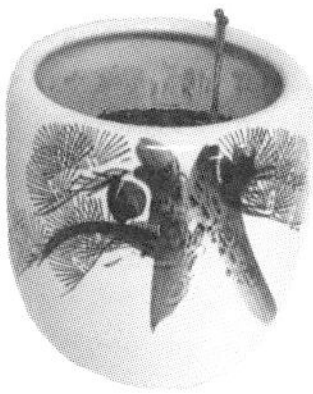
©箕面市立郷土資料館

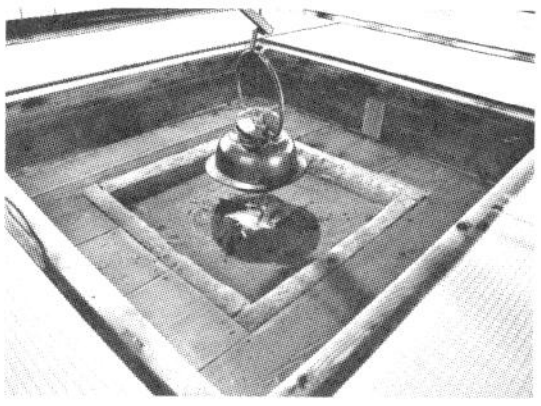

（　　　　　　　　　　）

㋒ ランプ　電球

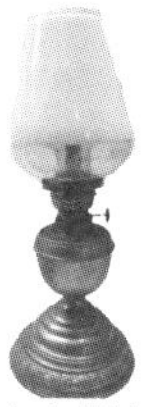
©箕面市立郷土資料館

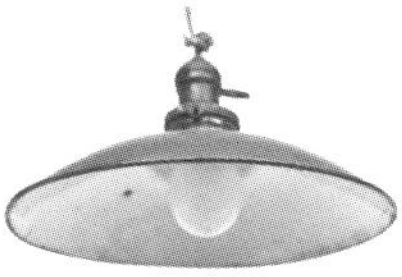
©大東市教育委員会

（　　　　　　　　　　）

㋓ コテ　炭火アイロン

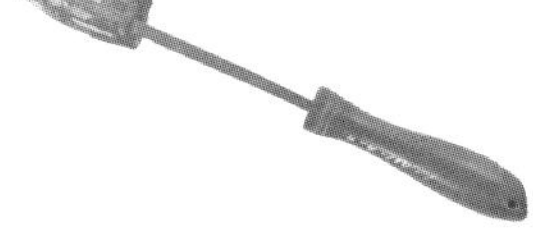
©箕面市立郷土資料館

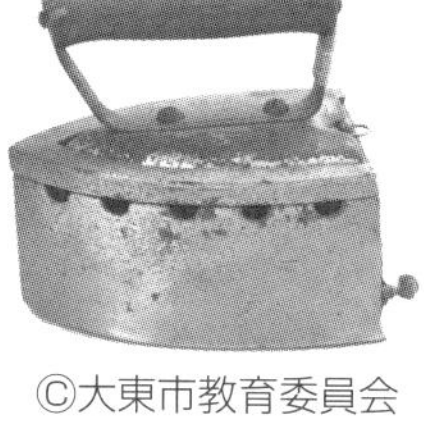
©大東市教育委員会

（　　　　　　　　　　）

ごはんをたく	ぬののしわをのばす	だんぼうをする
部屋を明るくする		

月　　日 名前

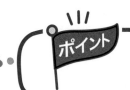

ポイント
昔の道具のはたらきを今とくらべてみましょう。

[2] 次の写真は、せんたくをするための道具です。

(1) 昔と今の道具についてせつ明した文を、[　　]からえらんで、それぞれ2つずつ記号でかきましょう。

たらいとせんたく板	ドラム式せんたくき
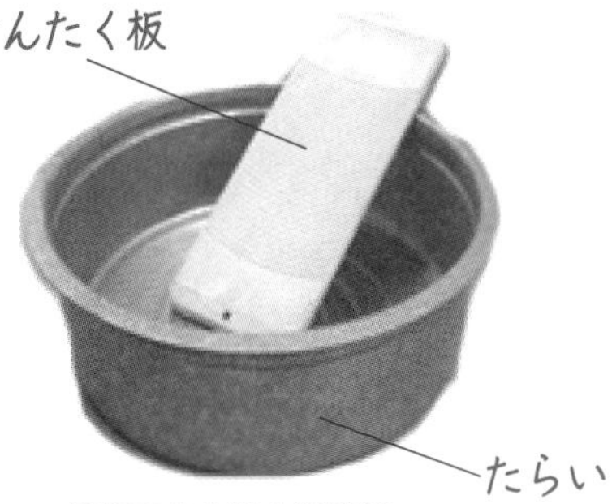©箕面市立郷土資料館	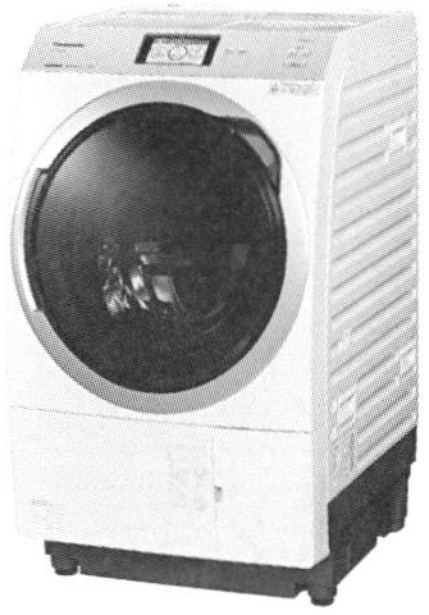©パナソニック株式会社
(　　・　　)	(　　・　　)

㋐ せんたく物を一まい一まい手でこすってあらう。
㋑ せんたく物にあわせたあらい方をえらべる。
㋒ 電気を使わない。
㋓ 一度にたくさんの物があらえる。

(2) 昔使われていた道具を見たり、さわったりするにはどこに行けばよいですか。正しいものに○をつけましょう。

(　　) 消ぼうしょ　　(　　) けいさつしょ
(　　) 農業協同組合　　(　　) はく物館
(　　) きょう土しりょう館（室）

今にのこる昔のくらし

昔の道具とくらし(2)

1　次の昔の道具は、今のどの道具にあたりますか。□□□からえらんでかきましょう。

①
©箕面市立郷土資料館
↓
(　　　　　　　　)

②
©箕面市立郷土資料館
↓
(　　　　　　　　)

③
©大東市教育委員会
↓
(　　　　　　　　)

```
せん風き　　トラクター　　電たく
```

2　次の絵を見て、あとの問いに答えましょう。

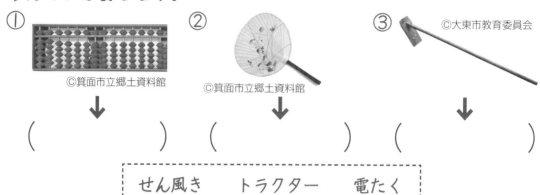

(1)　次の（　）にあてはまる言葉をかきましょう。

　　昔は、まだ（①　　　　　　）がなかったので、（②　　　　　　）から

（③　　　　　　）で水を運ぶお手つだいを子どもがしています。お

ばあさんは、（④　　　　　　）にまきを入れて、火をおこしてりょ

う理をしています。

```
い戸　　かまど　　水道　　おけ
```

ポイント 昔の道具が、今の道具にどのようにかわってきたのかを知りましょう。

(2) 2人はどんな服そうですか。

着ているもの (　　　　)

はいているもの (　　　　)

[3] 次の問いに答えましょう。

(1) くらしのへん化についてせつ明した㋐〜㋓の文を古いじゅんにならべかえましょう。

㋐ かまどで火をおこしてりょう理をしていた。

㋑ 外出先からスマートフォンを使って、クーラーやおそうじロボットの電げんを入れることができるようになった。

㋒ ねんりょうとしてガスが使われるようになり、マッチで火をつけるガスコンロが使われた。

㋓ 電気やガスを使って、自動でごはんをたくすいはんきが広く使われるようになった。

(　　)→(　　)→(　　)→(　　)

(2) 手作業から電気せい品が多く使われるようになってきたことで、家の仕事にかかる時間はどうなりましたか。

(　　　　)

今にのこる昔のくらし

1 次の絵を見て、あとの問いに答えましょう。　　　　（10点×5）

①

②

(1)　①と②は何をしているところですか。　　（　　　　　　　）

(2)　①と②は、「今」「昔」のどちらを表していますか。

　　①（　　　　　　　）　　　②（　　　　　　　）

(3)　①の絵のせつ明として、正しいものに○をつけましょう。

　　（　　）　①のころは、電気を使った道具がなかったので、
　　　　　　りょう理をするのに時間がかかりました。

　　（　　）　①のころはテレビを見ながら食事を楽しんでい
　　　　　　ました。

　　（　　）　①のころは、水道がなかったので、井戸から水を
　　　　　　くんで、ふろ場や台所までおけで水を運んでい
　　　　　　ました。

月	日	[名前]	／100点

2 ①〜⑤は昔から使われていた道具です。それぞれの名前を▢からえらんで、その記号(きごう)を（　）にかきましょう。また、今はどのようにかわっているか、線でむすびましょう。（5点×10）

①

©箕面市立郷土資料館
（　　）●　　　　● 全自動(ぜんじどう)せんたくき
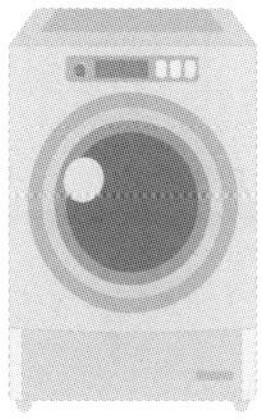

②

©箕面市立郷土資料館
（　　）●　　　　● そうじき
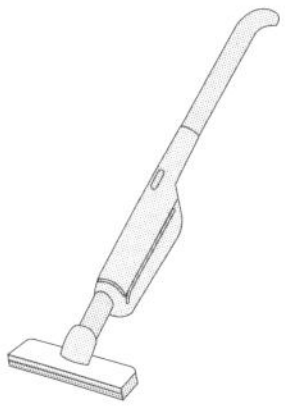

③

©金沢くらしの博物館
（　　）●　　　　● スマートフォン

④

©箕面市立郷土資料館
（　　）●　　　　● すいはんき
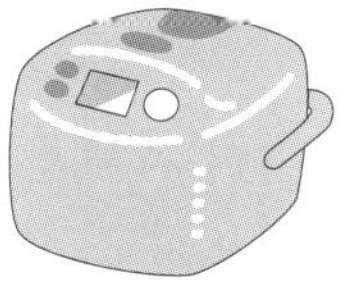

⑤

©箕面市立郷土資料館
（　　）●　　　　● 水道

㋐ ほうき　㋑ ポンプ(井戸)　㋒ かまど
㋓ 黒電話　㋔ せんたく板(いた)とたらい

2025年に大阪万博が開かれます。50年ほど前にも、大阪の吹田市というところで万国博覧会が開かれたんだよ。また、吹田市と、おとなりの豊中市に、日本ではじめての計画住宅都市（千里ニュータウン）がつくられたんだ。

※文化や最新の技術を紹介するなど国際交流を深めるために開かれるもの。

どうして、「千里ニュータウン」がつくられたの。

大阪市に人口が集中したので、住宅が不足したんだ。えらばれた場所が大阪市に近い千里丘陵。丘陵とは山地よりひくく、台地や平地よりも高くて、起ふく（高くなったりひくくなったりしている）が大きい地形のこと。そのころの千里丘陵には竹林の間に田畑が広がっていたんだよ。

千里ニュータウンの位置

吹田市の地形と交通

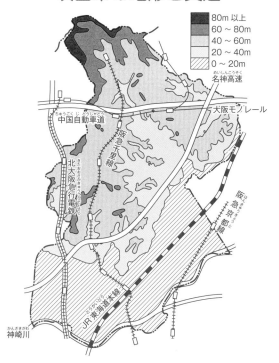

① 1929年の山田村のまわり

谷間にある一本の道にそって、山田村ってあるわ。そのまわりは田になっているわね。これから、同じ場所がどのようにかわっていくか見てみましょう。

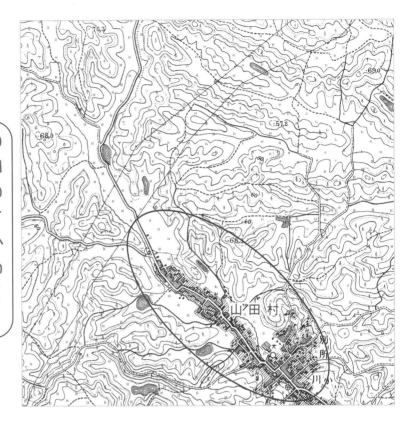

©野口昭雄

このころは、電車ではなくて蒸気機関車が走っていたんだね。

昔の東海道本線を走る蒸気機関車

イメージマップ

② 1967年の吹田市北部

西がわには藤白台、古江台、津雲台団地ができ始めているね。

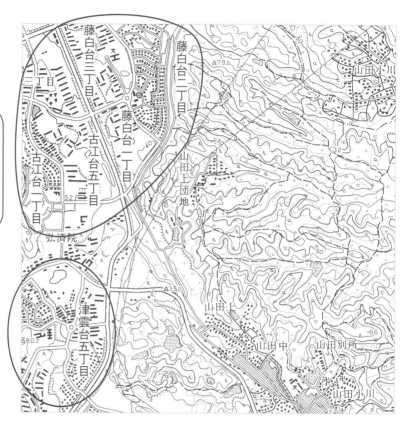

千里ニュータウンのけんせつが始まったころ（1964年）

まだ竹林がのこっているけど、団地がつくられているね。

©野口昭雄

③ 2001年の吹田市北部

大学病院　　モノレール

東がわの丘陵
地が万博記念公園
にかわり、そのま
わりには集合住
宅や大学病院な
どのたて物、モノ
レールなどができ
ているよ。

おおさか ふ えいすい た たけ み だいじゅうたく
大阪府営吹田竹見台住宅（2015年）

古い団地のたてかえ
が始まって、高層住宅
になっています。

©大阪府住宅まちづくり部

イメージマップ

① 千里ニュータウンの年表

1950年	千里ニュータウンの計画が始まる。
1962年	まちびらき。少しずつ住めるようになる。
1963年	阪急電車が千里ニュータウンにつながる。
1964年	（東京オリンピック・東海道新幹線開業）
1967年	ウルトラマンが千里ニュータウンを舞台に怪獣ゴモラとたたかう場面がテレビで放映される。
1970年	北大阪急行電鉄が開通。大阪万博が開かれる。千里ニュータウン完成。
1990年	大阪モノレールが開通。
2000年	団地のたてかえが、ふえる。

©野口昭雄

▶1970年の万博会場

② 吹田市立博物館

吹田市立博物館では、当時使われていた冷ぞうこやせんたくきなどがおかれていて、さわることもできるのよ。

▼1950年代後半

せんたくき

ドアと台所

れいぞうこ

▲1950年代後半　　▲1973年製

③ 現在の千里ニュータウン

千里ニュータウンの人口の変化

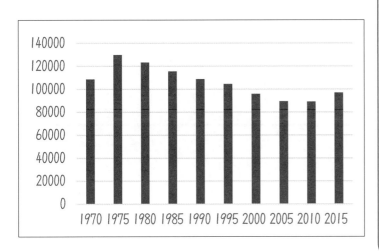

人口は1975年のおよそ13万人からへりつづけていたけど、団地のたてかえなどによって2010年ごろから少しずつふえてきているよ。小学校のじどう数もふえ、昔からの住民（70〜80代）と、最近入ってきた30〜40代の住民の2つの世代に分かれているんだ。

千里ニュータウンの年れい別人口

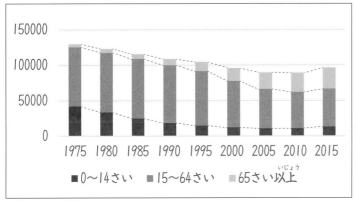

■0〜14さい　■15〜64さい　■65さい以上

ニュータウンの町づくりについては、多くの市民団体ができ、市や会社、せん門家などと話し合いをしながら取り組んでいるんだ。

吹田市立博物館
学芸員　五月女さん

千里ニュータウンは、外国の人や高れい者など、すべての人が幸せにくらせる町づくりを目指しています。

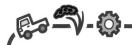

市のうつりかわり

土地の使われ方

① 1929年

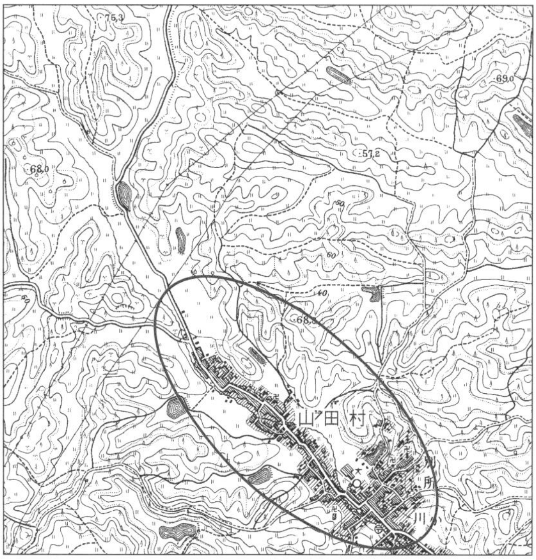

② 1967年

千里ニュータウン

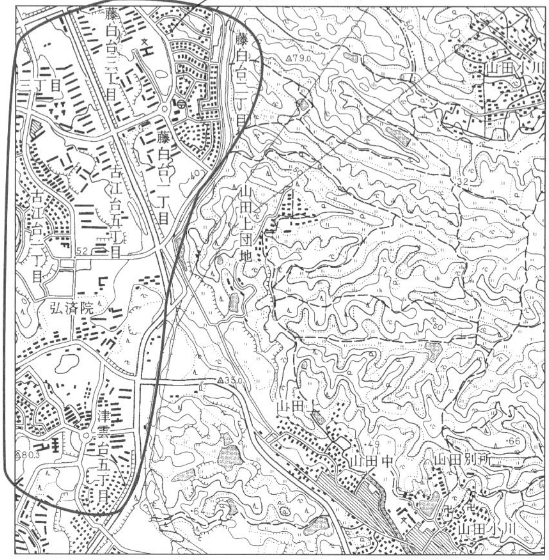

[1] 地図を見て、あとの問いに答えましょう。

(1) 千里ニュータウンは、どのようにしてつくられましたか。上の地図を見て、正しいものに○をつけましょう。

(　　) 海をうめたててつくった。

(　　) 山や丘を平らにけずってつくった。

(　　) 古い団地やショッピングセンターをたてかえてつくった。

(2) ㋐の写真は、①～③のどの年のものか、番号をかきましょう。

(　　)

月　日 [名前]

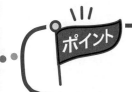

ポイント　年代ごとの地図を見くらべて、市がどのようにかわってきたかを学びましょう。

③　2001年

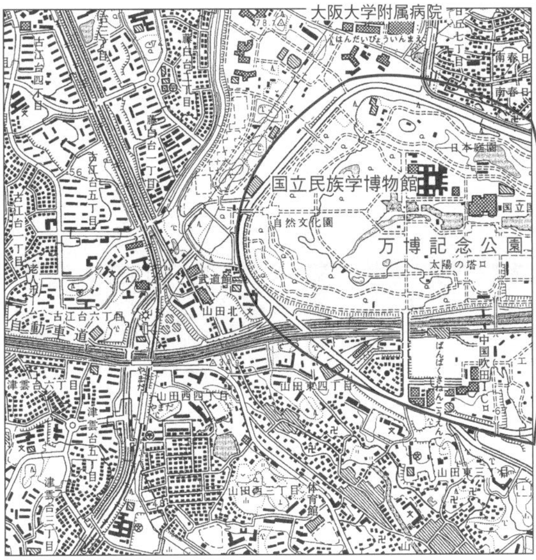

㋐

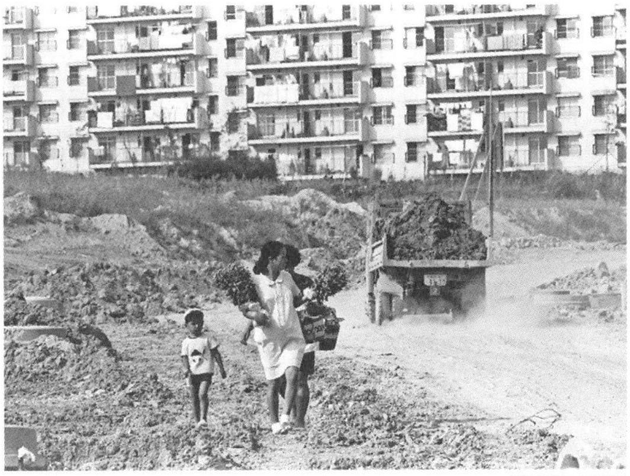

©野口昭雄

⑶　①～③の地図からわかることを、(　)に○をつけましょう。

(　　)　1929年の地図では、1本の道にそって村があり、村のまわりは田に使われている。

(　　)　1967年の地図では、千里ニュータウンのけんせつが始まり、かつて丘だったところに団地がつくられている。

(　　)　1967年の地図では、団地が東がわに集まってつくられている。

(　　)　2001年の地図では、さらにたて物の数がふえ、自動車道や鉄道がつくられている。

(　　)　2001年の地図では、万博記念公園の中に国立民族学博物館がある。

市のうつりかわり
人口や交通のへん化

1 次のグラフを見て、あとの問いに答えましょう。

千里ニュータウンの年れい別人口

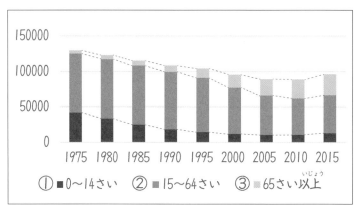

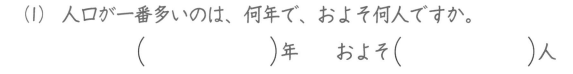

(1) 人口が一番多いのは、何年で、およそ何人ですか。

（　　　　　　　）年　　およそ（　　　　　　　　）人

(2) グラフを見て、正しいものに〇をつけましょう。

（　　　）人口は、1975年からずっとふえている。

（　　　）人口は、1975年からかわっていない。

（　　　）人口は、1975年から少しずつへってきて、2010年か
ら少しずつふえてきた。

(3) 1975年からふえつづけている年れいを、①〜③からえらん
で、番号をかきましょう。　　　　　（　　　　　　　）

(4) 次のサービスは、上のグラフのどの年れいに対して行われま
すか。（　）に①〜③の番号をかきましょう。

（　　　）子育てサービス　　　（　　　　）かいごサービス

月　　日　名前

ポイント

市のうつりかわりをグラフや地図から学びましょう。

② 次の地図は、吹田市の地形を表しています。あとの問いに答えましょう。

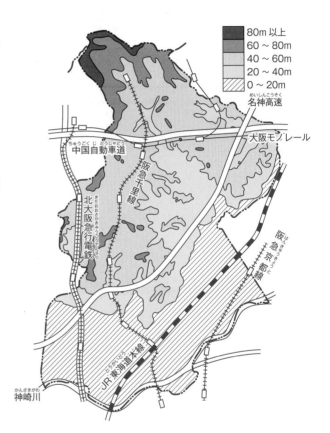

(1) 土地が高いのは、北部と南部のどちらですか。

（　　　　　）

(2) 中国自動車道は、どの方位に通っていますか。正しいものに○をつけましょう。

（　　）南北

（　　）南東

（　　）東西

(3) この地いきを通っている道路と鉄道をかきましょう。

① 中国自動車道とならんでいる鉄道　（　　　　　　　　）

② 40m以上の高いところを南北に通っている鉄道

阪急（　　　　　　）線

③ ②とならんでいるような鉄道　（　　　　　　）急行電鉄

④ JR東海道本線とならんでいるように走っている道路と鉄道

（　　　　　　）高速道路　　阪急（　　　　　　）線

学年末テスト

地図と方位・店ではたらく人びと

[1] 次の地図を見て、あとの問いに答えましょう。

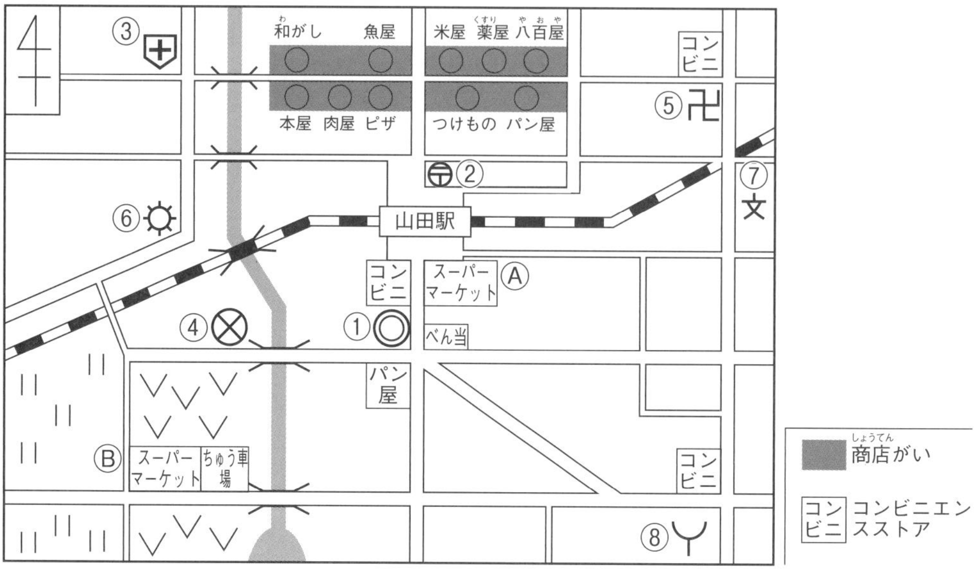

(1) 山田駅から見て、次の地図記号がある方位とその名前を、[　　]からえらんでかきましょう。方位は八方位でかきましょう。

〈知識・技能〉(4点×16)

	記号	方位	名前		記号	方位	名前
①	◎			②	〒		
③	⊕			④	⊗		
⑤	卍			⑥	☼		
⑦	文			⑧	Y		

学校　工場　けいさつしょ　病院
寺　消ぼうしょ　ゆうびん局　市役所

月　　日 [名前]　　／100点

⑵　左の地図を見て、次の文で正しいもの３つに○をつけましょう。

〈知識〉（４点×３）

（　　）商店がいには、肉屋さんがある。

（　　）パン屋さんは、商店がいの中に１けんだけある。

（　　）べん当屋さんは、商店がいにある。

（　　）この町には、スーパーマーケットよりコンビニエンスストアの方が多い。

（　　）Ⓑのスーパーマーケットのまわりは田んぼだけである。

[2]　次の文は、㋐商店がい、㋑スーパーマーケット、㋒コンビニエンスストアのどれを表(あらわ)していますか。（　）に記号をかきましょう。

〈知識〉（４点×６）

（　　）品物(しなもの)のしゅるいやりょうが多いので、短(みじか)い時間でたくさんの買(か)い物(もの)ができる。

（　　）店の人と知り合いになって、話をしながら買い物ができる。

（　　）買い物の相談(そうだん)にのってくれて、おまけをしてくれることもある。

（　　）朝早い時間や夜おそい時間でも開(あ)いているので、足りなくなったものが買える。

（　　）広いちゅう車場があるので、自動車(じどうしゃ)でたくさんの買い物ができる。

（　　）買い物だけでなく、荷物(にもつ)を送(おく)ったり、お金を引き出したりする銀行(ぎんこう)の役目(やくめ)もしてくれる。

学年末テスト

畑・工場ではたらく人びと

[1] 次の表は、野さいをつくっている時期を表しています。あとの問いに答えましょう。

<table>
<tr><th></th><th>1月</th><th>2</th><th>3</th><th>4</th><th>5</th><th>6</th><th>7</th><th>8</th><th>9</th><th>10</th><th>11</th><th>12</th></tr>
<tr><td>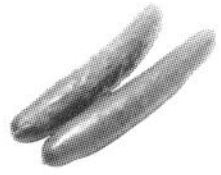
（きゅうり）</td><td colspan="7">Ⓐ</td><td colspan="3">ろ地さいばい</td><td colspan="2">Ⓐ</td></tr>
<tr><td>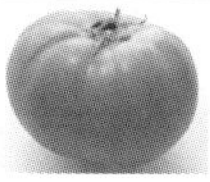
（トマト）</td><td></td><td colspan="6">Ⓐ</td><td></td><td></td><td></td><td></td><td>Ⓐ</td></tr>
</table>

(1) 外でつくられている野さいと時期をかきましょう。〈技能〉（5点×2）

（　　　　　　）〔　　　〕～〔　　　〕月

(2) Ⓐの時期では、右のしせつを使って野さいをつくっています。これを何といいますか。〈知識〉（8点）（　　　　　　）

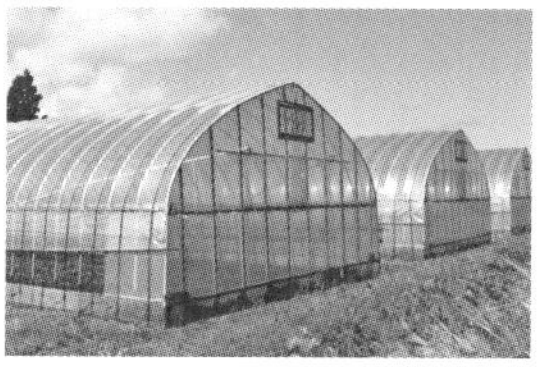

(3) 野さいが高く売れるように気をつけていることとくふうを、[　　]からえらんでかきましょう。〈知識〉（6点×5）

① 気をつけていること…（　　　）と（　　　）をそろえる。

② くふう

㋐ つくる時期を（　　　　　）。

㋑ ほかで（　　　　　）野さいをつくる。

㋒ （　　　　　）土地でもたくさんつくる。

せまい	形	つくらない	ずらす	大きさ

2　次の絵は、パン工場でのようすを表しています。絵のせつ明に
あう文をえらんで（　）に記号をかきましょう。　〈知識〉（6点×5）

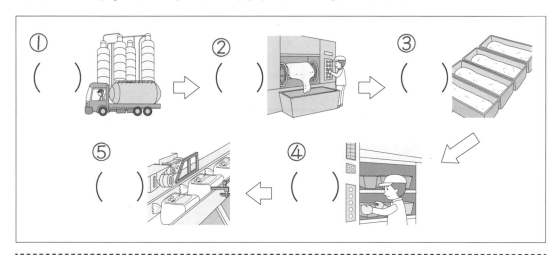

① （　　）→ ② （　　）→ ③ （　　）

⑤ （　　）← ④ （　　）

- あ　パンをやく。
- い　パンをふくろにつめる。
- う　パンの原りょうを運ぶ。
- え　生地づくり（ざいりょうをねる）。
- お　パン生地をケースに入れてふくらませる。

3　次の表を見て、あとの問いに答えましょう。

	午前		午後	
(時)	1 2 3 4 5 6 7 8 9 10 11 12		1 2 3 4 5 6 7 8 9 10 11 12	
パンをつくる人				（3交代）
事むの人		休けい		
配たつの人		休けい		

(1)　配たつの人は、
何時からはたらい
ていますか。
〈技能〉（6点）

〔　　　　　　　〕時から

(2)　なぜ(1)からはたらくのですか。　〈思考〉（8点×2）

パンは、（　　　　　　　）に買いにくる人が（　　　　　　　）から。

安全なくらしを守る

① 次の図を見て、あとの問いに答えましょう。 （6点×10）

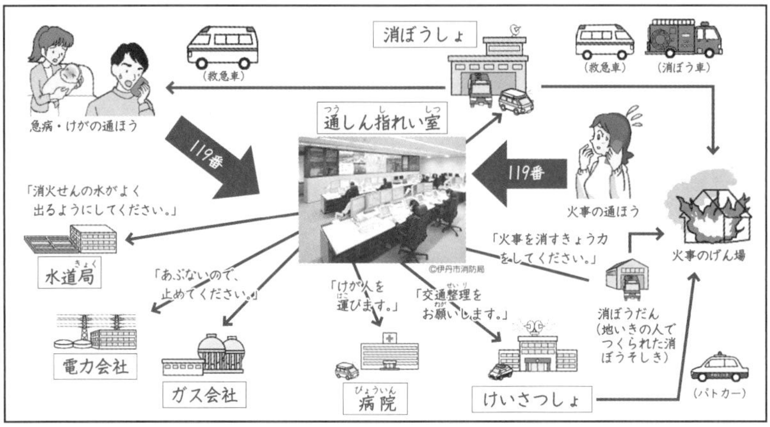

(1) 火事を知らせるときは、110番と119番のどちらですか。

（　　　　　）番 〈知識〉

(2) (1)は、どこにつながりますか。〈知識〉 （　　　　　）

(3) (1)にかけるときに大事なことをかきましょう。 〈知識〉

① （　　　）か「救急」かを言う。

② （　　　）と近くの（　　　）になるたて物などを言う。

場所　　目じるし　　火事

(4) 次のところとかんけいする文を線でむすびましょう。 〈知識〉

① ガス会社 ・ ・㋐消火せんの水を出るようにする。

② けいさつしょ・ ・㋑交通整理をする。

③ 消ぼうしょ ・ ・㋒けが人をちりょうする。

④ 水道局 ・ ・㋓ばくはつしないよう止める。

⑤ 病院 ・ ・㋔消ぼう車を出動させる。

2　次の絵は、交通事こが起こったときのようすを表しています。あとの問いに答えましょう。

(1)　交通事こが起こったとき、何番にかけると「通しん指れい室」にかかりますか。〈知識〉(6点)　　　　　　（　　　　　　　）番

(2)　通しん指れい室が次の①と②にれんらくするのは消ぼうしょとけいさつしょのどちらですか。「　」にあてはまる言葉をかきましょう。〈知識〉(6点×2)

通しん指れい室⇒「①　　　　　　　」（けが人を運ぶ。）

　　　　　　　「②　　　　　　　」（事このげん場に向かう。）

(3)　(2)の①・②から出動する車は、何ですか。〈知識〉(6点×2)

①（　　　　　　　）　②（　　　　　　　）

(4)　交通整理と、事この原いんを調べるようすを表しているのは図中のあ～かのどれですか。記号でかきましょう。〈技能〉(5点×2)

交通整理をする〔　　　　　〕　事この原いんを調べる〔　　　　　〕

くらしのうつりかわり

1 次の絵を見て、あとの問いに答えましょう。 （5点×10）

(1) 昔の道具の名前を [___] からえらんでかき、それが今どうなっているかは、図の記号をかきましょう。 〈知識〉

		昔	今
ごはんのほぞん	①		
ごはんを おくところ	②		
りょう理をつくったり 温める	③		
明かり	④		

> おひつ　はこぜん　ランプ　いろり

(2) 今と昔で、食べている人は、どうちがいますか。 〈思考〉

昔はおじいさんや（　　　　　　　　）たちといっしょに、今より（　　　　　　　　）の人数で食べていた。

月　　日　[名前]　　／100点

2　次の地図は、1970年に大阪万博が開かれた千里ニュータウンのまわりを表しています。あとの問いに答えましょう。（10点×5）

㋐（1967）

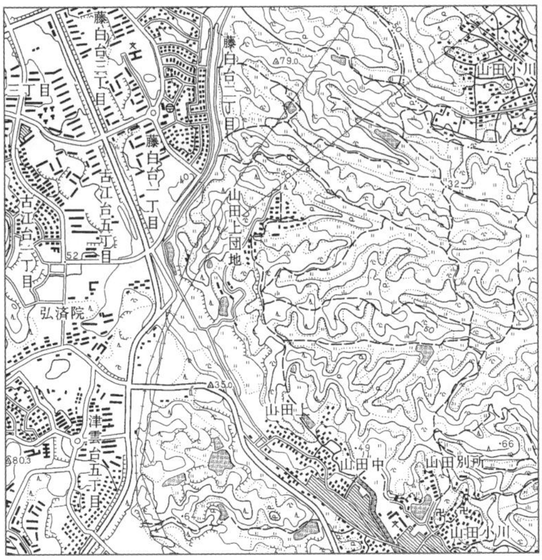

㋑（2001）

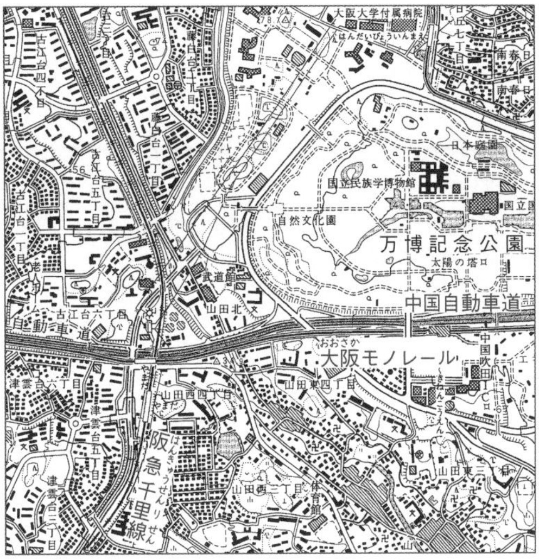

(1)　1929年ころは右のような乗り物が走っていました。この名前をかきましょう。〈知識〉

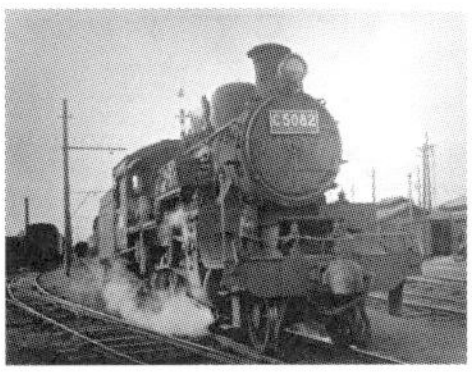

（　　　　　　　　　　）

(2)　㋐の地図中の団地が広がっているのは、地図のどのあたりですか。東西南北で答えましょう。〈技能〉

（　　　　）がわ

(3)　㋑の地図から、わかることをかきましょう。〈技能〉

交通→道路…（　　　　）自動車道が通っている

鉄道…（　　　　）千里線、大阪（　　　　）が通っている

 **イメージマップ**

 作業1 なぞって書きましょう。

《ごみの分別》

ソファ	ふとん	紙くず	生ごみ
	大がたごみ	もえるごみ	
	しげんごみ	もえないごみ	
かん びん 新聞紙 古着		とうき 電球 ほうちょう	

《しげんごみの活用》

① 識別マーク（素材を見分けるためのマーク）

Ⓐ （スチールかん） （アルミかん）

Ⓑ （ペットボトル）

Ⓒ （ペットボトル以外のプラスチック）

Ⓓ （だんボールと牛にゅうパック以外の紙）

② 4R運動（3R＋1）

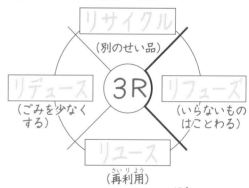

リサイクル（別のせい品）
リデュース（ごみを少なくする）
リフューズ（いらないものはことわる）
3R
リユース（再利用）

③ 家電リサイクル法

　いらなくなったテレビ、冷ぞう庫、せんたく機、エアコンは、お店が回しゅうして、メーカーがリサイクルしなければならない。

④ レジぶくろの有料化
　　（2020年から）

《リサイクルの流れ》

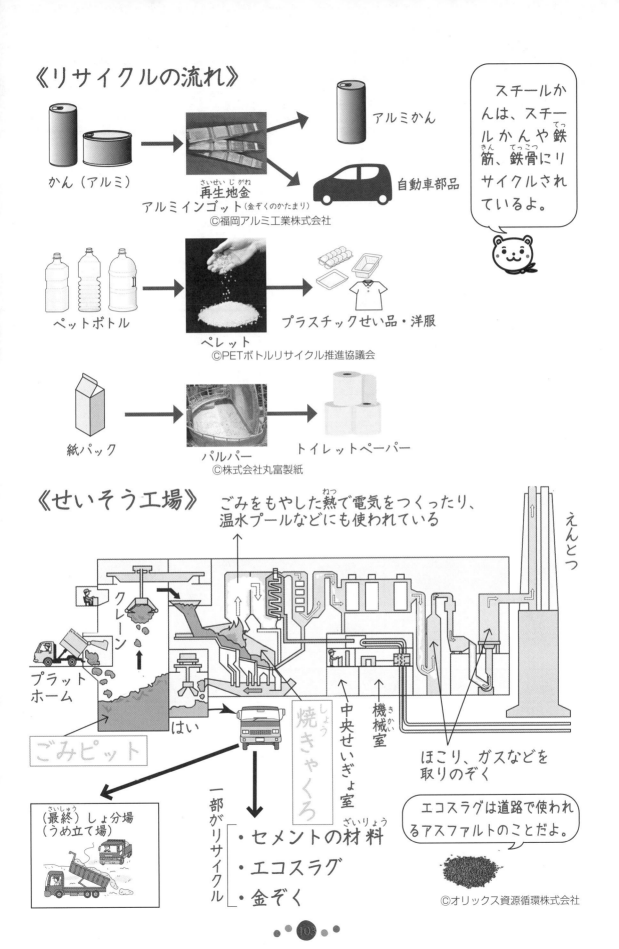

かん（アルミ） → 再生地金
アルミインゴット（金ぞくのかたまり）
©福岡アルミ工業株式会社
→ アルミかん / 自動車部品

スチールかんは、スチールかんや鉄筋、鉄骨にリサイクルされているよ。

ペットボトル → ペレット
©PETボトルリサイクル推進協議会
→ プラスチックせい品・洋服

紙パック → パルパー
©株式会社丸富製紙
→ トイレットペーパー

《せいそう工場》

ごみをもやした熱で電気をつくったり、温水プールなどにも使われている

えんとつ

クレーン
プラットホーム
ごみピット
はい
ごみピット
焼きゃくろ
中央せいぎょ室
機械室

ほこり、ガスなどを取りのぞく

（最終）しょ分場
（うめ立て場）

一部がリサイクル

・セメントの材料
・エコスラグ
・金ぞく

エコスラグは道路で使われるアスファルトのことだよ。

©オリックス資源循環株式会社

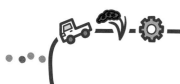

ごみはどこへ
ごみ調べ

[1] 次の中で、ごみにあたるものには（　）に○をつけましょう。

①（　　）	②（　　）	③（　　）	④（　　）
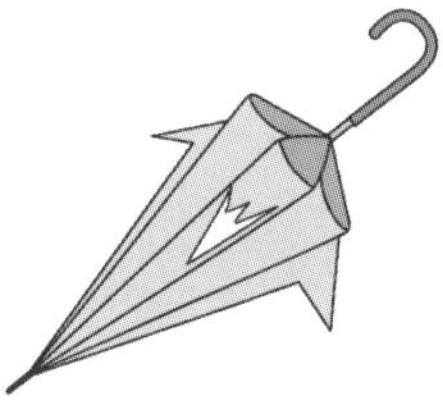	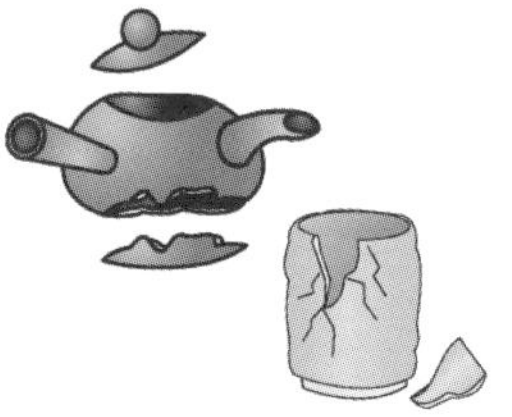	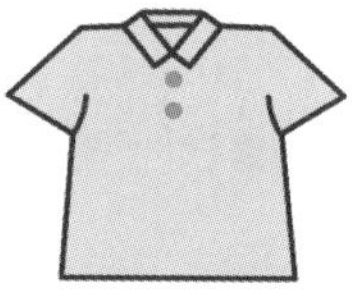	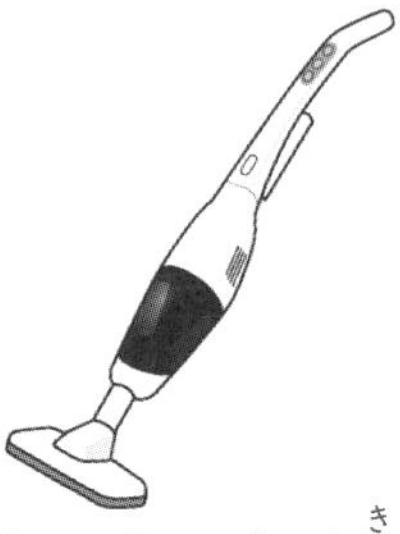
やぶれたかさ	こわれたとうき	今、着ている服	こわれたそうじ機

[2] 次のごみは、どのように分けられますか。［　　］から選んで書きましょう。

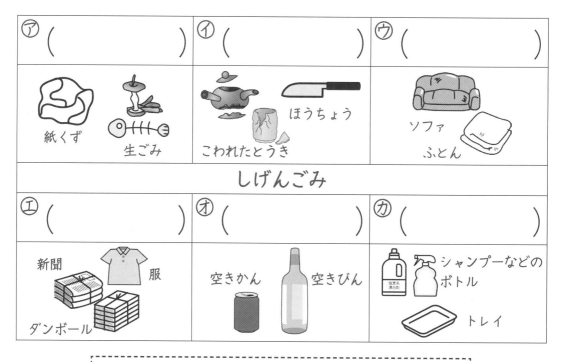

㋐（　　　）	㋑（　　　）	㋒（　　　）
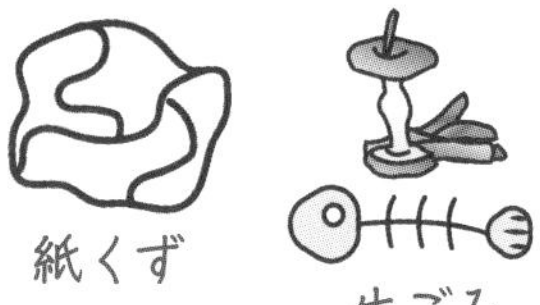 紙くず　生ごみ	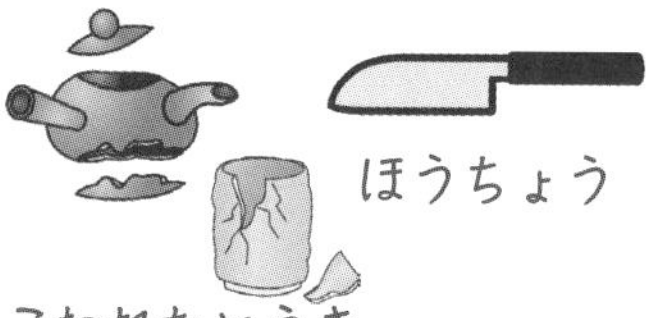 ほうちょう　こわれたとうき	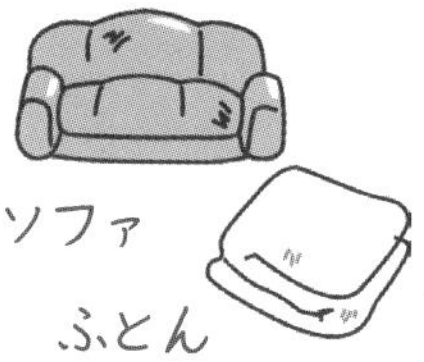 ソファ　ふとん
しげんごみ		
㋓（　　　）	㋔（　　　）	㋕（　　　）
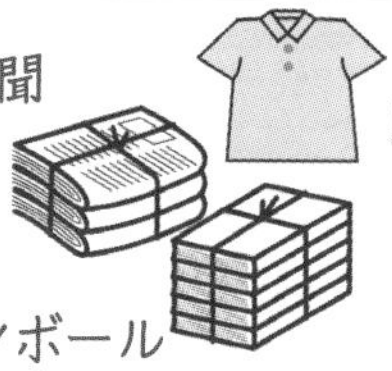 新聞　服　ダンボール	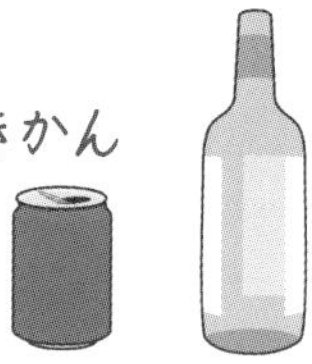 空きかん　空きびん	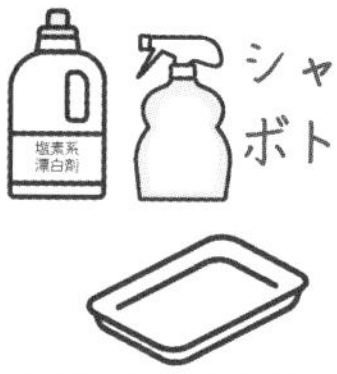 シャンプーなどのボトル　トレイ

大がたごみ	もえるごみ	もえないごみ
びん・かん	プラスチック	紙・衣類

ポイント

ごみの中には、しげんになるものもあるので、ごみを
分別(ぶんべつ)することの大切さを理解(りかい)しましょう。

③ ごみステーションの図を見て、あとの問いに答えましょう。

あなたの町のしゅう集日は

もえるごみ	もえないごみ	しげんごみ
毎週 火・金曜	毎週 水曜	毎月 第1・3木曜

☆ごみは、決められた日の午前9時までに
出してください。

(1) 生ごみや紙くずなどのごみ
は、いつ出しますか。

　　毎週（　　　・　　　）

(2) 毎週水曜日に出すごみは、
どんなごみですか。

　　　（　　　　　　）ごみ

(3) ごみの出し方で、正しい文に○をつけましょう。

（　　）　いつどこに出してもよい。

（　　）　もえる・もえない・しげんごみなどに分けて出す。

（　　）　決められた日の前の夜から出しておく。

（　　）　決められた日の朝の9時までに出しておく。

④ 次のグラフを見て、あとの問いに答えましょう。

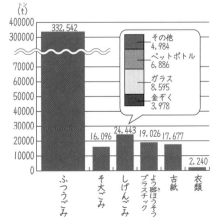

(t)
400000
332,542
300000

70000
60000
50000
40000
30000　24,443
20000　16,096　　19,026 17,677
10000　　　　　　　　　　2,240
0

その他　4,984
ペットボトル　6,886
ガラス　8,595
金ぞく　3,978

ふつうごみ　そ大ごみ　しげんごみ　よう器ほうそうプラスチック　古紙　衣類

家庭から出された1年間のごみの量
（2018年　大阪市役所資料）

(1) 家庭のごみの中で、一番多く
出されているごみとその量(りょう)を書
きましょう。

　　　（　　　　　　）ごみ

　　約(やく)〔　　　　　　〕万t

(2) しげんごみの中で、何が一番
多いですか。（　　　　　　）

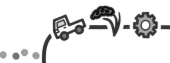

ごみはどこへ

ごみのゆくえ

[1] せいそう工場の図を見て、あとの問いに答えましょう。

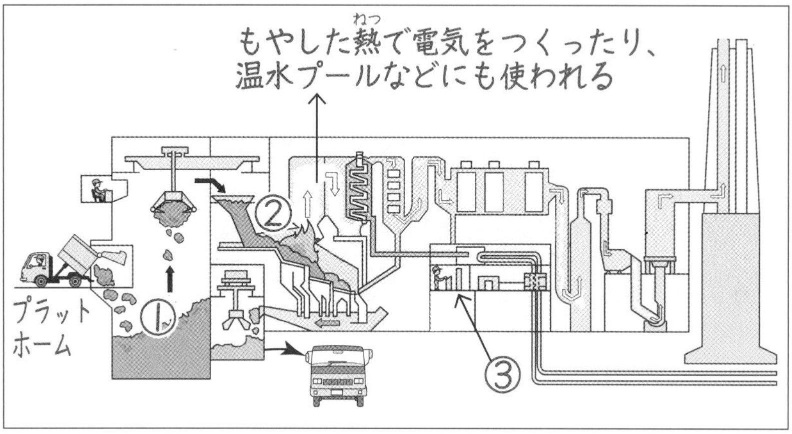
もやした熱で電気をつくったり、
温水プールなどにも使われる
②
プラット
ホーム
①
③

中央せいぎょ室
焼きゃくろ
ごみピット

(1) 図の①～③にあてはまる言葉を書きましょう。

①(　　　　　)　②(　　　　　)　③(　　　　　)

(2) ①～③の説明にあてはまる文を選んで記号を書きましょう。

①〔　　　〕　②〔　　　〕　③〔　　　〕

㋐ ごみをはいにするところ
㋑ ごみを集めるところ
㋒ ごみがもえるのを管理しているところ

(3) ごみをもやしたときに出る熱やはいは、何に利用されていますか。

① ごみをもやしたときに出る熱…(　　　　　)をつくる。

② もやしたはい………(　　　　　)などをつくる。

セメント　ガス　電気

ポイント　せいそう工場の仕組みと、ごみをへらす取り組みを理解しましょう。

(4)　プラットホームからすてられるごみは何ですか。（　）に〇をつけましょう。

（　　）生ごみ　　　（　　）古新聞　　　（　　）こわれたテレビ

(5)　もやしたあとにでたはいのほとんどは、トラックによってどこに運ばれますか。　　　　　　　　　（　　　　　　　　　）

2　次のグラフを見て、あとの問いに答えましょう。

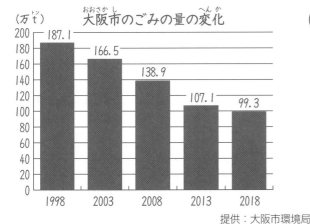

（万 t）　大阪市のごみの量の変化
200　187.1
180　　166.5
160　　　138.9
140
120　　　　107.1　99.3
100
80
60
40
20
0
　1998　2003　2008　2013　2018
提供：大阪市環境局

(1)　1998年と2018年のごみの量をかきましょう。

①　1998年
（　　　　　　）万 t

②　2018年
（　　　　　　）万 t

(2)　（　）にあてはまる言葉を、 ____ から選んで書きましょう。

　地いきのスーパーの入リ口には、トレイや牛にゅうパックなどの（　　　　　　　）ボックスが置かれています。また、2020年度からプラスチックの使いすてをへらすために（　　　　　　　）にお金がいるようになり、お店の人は（　　　　　　　）の利用をお客さんによびかけています。

エコバッグ　　回しゅう　　レジぶくろ

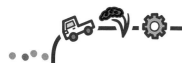

ごみはどこへ

しげんごみ

[1] 次の図を見て、あとの問いに答えましょう。

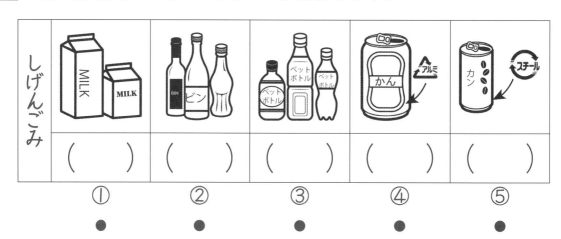

しげんごみ	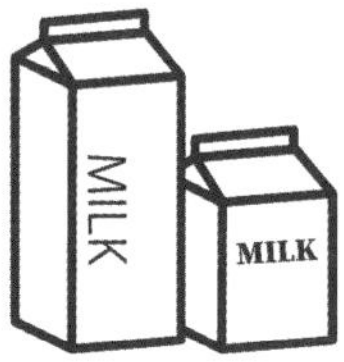	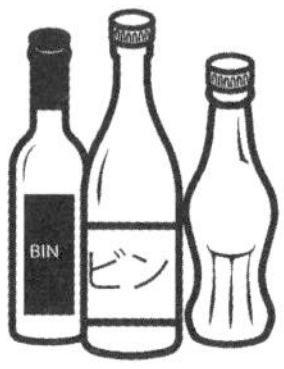	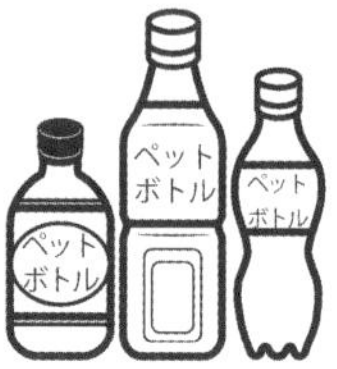	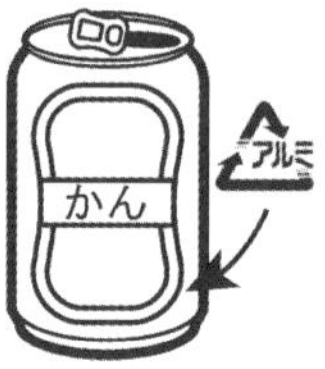	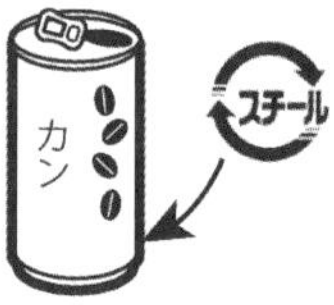
	(　　)	(　　)	(　　)	(　　)	(　　)
	①	②	③	④	⑤

	㋐	㋑	㋒	㋓	㋔
リサイクル	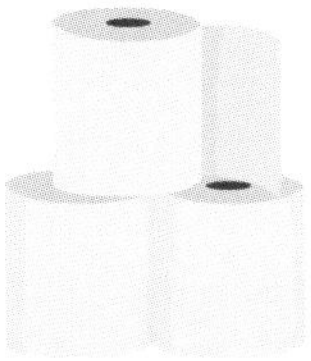	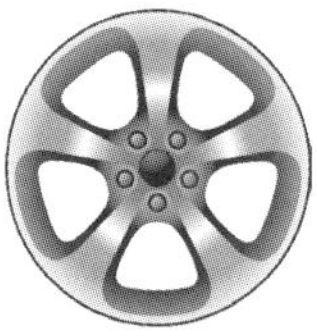 (アルミホイール)	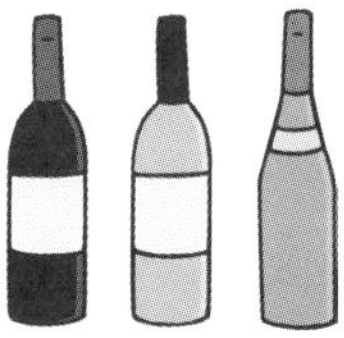	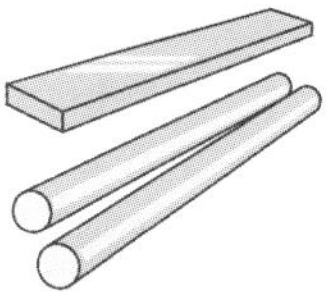	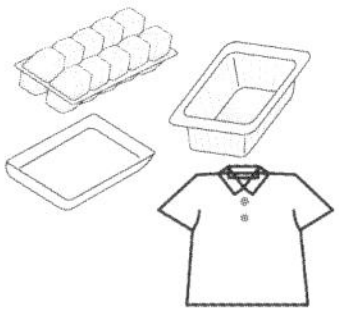

(1) 図の（　）にあてはまる言葉を、[　　]から選(えら)んで記号を書きましょう。

㋐アルミかん　㋑紙パック　㋒びん
㋓スチールかん　㋔ペットボトル

(2) しげんごみとリサイクルがつながるように線で結(むす)びましょう。

ポイント　しげんごみは、リサイクルされると新たな品物に生まれ変わることを理解しましょう。

2　次のマークを見て、あとの問いに答えましょう。

(1)　次のマークは、何からできているかを（　）にかきましょう。

① 　② 　③

（　　　　　　）（　　　　　　）（　　　　　　）

ペットボトル　　プラスチック　　紙

(2)　家庭で使われる電気せい品の中には、いらなくなったりこわれたりすると、店が回しゅうしメーカー（せいぞう元）がリサイクル（再利用）しなければならない決まりがあります。その電気せい品について、正しいものに〇をつけましょう。

（　　）すいはん器　　　　（　　）冷ぞう庫

（　　）エアコン　　　　　（　　）そうじ機

3　なぜ、ごみを出すときに分別しないといけないのでしょうか。（　）にあてはまる言葉を、 から選んで書きましょう。

ごみの中には、もう一度（①　　　　　　）として使えるものがたくさんあります。ごみを（②　　　　　　）して出すと、（③　　　　　　）工場で新たな品物に生まれ変わることができるからです。

リサイクル　　しげん　　分別

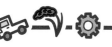

ごみはどこへ

ごみ問題と取り組み

[1] 次のグラフを見て、あとの問いに答えましょう。

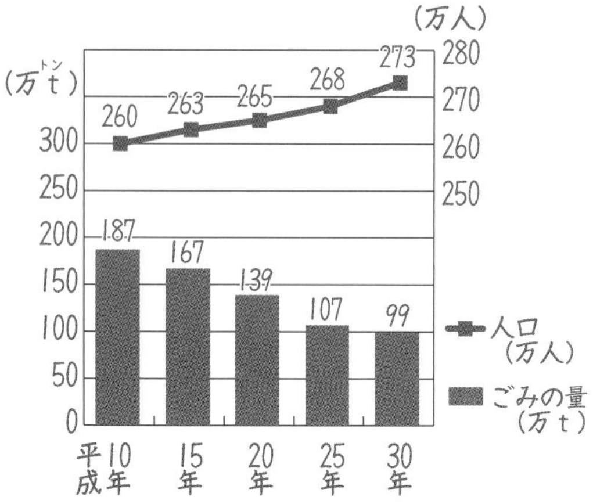

大阪市環境局調べ

⑴ 人口とごみの量(りょう)は、どうなっていますか。

① ㋐ 一番人口が多い年

平成(　　　)年

㋑ ㋐のときのごみの量

(　　　　　)万t

② ごみの量 ㋐ 一番人口が少ない年　平成(　　　)年

㋑ ㋐のときのごみの量　(　　　　　)万t

⑵ ①と②をくらべて気づいたことを書きましょう。

人口は(　　　　　　　)が、ごみの量は(　　　　　　　)。

⑶ ごみをへらすための取り組みとして、正しいものに○をつけましょう。

(　　) よく使うものは、ねだんの安いものを買うようにする。

(　　) 買い物に行くときは、エコバッグを使う。

(　　) 学校では、落ち葉をたいひにしている。

(　　) 古新聞は、もえるごみの回(かい)しゅう日に出す。

(　　) 印刷(いんさつ)して失敗(しっぱい)した紙は、うらも使う。

ポイント　ごみをへらす取り組み（4R（アール）と３きり運動）を理解しましょう。

2　ごみをへらす取り組みとして、「4R」があります。

(1)　次の①〜④が表していることを（　）に書きましょう。

①　ごみそのものをへらすこと。　　　　　　（　　　　　）

②　物をすてずに、くり返し使うこと。　　　（　　　　　）

③　ごみをしげんに変えて、ふたたび使うこと。（　　　　　）

④　いらないものはことわること。　　　　　（　　　　　）

> リユース　　　リサイクル　　　リデュース　　　リフューズ

(2)　次のできごとは、(1)の①〜④のどれと関係がありますか。

（　）に番号を書きましょう。

（　　　）　商品のほうそうをなるべくかんたんにしてもらう。

（　　　）　買い物に行ったとき、必要のないわりばしやスプーンはことわった。

（　　　）　使わなくなったおもちゃを、いる人にゆずる。

（　　　）　ペットボトルを決められた日と場所に出す。

3　次は、家庭でできる「３きり運動」です。図を見て、どんなことかを、[＿＿]から選んで書きましょう。

①
生ごみをすてるとき
（　　　　　）

②
残さずに食べる
（　　　　　）

③
買ったものを残さない
（　　　　　）

> 食べきり
> 水きり
> 使いきり

ごみはどこへ(1)

1. 次の図を見て、家から出たごみを表に分けて書きましょう。2か所にあてはまるごみもありますが、ここでは1か所に1つ入ります。

(10点×6)

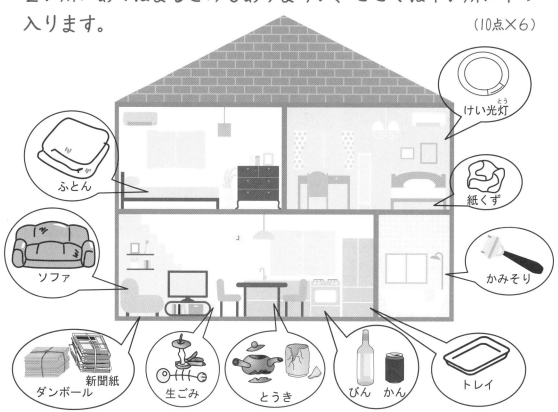

もえるごみ	もえないごみ	大がたごみ
( )	( )	( )

しげんごみ		
紙類・衣類	びん・かん・ペットボトル	プラスチック
( )	( )	( )

月　　日　[名前]　　　／100点

[2] もえるごみは、せいそう工場に運ばれます。あとの問いに答えましょう。（5点×8）

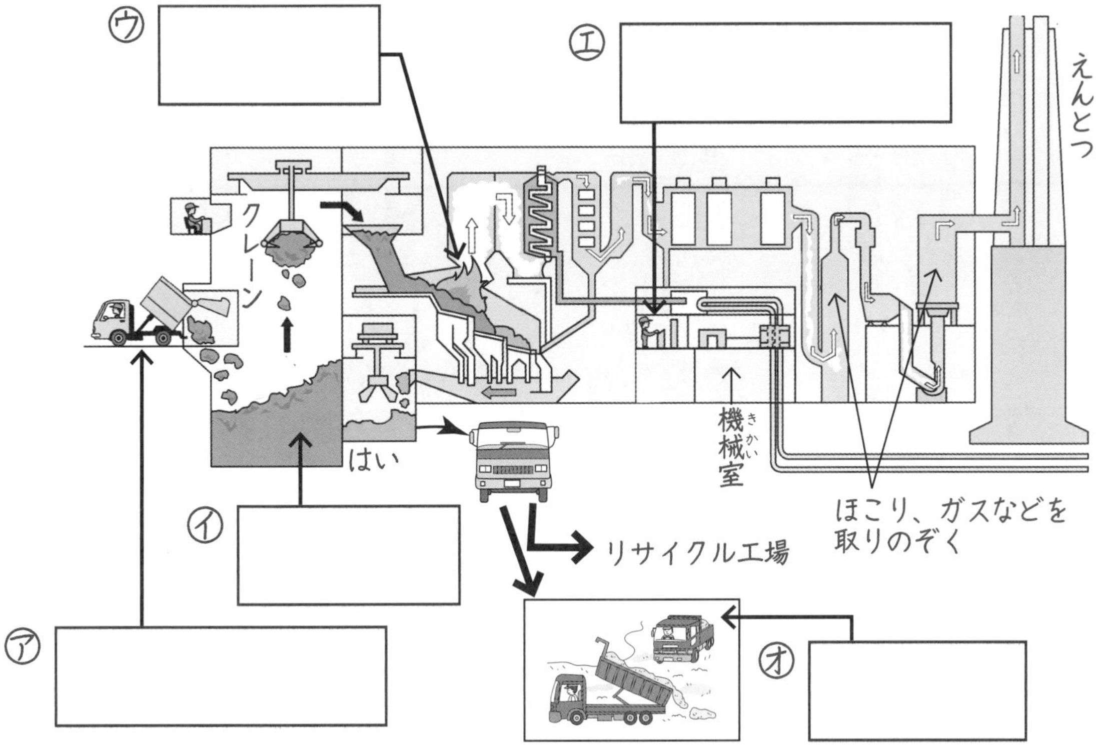

㋒
㋓
えんとつ
クレーン
機械室
はい
リサイクル工場
ほこり、ガスなどを取りのぞく
㋑
㋐
㋔

(1) 図中の□にあてはまる言葉を、[ ]から選んで書きましょう。

焼きゃくろ　ごみピット　中央せいぎょ室
しょ分場　プラットホーム

(2) 次の説明にあたるところは、図中の㋐～㋔のどれですか。

（　　）コンピューターを使って工場を管理するところ。

（　　）焼きゃくされたはいをしょ分するところ。

（　　）ごみを集めるところ。

まとめテスト

ごみはどこへ(2)

[1] 次の図と写真は、しげんごみとして集められたものが何に生まれ変わるかを表しています。図のA～Dにあてはまるものを、[ ]のア～エから１つずつ選んで、記号を書きましょう。

（６点×４）

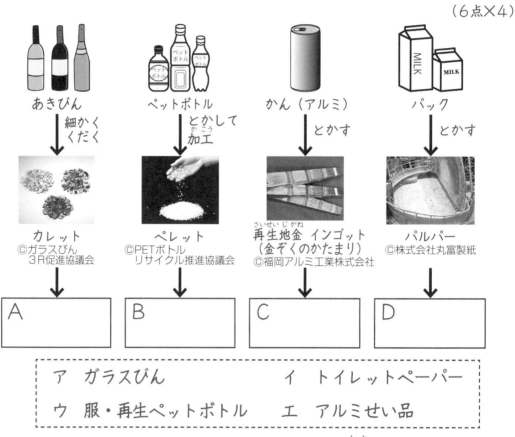

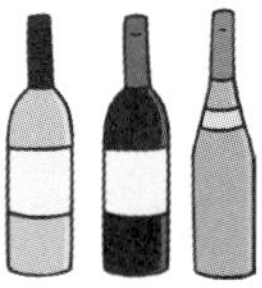
あきびん
↓ 細かくくだく
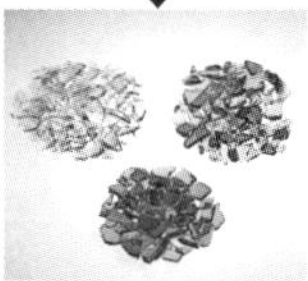
カレット
©ガラスびん３R促進協議会
↓
A

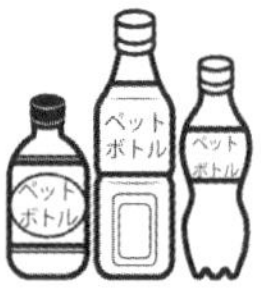

ペットボトル
↓ とかして加工
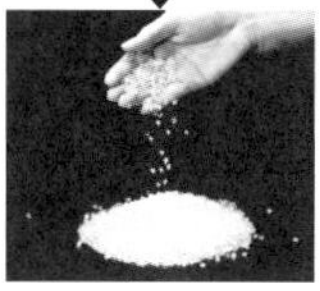
ペレット
©PETボトルリサイクル推進協議会
↓
B

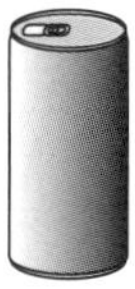
かん（アルミ）
↓ とかす
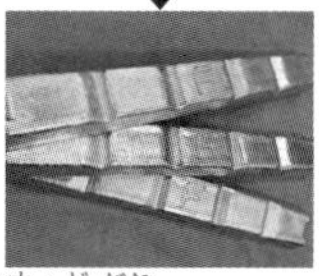
再生地金 インゴット（金ぞくのかたまり）
©福岡アルミ工業株式会社
↓
C

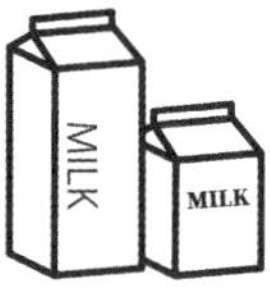

パック
↓ とかす
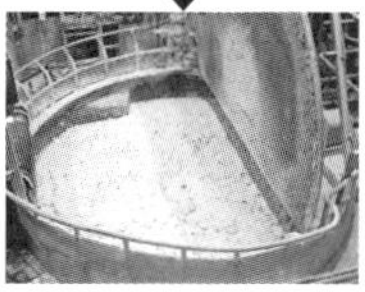
パルパー
©株式会社丸富製紙
↓
D

ア ガラスびん	イ トイレットペーパー
ウ 服・再生ペットボトル	エ アルミせい品

[2] 次のしげんごみが表しているマークを線で結びましょう。

（６点×４）

①プラスチック ②ペットボトル ③ダンボール ④紙

・ ・ ・ ・

・ ・ ・ ・

㋐

㋑
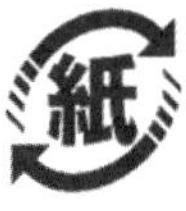

㋒

㋓

月　　日 [名前]　　／100点

[3] ごみをへらすために、4Rという取り組みが進められています。それぞれ関係(かんけい)するものを線で結びましょう。　（5点×8）

① リユース ●	● ㋐ いらないものはことわる。 ●	● [あ] 買い物に行ったとき、必要(ひつよう)のないわりばしはもらわない。
② リサイクル ●	● ㋑ 一度原料(げんりょう)にして新しいせい品をつくる。 ●	● [い] 新聞紙をしげんごみで出して、再生紙をつくる。
③ リデュース ●	● ㋒ ごみを少なくする。 ●	● [う] 着なくなった洋服を友だちにあげた。
④ リフューズ ●	● ㋓ 同じものを何度もくりかえし使う。 ●	● [え] 買い物をするときマイバッグを使う。

[4] なぜ、ごみを出すときに分別(ぶんべつ)しないといけないのですか。次の言葉を使って書きましょう。（リサイクル工場・分別・しげん）

（12点）

《水の流れ》

▶中央管理室

> じょう水場では、取水から給水まで24時間コンピューターを使って、かんししています。

©大阪広域水道企業団

▶水質のけんさ

> 細きんやにおいなどがないか水質けんさをして、かくにんしています。

©大阪広域水道企業団

ダム ← 雨

水のにごりをとる薬入れてかきまぜる。

川

① 取水口 → ② ちんさ池

> じょう水場から出たどろはすてないで、花や野菜を育てる土に再利用しているじょう水場もあるのよ。

旭川から生まれた
おかやま産土

旭川の水から水道水を作る過程で発生した土です。

©岡山市水道局

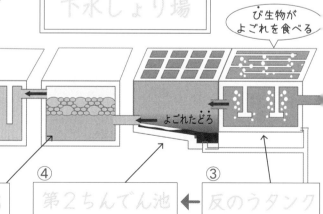

下水しょり場

び生物がよごれを食べる

よごれたどろ

⑤ ろか池 ← ④ 第2ちんでん池 ← ③ 反のうタンク

おでいしょりしせつ
（よごれたどろをしょりしているところ）

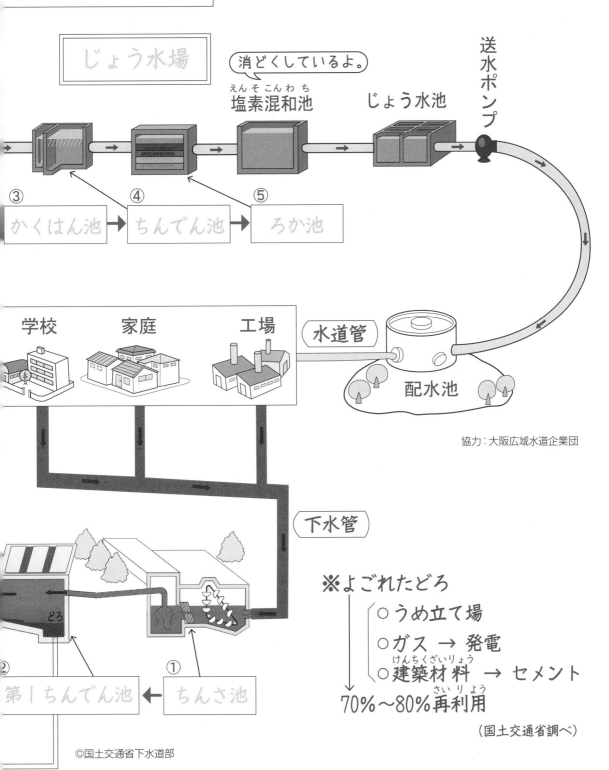

水げんの森（緑のダム）

じょう水場

消どくしているよ。

塩素混和池
えんそこんわち

じょう水池

送水ポンプ

③
かくはん池 → ④ ちんでん池 → ⑤ ろか池

学校　　家庭　　工場

水道管

配水池

協力：大阪広域水道企業団

下水管

※よごれたどろ
○うめ立て場
○ガス → 発電
○建築材料 → セメント
けんちくざいりょう
70%〜80%再利用
さいりよう

（国土交通省調べ）

どろ

② 第1ちんでん池 ← ① ちんさ池

©国土交通省下水道部

（じょう水場や下水しょり場の仕組みは、そのしせつによってちがいがあります。）

水はどこから
水の利用と水が送られてくる仕組み

1 次の図を昔から今とつながるように順番を書きましょう。

① （　　　　）　② （　　　　）　③ （　　　　）

2 次の図を見て、家庭で使われている水の量を書きましょう。

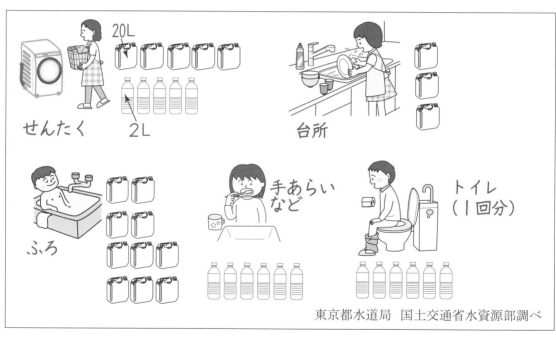

東京都水道局　国土交通省水資源部調べ

① トイレ　〔　　　　　〕L　② せんたく　〔　　　　　〕L

③ 台所　　〔　　　　　〕L　④ ふろ　　　〔　　　　　〕L

⑤ 手あらいなど　〔　　　　　〕L

①〜⑤の合計　〔　　　　　〕L

月　　日 [名前]

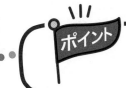

ポイント　家庭で使う水がどのようにして流れてきているかを理解しましょう。

3　次の図は、家庭で使う水が、どのようにして流れてきているかを表しています。①〜④にあてはまる言葉を、□から選んで書き、つながりのある文と線で結びましょう。

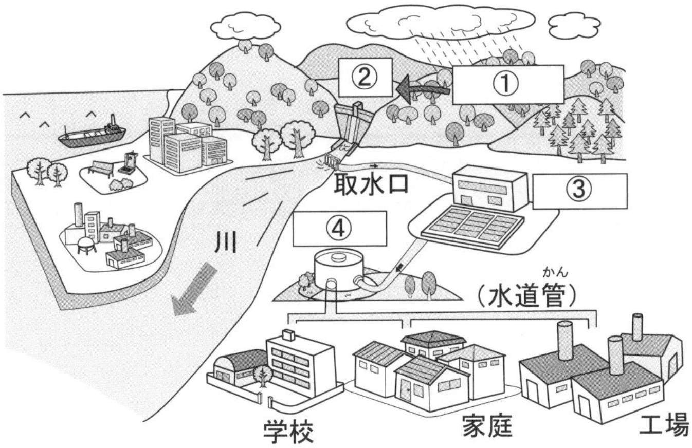

配水池
水げんの森
じょう水場
ダム

①〔　　　　〕● 　(緑のダム)　　　　● ㋐ 水をきれいにして、飲んでも安全な水にするところ。

②〔　　　　〕●　　　　● ㋑ 家庭や学校などに水を送り出すところ。

③〔　　　　〕●　　　　● ㋒ ふった雨が土にしみこみ水をたくわえる。

④〔　　　　〕●　　　　● ㋓ 雨の量によって、川に流れ出す水量を調節する。

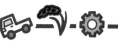

じょう水場・下水しょり場

[1]　次の図は、じょう水場のようすを表しています。あとの問いに答えましょう。

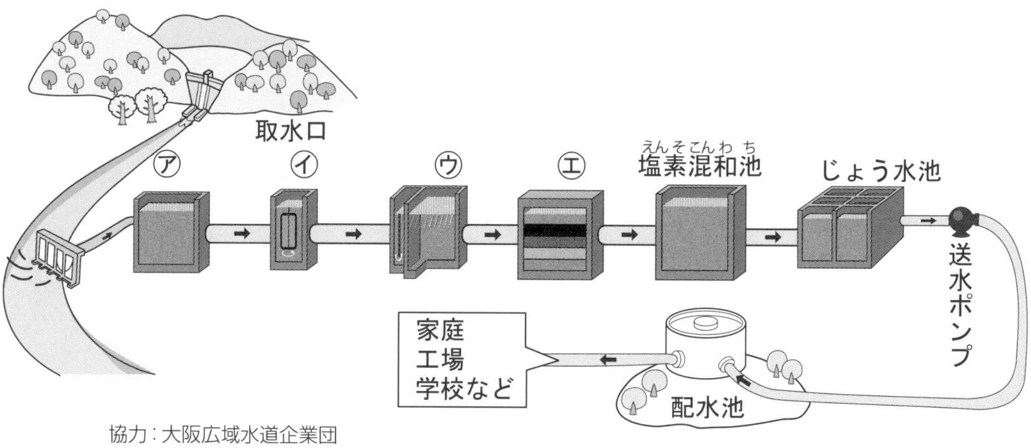

協力：大阪広域水道企業団

(1)　㋐〜㋓の名前を、[　　]から選(えら)んで書きましょう。

㋐（　　　　　　　）　㋑（　　　　　　　）

㋒（　　　　　　　）　㋓（　　　　　　　）

ちんでん池	ろか池	かくはん池	ちんさ池

(2)　①〜④にあてはまる役わりを㋐〜㋓から選んで、記号を書きましょう。

①（　　）　すなやじゃりのそうを通して、きれいな水にする。

②（　　）　薬を入れて水をかきまぜる。

③（　　）　すなや大きなごみをしずめる。

④（　　）　薬で小さなごみを固(かた)めてしずめる。

(3)　きれいになった水を家庭、工場、学校などに送るのはどこですか。

（　　　　　　　）

月　　日 [名前]

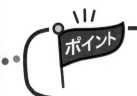

ポイント

じょう水場と下水しょり場の仕組みを理解(りかい)しましょう。

[2] 次の図は、家庭や工場などで使われた水を、下水しょり場できれいにする仕組みを表しています。

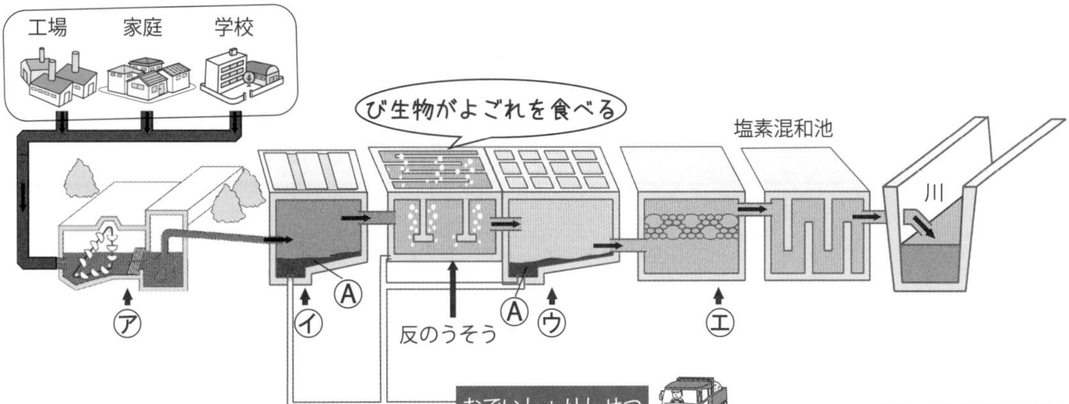

工場
家庭
学校
び生物がよごれを食べる
塩素混和池
川
㋐
㋑
Ⓐ
反のうそう
Ⓐ
㋒
㋓
おでいしょりしせつ
よごれたどろのしょりしせつ

提供：国土交通省下水道部

(1) 図の㋐～㋓は、じょう水場のせつびと同じはたらきをしています。それぞれの名前を書きましょう。

㋐ (　　　　　　　　)　㋑ 第1(　　　　　　　　)

㋒ 第2(　　　　　　　　)　㋓ (　　　　　　　　)

(2) 「反のうそう」では、何を使って水をきれいにしていますか。

(　　　　　　　　)

(3) Ⓐのどろは、どこに運ばれますか。　(　　　　　　　　)

[3] 右のグラフから、家庭での水は何に一番多く使われていますか。

(　　　　　　　　)

家庭での水の使われ方

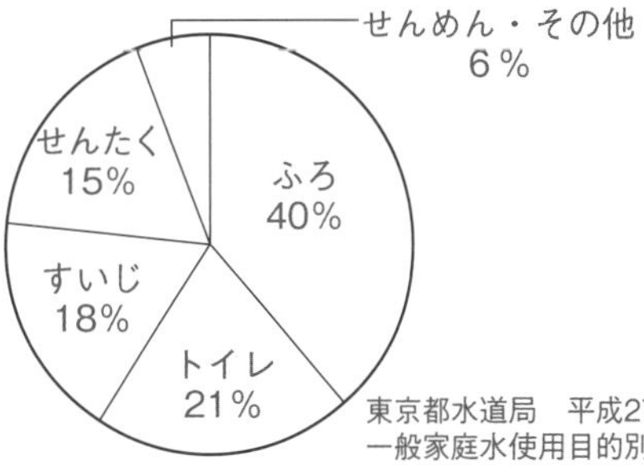

せんめん・その他
6%
せんたく
15%
ふろ
40%
すいじ
18%
トイレ
21%

東京都水道局　平成27年度
一般家庭水使用目的別実態調査

水の流れ

1 次の図は、水の流れを表しています。あとの問いに答えましょう。

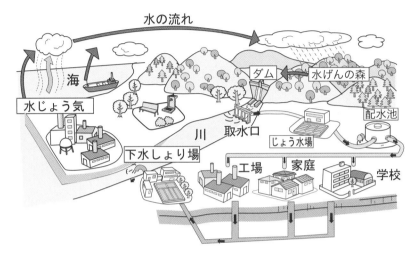

水の流れ

海　水じょう気　ダム　水げんの森　配水池　取水口　じょう水場　川　下水しょり場　工場　家庭　学校

(1) 次の①～④にあてはまる言葉を、図を見て書きましょう。

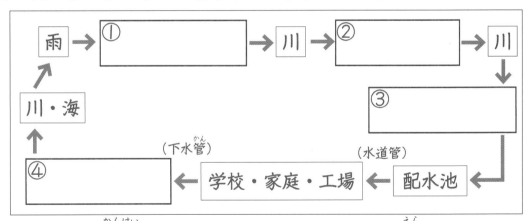

雨　→　①　　　→　川　→　②　　　→　川
↑　　　　　　　　　　　　　　　　　↓
川・海　　　　　　　　　　　　　　③
↑
④　　　←　学校・家庭・工場　←　配水池
（下水管）　　　　　　　　　（水道管）

(2) 次の文と関係するはたらきを上の①～④から選んで、（　）に番号を書きましょう。

（　　）　ふった雨を地下水としてたくわえる。

（　　）　川の水を取り入れて、飲める水にする。

（　　）　雨の量によって、川の水の量を調節する。

（　　）　家庭や工場で使われた水をきれいにする。

ポイント　水の流れを理解(りかい)するとともに、森林の大切さを学びましょう。

② 次の図をくらべて、あとの問いに答えましょう。

森林があるところ　　　　　　　森林がないところ

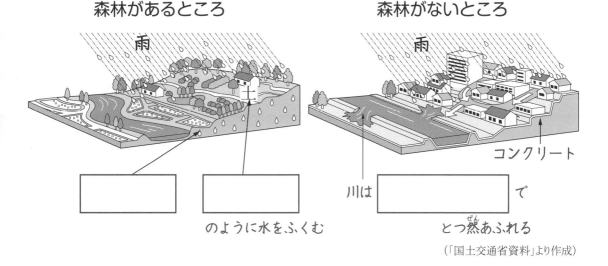

のように水をふくむ

川は　　　　　　　で

とつ然(ぜん)あふれる

（「国土交通省資料」より作成）

(1) 図中の▢にあてはまる言葉を、┊┊から選んで書きましょう。

┊ 短い時間　　地下水　　スポンジ ┊

(2) なぜ、森林は「緑のダム」といわれているのですか。（　）にあてはまる言葉を、┊┊から選んで書きましょう。

森林は、（① 　　　　　　）をたくわえ、（② 　　　　　　）をふせぐはたらきがあります。
また、（③ 　　　　　　）が土やすなをおさえこみ、
（④ 　　　　　　）をふせぐはたらきもするからです。

┊ 土しゃくずれ　　こう水(ずい)　　木の根　　雨水 ┊

水の管理と節水

1 写真の説明について、正しいものを線で結びましょう。

じょう水場では、安心して使える水かどうかをくわしく調べている。 ●

●
©札幌市水道局

じょう水場では、取水から給水までをコンピューターを使って、24時間かんししている。 ●

●
©大阪広域水道企業団

水道局の人が、地下にある水道管の水もれがないか調べている。 ●

●
©大阪広域水道企業団

2 下水しょり場について、（　）にあてはまる言葉を、┌┈┐から選んで書きましょう。

下水しょり場できれいになった水は、大部分を（① 　　　　）や（② 　　　　）に流しますが、一部の工場やビルでは（③ 　　　　）などに再利用しているところもあります。

┌┈┈┈┈┈┈┈┈┈┈┈┈┈┈┈┐
トイレの水　　川　　海
└┈┈┈┈┈┈┈┈┈┈┈┈┈┈┈┘

月　　日 [名前]

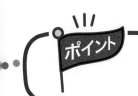

ポイント　かぎられた水をいかに大切にするかを理解しましょう。

3　右のグラフを見て、あとの問いに答えましょう。

(1)　毎日使う水の中で、一番多く使っているのは、何ですか。（　　　　　）

家庭で使う水の使われ方

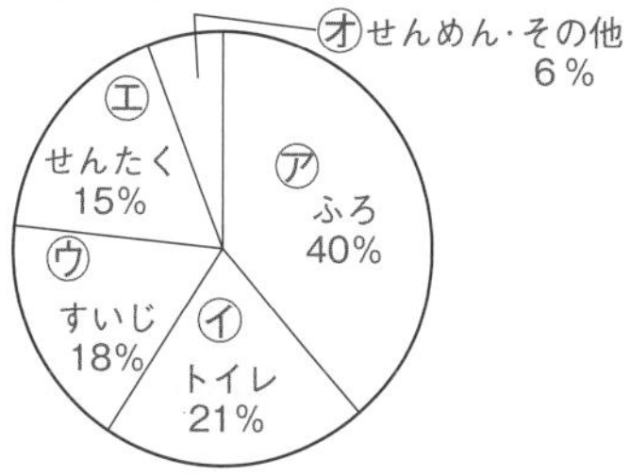

㋐
ふろ
40%
㋑
トイレ
21%
㋒
すいじ
18%
㋓
せんたく
15%
㋔せんめん・その他
6％

東京都水道局　平成27年度
一般家庭水使用目的別実態調査

(2)　次の①～⑤は、グラフの㋐～㋔のどこで行うとよいですか。（　）に記号を書きましょう。

①（　　　）大と小のレバーを使い分ける。

②（　　　）残った湯をせんたくするときに使う。

③（　　　）回数をへらすためにまとめてあらう。

④（　　　）米のとぎじるは、植物の水やりに使う。

⑤（　　　）必要な量だけコップなどに入れて使う。

(3)　(2)の①～⑤を、「節水」と「水の再利用」に分けましょう。

節水　〔　　　〕〔　　　〕〔　　　〕

水の再利用　〔　　　〕〔　　　〕

4　水をよごさないことも、水を大切にすることになります。（　）にあてはまる言葉を、［　　］から選んで書きましょう。

①　食べ物のくずなどは、（　　　　　　）に入れる。

②　使えなくなった油は、（　　　　　　）などにすわせる。

③　あらうときに、（　　　　　　）の量をへらす。

新聞紙　　せんざい　　くず取りネット

まとめテスト

水はどこから(1)

[1] 次の図を見て、あとの問いに答えましょう。

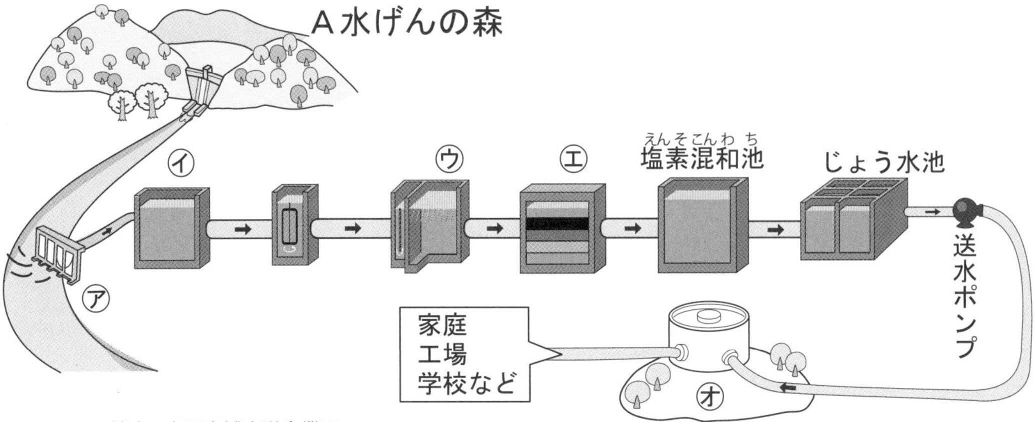

A水げんの森
㋐
㋑
㋒
㋓
塩素混和池
じょう水池
送水ポンプ
家庭
工場
学校など
㋔

協力：大阪広域水道企業団

(1) 図のAは、何のダムといわれていますか。（5点） (　　　　)

(2) 次のしせつにあてはまるものを、図中の㋐～㋔から選び、そのしせつを説明した文を線で結びましょう。（6点×10）

配水池	[　　]●	●	小さなごみを薬で固めてしずめる。
ちんでん池	[　　]●	●	すなどのそうを通してきれいな水にする。
取水口	[　　]●	●	川の水を取り入れる。
ちんさ池	[　　]●	●	きれいな水をためて、家庭などに送り出す。
ろか池	[　　]●	●	すなや大きなごみをしずめる。

2　ある市の給水量と人口の変化のグラフを見て、あとの問いに答えましょう。

(5点×7)

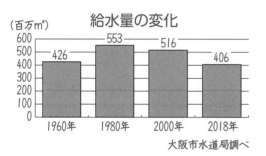

給水量の変化

(百万m³)

大阪市水道局調べ

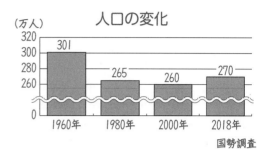

人口の変化

(万人)

国勢調査

(1)　この市の1960年と2018年の給水量と人口を書きましょう。

	給　水　量	人　口
1960年	(　　　　　　　)百万m³	(　　　　　　　)万人
2018年	(　　　　　　　)百万m³	(　　　　　　　)万人

(2)　次の①②の理由を、└┄┄┘から選んで書きましょう。

①　1980年まで給水量がふえている理由

（　　　　　　）はへっているが、1960年ごろには使っていなかったせんたく機や（　　　　　　）が使われるようになったから。

②　2000年から給水量がへった理由

（　　　　　　）の大切さがわかってきたことと、水を多く使わない電気せい品などがふえてきたから。

┌┄┄┄┄┄┄┄┄┄┄┄┄┄┄┄┄┄┄┄┐
节水　　水せんトイレ　　人口
└┄┄┄┄┄┄┄┄┄┄┄┄┄┄┄┄┄┄┄┘

まとめテスト

水はどこから(2)

[1] 次の図を見て、あとの問いに答えましょう。

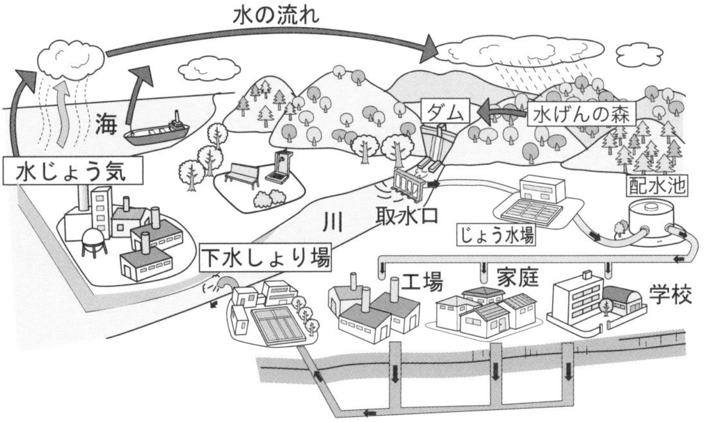

(1) じょう水場からのきれいな水は、下水管（げすいかん）か水道管のどちらの管で家庭までとどけられますか。（5点）

（　　　　）

(2) 次の①～⑤の役わりをはたすところはどこですか。（5点×5）

① 川から取り入れた水をきれいにする。（　　　　）

② 使われた水をきれいにして流す。（　　　　）

③ きれいになった水をためておく。（　　　　）

④ 山にふった雨をためておく。（　　　　）

⑤ 川の水をたくわえる。（　　　　）

(3) (2)の①～⑤を水が運ばれる順（じゅん）に番号を書きましょう。（完答15点）

〔　　〕→〔　　〕→〔　　〕→〔　　〕→〔　　〕

(4) じょう水場と下水しょり場で出たどろは、何に再利用（さいりよう）されていますか。[　　]から選（えら）んで書きましょう。（5点×2）

㋐ じょう水場　…（　　　　）を育てるための土

㋑ 下水しょり場　…（　　　　）の原料（げんりょう）

セメント　うめ立て場　植物

月　　日　[名前]　　　　/100点

2　次の図を見て、あとの問いに答えましょう。　（5点×9）

(1)　水を大切に使うためのくふうを、図を見て書きましょう。

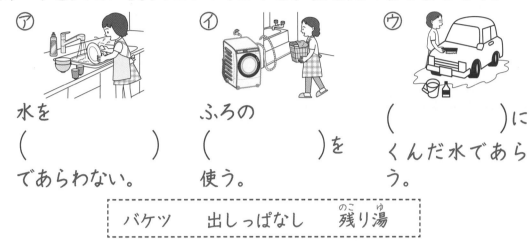

㋐
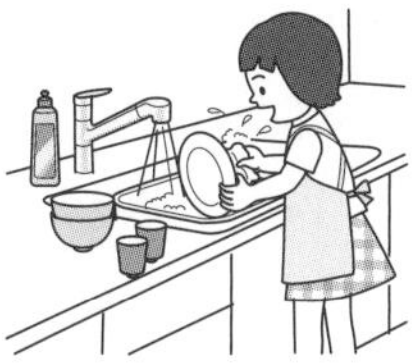
水を（　　　　　　）であらわない。

㋑
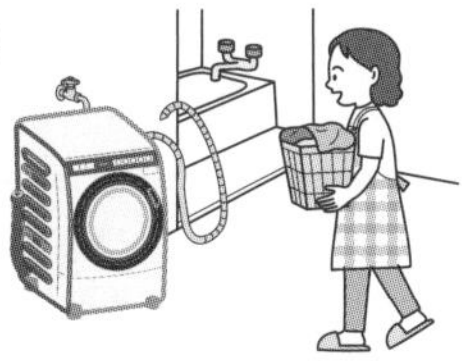
ふろの（　　　　　　）を使う。

㋒
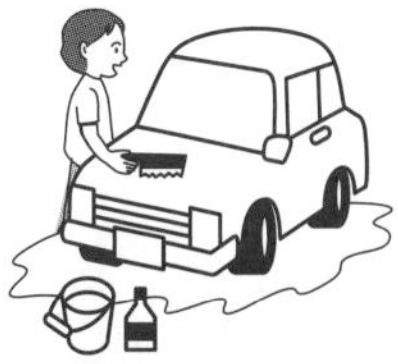
（　　　　　　）にくんだ水であらう。

バケツ　　出しっぱなし　　残(のこ)り湯(ゆ)

(2)　下水道を大切にするために、流さないものを書きましょう。

①　トイレ…（　　　　　　　　　）以外(いがい)の紙。

②　台　所…（　　　　　　）　③　ふ　ろ…（　　　　　　）

食用油　　かみの毛　　トイレットペーパー

(3)　札幌(さっぽろ)市の水道局では、右の写真のように、毎日水げんパトロールを行っています。（　）にあてはまる言葉を書きましょう。

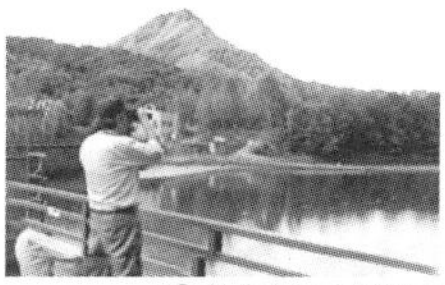
©札幌市水道局

川の（①　　　　）にあるダムからじょう水場にとどくまで、（②　　　　）の水のにおいや、にごりがないかなど水げんの（③　　　　）を行っています。

川　　見守り　　上流

イメージマップ

作業1 なぞって書きましょう。

① おもな<ruby>自然災害<rt>しぜんさいがい</rt></ruby>

→ ハザードマップ

（予想されるひ害を地図上で表したもの）

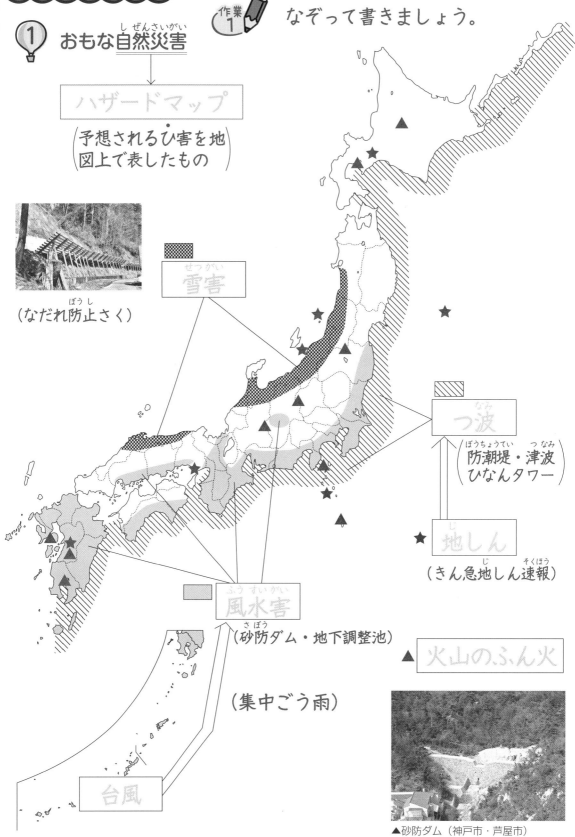

（なだれ<ruby>防止<rt>ぼうし</rt></ruby>さく）

<ruby>雪害<rt>せっがい</rt></ruby>

つ<ruby>波<rt>なみ</rt></ruby>

（<ruby>防潮堤<rt>ぼうちょうてい</rt></ruby>・<ruby>津波<rt>つなみ</rt></ruby>ひなんタワー）

<ruby>地<rt></rt></ruby>しん

（きん<ruby>急<rt>きゅう</rt></ruby>地しん<ruby>速報<rt>そくほう</rt></ruby>）

<ruby>風水害<rt>ふうすいがい</rt></ruby>

（<ruby>砂防<rt>さぼう</rt></ruby>ダム・地下調整池）

（集中ごう雨）

台風

▲ 火山のふん火

▲砂防ダム（神戸市・芦屋市）

130

② 自然災害から守るために

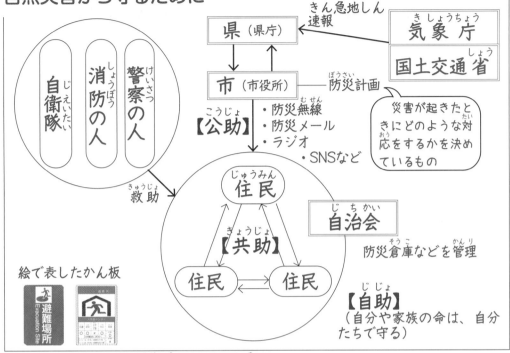

きん急地しん速報

県（県庁）

気象庁（きしょうちょう）
国土交通省（こくどこうつうしょう）

市（市役所） ── 防災計画（ぼうさい）

【公助】（こうじょ）
・防災無線（むせん）
・防災メール
・ラジオ
・SNSなど

災害が起きたときにどのような対応（たいおう）をするかを決めているもの

自衛隊（じえいたい）
消防の人（しょうぼう）
警察の人（けいさつ）

救助（きゅうじょ）

住民（じゅうみん）

自治会（じちかい）
防災倉庫（そうこ）などを管理（かんり）

【共助】（きょうじょ）

住民 ⇄ 住民

【自助】（じじょ）
（自分や家族の命は、自分たちで守る）

絵で表したかん板

避難場所 Evacuation Site

防災倉庫

（食料（しょくりょう）・水・衣類（いるい）など）

（仮設（かせつ）トイレ・テントなど）

国や県、市町村のほかに、地いきの自治会などが管理しているよ。

防災倉庫
©静岡市総務局危機管理総室危機管理課

防災グッズ
（家庭）

飲料水

水　水

ひじょう食

かんづめ　かんづめ

けいたいラジオ

かい中電灯（でんとう）

リュックサック

ティッシュペーパー・トイレットペーパー

薬

雨具

予びのかん電池

災害用伝言ダイヤル171（でんごん）

番号171に電話をかけると伝言を残せる。（いない）（のこ）

自然災害の種類

1 次の地図を見て、あとの問いに答えましょう。

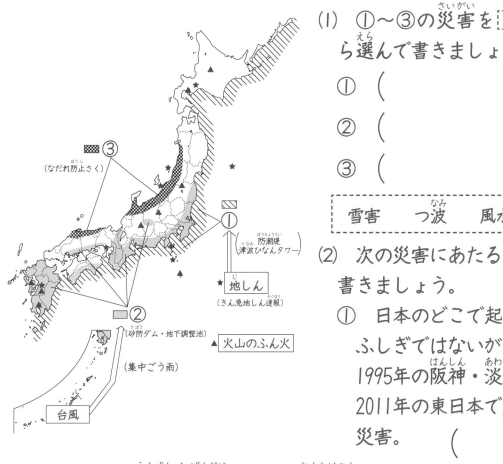

(なだれ防止さく) ③

(砂防ダム・地下調整池) ②

防潮堤
津波ひなんタワー ①

★ 地しん
(きん急地しん速報)

▲ 火山のふん火

(集中ごう雨)

台風

(1) ①～③の災害を ┈┈ から選んで書きましょう。

① (　　　　　　)

② (　　　　　　)

③ (　　　　　　)

┈┈┈┈┈┈┈┈┈┈┈┈┈┈┈
雪害　　つ波　　風水害
┈┈┈┈┈┈┈┈┈┈┈┈┈┈┈

(2) 次の災害にあたる言葉を書きましょう。

① 日本のどこで起きてもふしぎではないが、特に1995年の阪神・淡路と、2011年の東日本で起きた災害。　　　(　　　　　　)

② 1990年雲仙普賢岳、2014年御嶽山では、とつぜんばく発して火山ばいやガスなどが、ふき出した。　　　(　　　　　　)

③ 夏から秋にかけて日本をおそい、大雨でこう水や土砂くずれを起こす。　　　(　　　　　　)

┈┈┈┈┈┈┈┈┈┈┈┈┈┈┈┈┈┈┈┈┈
台風　　地しん　　火山のふん火
┈┈┈┈┈┈┈┈┈┈┈┈┈┈┈┈┈┈┈┈┈

(3) (1)の①～③の災害の中で、気候に関係するものすべてを番号で書きましょう。　　　(　　・　　)

ポイント 自然災害の種類とそれらから人びとを守る方法を学びましょう。

② 次のことがらは、自然災害から人びとを守るためのものです。
名前を ┌┄┄┐ から選び、関係のあるものを線で結びましょう。

①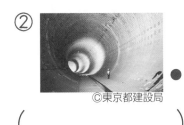
©岩手県ホームページより

（　　　　　）

•　　　•

大雨のとき、雨水をためるために地下につくったトンネル。

②
©東京都建設局

（　　　　　）

•　　　•

津波の起きやすいところに建てられた、住民がひなんするための場所。

③

（　　　　　）

•　　　•

台風などの大波や高潮のひ害を少なくするもの。

④

（　　　　　）

•　　　•

災害が起きそうなところを地図上で表したもの。

┌┄┄┄┄┄┄┄┄┄┄┄┄┄┄┄┄┄┄┄┄┄┄┄┄┄┄┄┄┄┄┄┄┐
ハザードマップ　　つ波ひなんタワー　　ぼうちょうてい　　地下調整池
└┄┄┄┄┄┄┄┄┄┄┄┄┄┄┄┄┄┄┄┄┄┄┄┄┄┄┄┄┄┄┄┄┘

自然災害から人びとを守る
自然災害にそなえる

1 自然災害にそなえた取り組みです。□と（ ）にあてはまる言葉を、┌┄┐から選んで書きましょう。

Ⓐ [　　　　　] 市役所、消防、警察、自衛隊などによる助け

① 電気などの（　　　　　　　）

② （　　　　　　　　　　）の作成

③ 人命救助

> ライフラインは、上・下水道やガス、電気、通信、輸送など人びとの生活をささえるものよ。

Ⓑ [　　　　　]
（近所や地いきの人たちと助け合う）

① 救出訓練

② （　　　　　）場所にいっしょに行く

③ （　　　　　）倉庫の点けん

Ⓒ [　　　　　]
（自分や家族の命は、自分たちで守る）

① （　　　　　）・飲料水などをそなえる

② 家具などがたおれないようにする

③ （　　　　　）で身の回りの安全をたしかめる

Ⓐ〜Ⓒ

┌┄┄┄┄┄┄┄┄┄┄┄┐
公助　自助　共助
└┄┄┄┄┄┄┄┄┄┄┄┘

①〜③

┌┄┄┄┄┄┄┄┄┄┄┄┄┄┄┄┐
ひなん　家族　ハザードマップ

ぼうさい　食料品　ライフライン
└┄┄┄┄┄┄┄┄┄┄┄┄┄┄┄┘

月　　日 [名前]

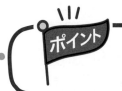

ポイント　ふだんから自然災害の取り組みや用意するものを学びましょう。

[2]　自然災害にそなえて、リュックサックに入れておくとよい物を下の図を見て書きましょう。

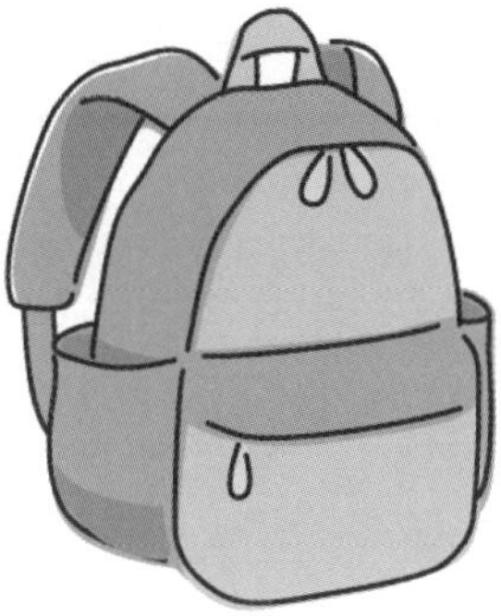

㋐（　　　　　　）㋑（　　　　　　）

㋒（　　　　　　）㋓（　　　　　　）

㋔（　　　　　　）㋕（　　　　　　）

㋖（　　　　　　）㋗（　　　　　　）

㋘（　　　　　　）㋙（　　　　　　）

㋐	㋑	㋒	㋓	㋔
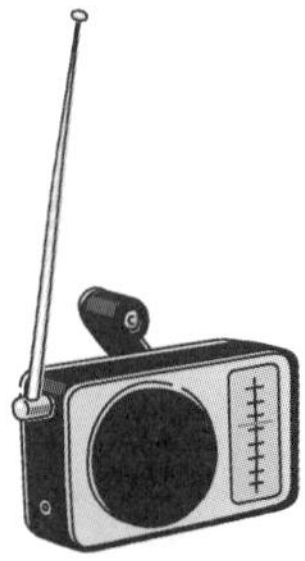	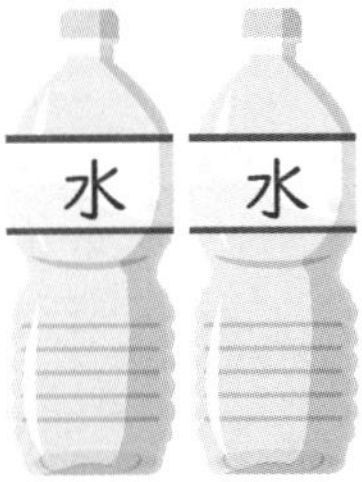	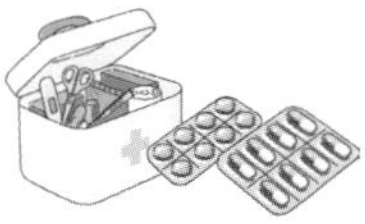	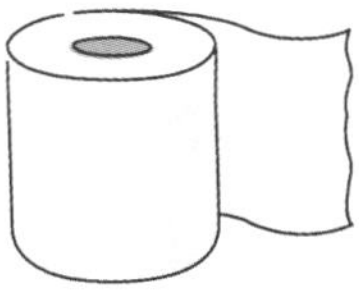	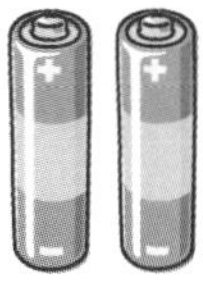
㋕	㋖	㋗	㋘	㋙
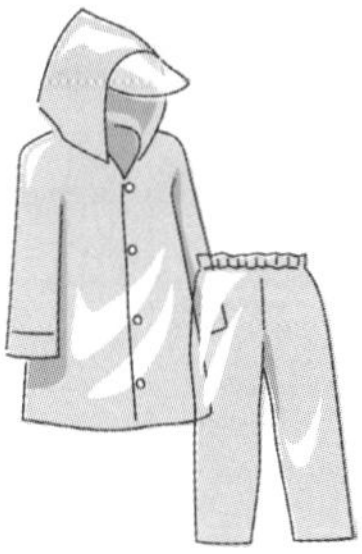	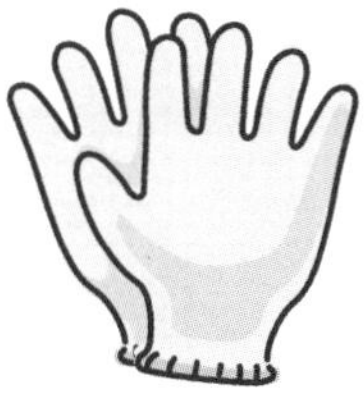	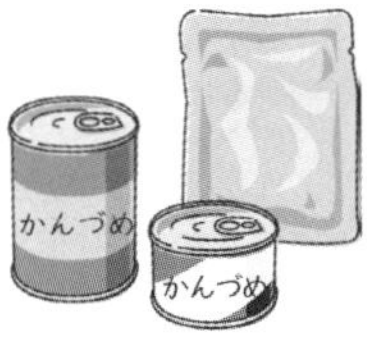	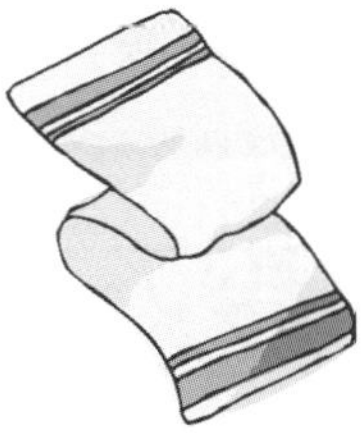	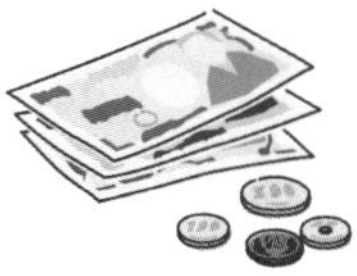

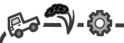

自然災害から人びとを守る
地しんにそなえる

[1] 次の写真について、あとの問いに答えましょう。

(1) ㋐・㋑の災害の名前を、[ ]から選んで書きましょう。

㋐ 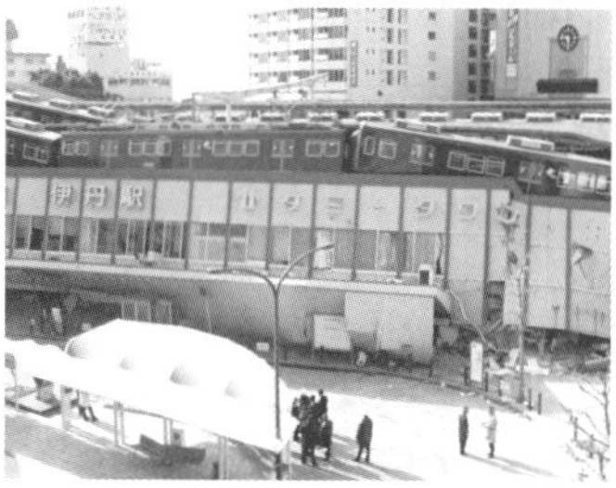
©伊丹市役所

㋐の写真は、1995年1月17日に兵庫県南部で起きた地しんによりたおれた建物です。

（　　　　　　　　）

㋑ 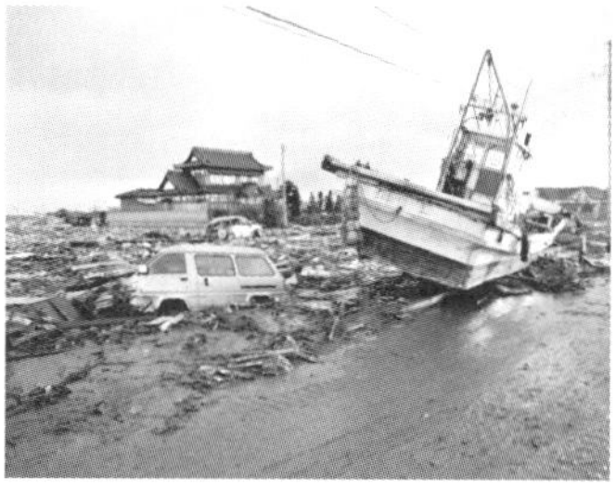
©名取市図書館

㋑の写真は、2011年3月11日に東北地方を中心に起きた地しんにより、起きたひ害の様子です。

（　　　　　　　　）

東日本大しんさい　　阪神・淡路大しんさい

(2) ㋑により起きた災害を、次の[ ]から選んで書きましょう。

たつまき　　大雨　　大雪　　つ波

（　　　　　　　　）

[2] 次の写真は、地しんが起こったときに、ひ害を少なくするための取り組みです。[ ]から選んで記号を書きましょう。

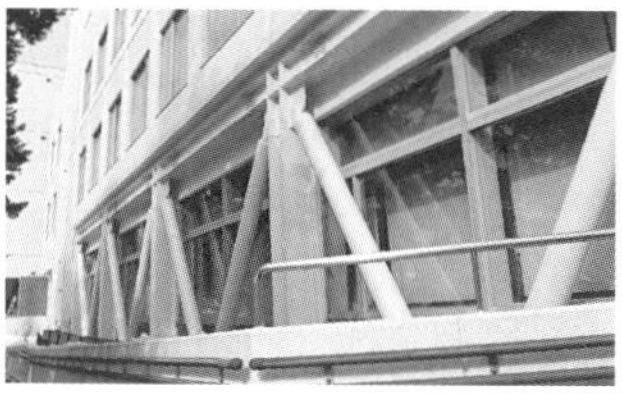
〔　　〕

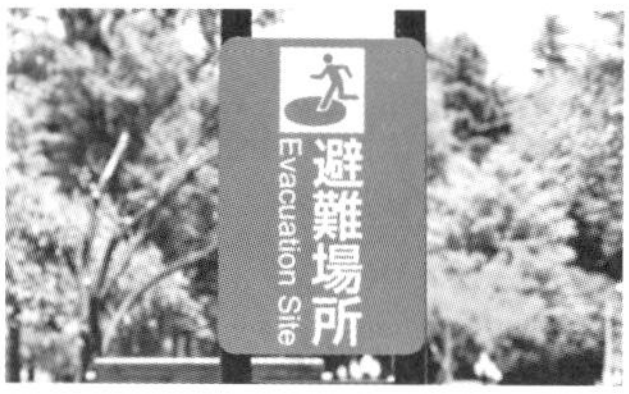

〔　　〕

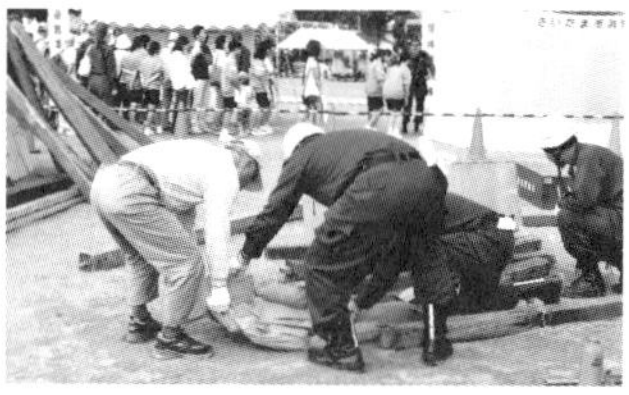
〔　　〕

㋐ 耐震工事がされた建物　　㋑ 防災訓練 ㋒ ひなん場所をしめすかん板

月　　日 [名前]

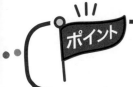

ポイント　地しんのこわさを知るとともに、それにそなえた取り組みを理解しましょう。

[3]　次の図は、地しんから住民を守る仕組みです。あとの問いに答えましょう。

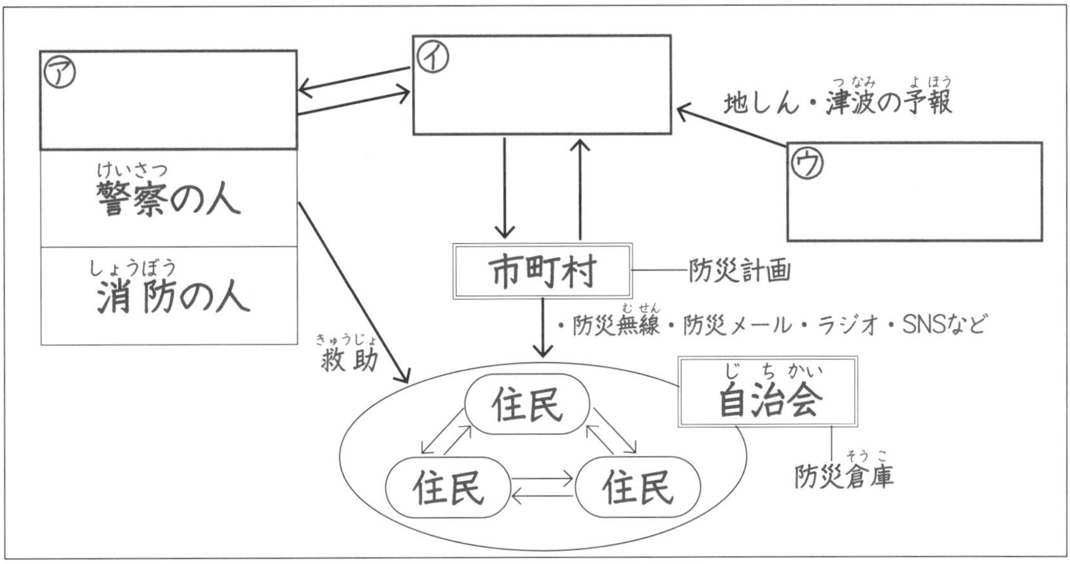

(1)　図の㋐〜㋒にあてはまる言葉を、[　]から選んで書きましょう。

気しょうちょう　　自えい隊　　都道府県

(2)　市町村は、地しんの情報をどのようにして住民に伝えていますか。2つ書きましょう。

(　　　　　　　)(　　　　　　　)

(3)　市や町がつくっている、地しんなどの災害が起きたときに、どのように対おうするかをまとめた計画を、何といいますか。

(　　　　　　　)

(4)　災害にそなえて、毛布やトイレなど必要なものが保管されているところを何といいますか。　(　　　　　　　)

水害・雪害・ふん火にそなえる

1 次の文は、日本で水害が多い理由です。（　）にあてはまる言葉を、□□□から選んで書きましょう。

> 日本の川は、海までのきょりが（①　　　　　）、流れも（②　　　　　）なので、雨が一度に多くふると水害が起きやすくなります。山地では（③　　　　　）災害が起こります。最近は（④　　　　　）や集中ごう雨での災害が多くなっています。

> 土しゃ　　台風　　急　　短く

2 次の図は、水害をふせぐための取り組みです。それぞれ答えましょう。

① 森林

提供：東京都森林組合

（　　　　　）

② 都市（町）

©東京都建設局

（　　　　　）

③ 川

（　　　　　）

> 地下調整池　　ていぼう　　植林

3 人びとが水害から身を守るためにしていることを書きましょう。

① 〔　　　　　〕が出す情報…台風の進路などに気をつける。

② 〔　　　　　〕…地いきに流れるきん急の情報を聞く。

③ 〔　　　　　〕…水害になりそうな地いきを地図で知る。

> ハザードマップ　　ぼうさい無線　　気しょうちょう

月　　日　[名前]

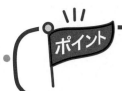

ポイント　水害・雪害・火山のふん火に対する取り組みを知りましょう。

[4] 次の問いに答えましょう。

(1)　雪害が多い地いきに○をつけましょう。

（　太平洋側　・　日本海側　）

(2)　雪害に対して、次の①〜③のうち、市役所が行っている取り組みには㋐、地いきで行っている取り組みには㋑をかきましょう。

①　お年よりの家の雪かきを手伝ってもらう。　（　　）

②　防災メールを出して、大雪への注意をよびかける。　（　　）

③　広報誌で、集めた雪を置く場所がどこにあるかを伝える。

（　　）

(3)　御嶽山は、2014年のふん火で、登山をしていてなくなったりした人が60人以上になりました。

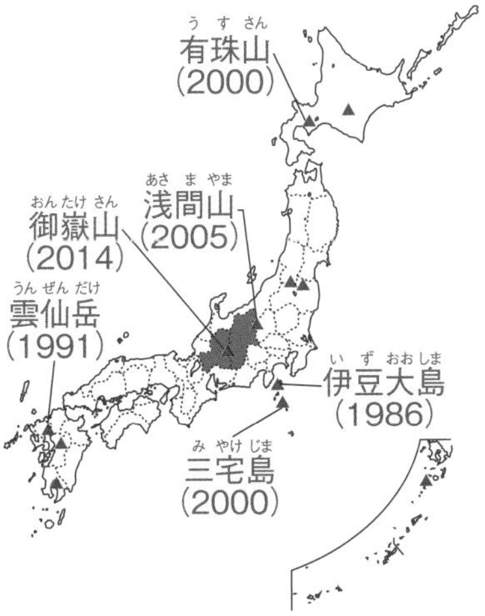

1　御嶽山は、どこにありますか。

（　　　　）県・（　　　　）県

2　御嶽山のふもとの村がした対さくを、［　　］から選んで書きましょう。

①　「ふん火」対さく…

（　　　　　　）の作成。

②　「ふん石」対さく…山小屋をほ強し、（　　　　）やかい中電灯などをそなえる。

③　「登山者」対さく…

（　　　　　　）を出す。

ヘルメット
登山計画書
火山ぼうさいマップ

まとめテスト

自然災害から人びとを守る(1)

[1] 次の地図と関係する災害と写真を選んで、記号を書きましょう。

（6点×10）

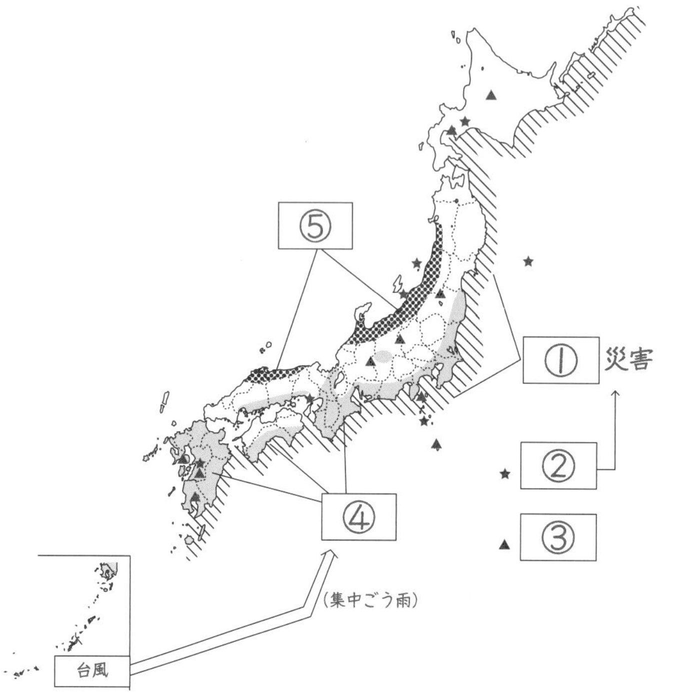

	名前	写真
①		
②		
③		
④		
⑤		

㋐ 雪害　㋑ 地しん　㋒ 火山のふん火　㋓ 津波　㋔ 風水害

[あ]

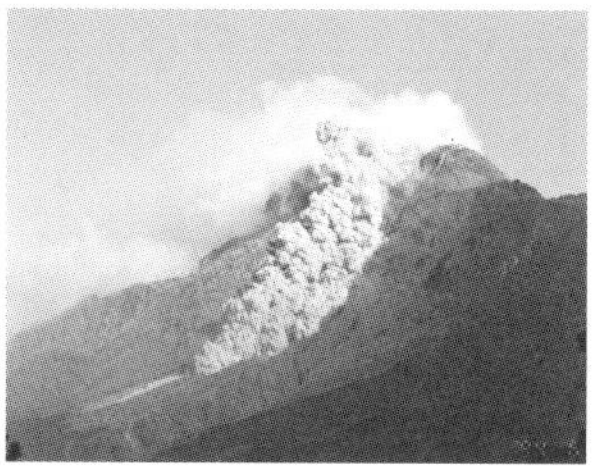

©気象庁

[い]

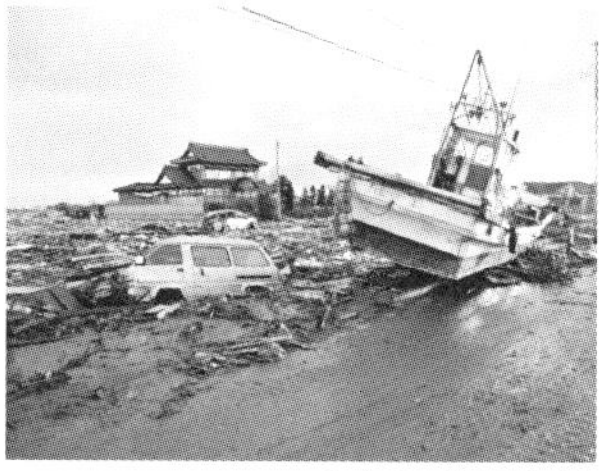

©名取市図書館

[う]

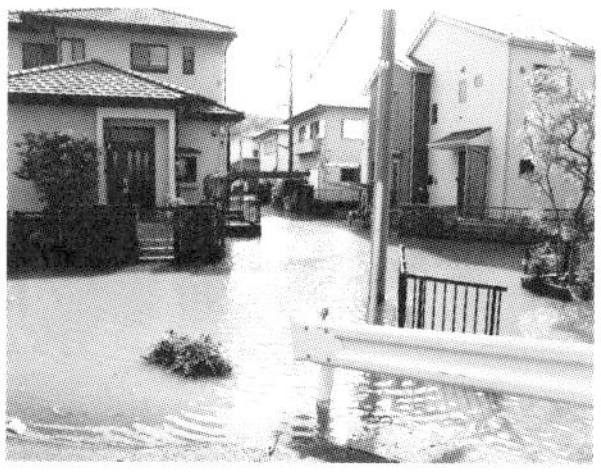

[え]

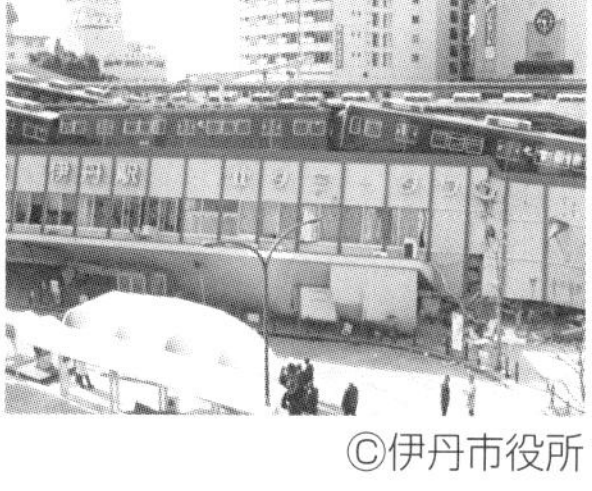

©伊丹市役所

[お]

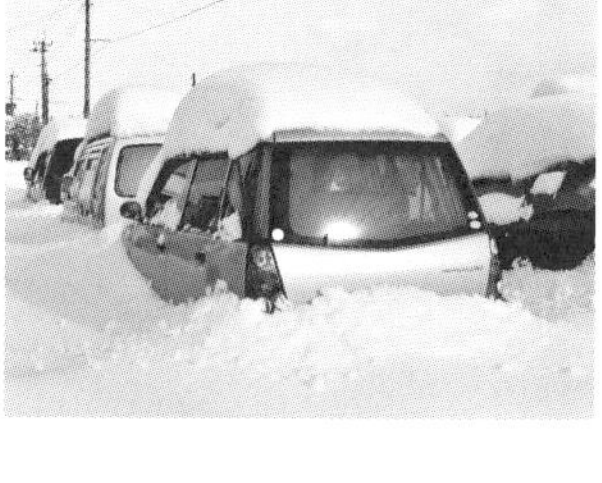

月　　日 [名前]　　　　　　　　　／100点

[2] 次の図は、災害のときにひなんするための標(ひょう)しきです。あとの問いに答えましょう。（5点×4）

(1) 災害のために、自分の家にもどることができない人が、ある期間、ひなん生活をする所を表している図は、㋐と㋑のどちらですか。

（　　　）

㋐（きん急ひなん場所）

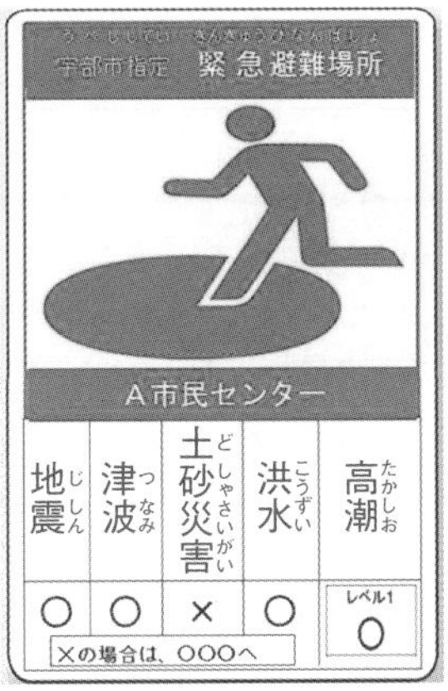
宇部市指定　緊急避難場所
A市民センター
地震(じしん)　津波(つなみ)　土砂災害(どしゃさいがい)　洪水(こうずい)　高潮(たかしお)
○　○　×　○　レベル1 0
×の場合は、○○○へ

㋑（ひなん所）

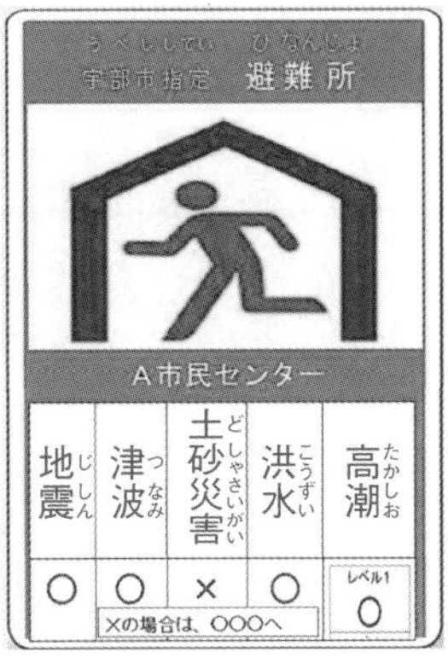
宇部市指定　避難所
A市民センター
地震(じしん)　津波(つなみ)　土砂災害(どしゃさいがい)　洪水(こうずい)　高潮(たかしお)
○　○　×　○　レベル1 0
×の場合は、○○○へ

(2) (1)の図では、どの災害のときにひなんできますか。正しいものに○をつけましょう。

（　　）地しん　（　　）雪害　（　　）土砂(どしゃ)災害

[3] 次の表示(ひょうじ)は、何のためでしょうか。（　）にあてはまる言葉や数字を、[　　]から選んで書きましょう。（5点×4）

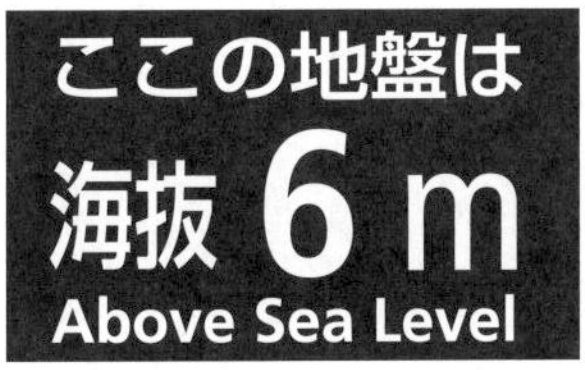
ここの地盤は
海抜 6 m
Above Sea Level

©一般社団法人日本標識工業会

① この土地は、海から（　　）mの高さです。次のときのひなんの目安にします。

㋐ 台風のときの（　　　　）や、地しんなどで起こる（　　　　）のとき。

㋑ 集中ごう雨などの（　　　　）のとき。

つ波	こう水(ずい)	高(たか)しお	6

自然災害から人びとを守る(2)

1 次のグラフは、阪神・淡路大震災を経験して助かった人たちのアンケート結果です。あとの問いに答えましょう。 (5点×5)

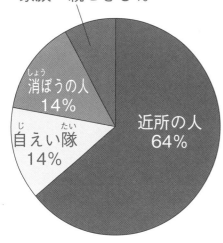

家族・親せき 8％
消ぼうの人 14％
自えい隊 14％
近所の人 64％

(1) 自助と共助で助かった方は、合わせて何％ですか。

・自助 (　　　　　)％

・共助 (　　　　　)％

合わせて (　　　　　)％

(2) 公助では、どんな人たちに助けてもらいましたか。

(　　　　　　　　　)

(　　　　　　　　　)

2 次のポスターを見て、あとの問いに答えましょう。

11.5 世界津波の日
World Tsunami Awareness Day
ⓒ和歌山県広川町

1854年11月5日の「安政南海地震」のとき、稲むらに火をつけて村人を津波から救ったことから、2015年に世界共通の記念日になりました。

※稲むら…145ページ②参照

(1) 村人を何から救うために、どうしましたか。(10点)

（　　　　　　　　　　　　　　）

(2) 11月5日は、何の日になりましたか。 (5点)

(　　　　　　　　　　　　)

月　　　日　[名前]　　　　　/100点

[3]　ことわざで、「そなえあればうれいなし」とあるように、じゅんびしておくことは大事です。次のことがらは、何にそなえてのことですか。関係するものを線で結びましょう。　（5点×4）

① ひなんタワー　●　　●　㋐ 土砂くずれをふせぐ

② 防災訓練　●　　●　㋑ 災害の起きそうな場所

③ 砂防ダム　●　　●　㋒ 津波のひなん場所

④ ハザードマップ　●　　●　㋓ 災害が起きたときの行動

[4]　次の地図は、自然災害のひ害をへらすためのものです。

（5点×2）

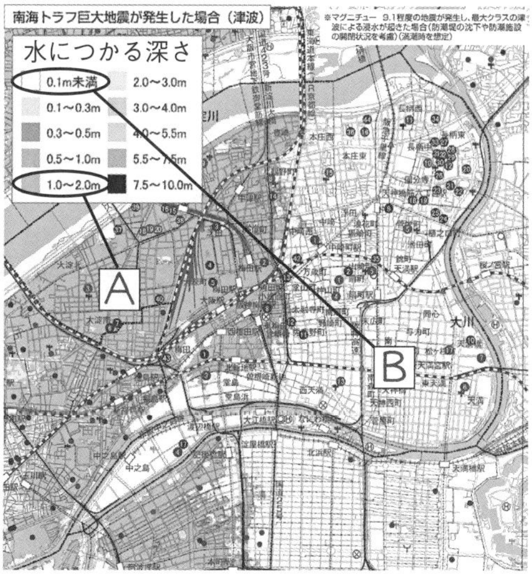
南海トラフ巨大地震が発生した場合（津波）
水につかる深さ
0.1m未満
0.1～0.3m
0.3～0.5m
0.5～1.0m
1.0～2.0m
2.0～3.0m
3.0～4.0m
4.0～5.5m
5.5～7.5m
7.5～10.0m
A
B

(1)　この地図のことを何といいますか。

（　　　　　　　）

(2)　[A]と[B]の地点で、津波がおそってきたときに、どちらの地点にいるのがいいですか。

（　　　）

[5]　次の図を見て、必要な防災グッズを書きましょう。　（5点×6）

① 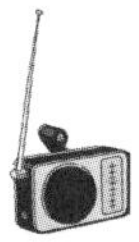
② 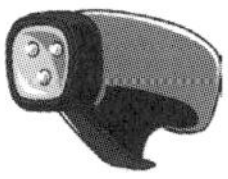
③ 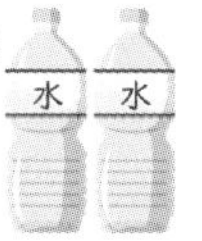
水
水
④ 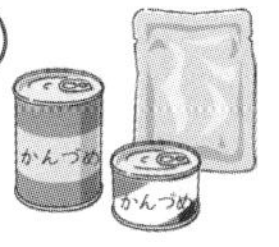
かんづめ
かんづめ
⑤ 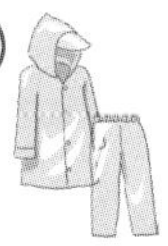
⑥ 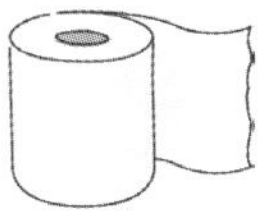

①	②	③
④	⑤	⑥

① 村を切り開く（用水路づくり）

通潤橋 （つうじゅんきょう）	（熊本県山都町の白糸台地につくられた橋。谷と同じ高さの橋をつくるぎじゅつがないときにつくられた）

① 土地の様子…白糸台地は、周りを谷にかこまれた土地のため、水をじゅうぶんに使うことができなかった。

② 計画の内よう…布田保之助（ふたやすのすけ）は、1852年に遠くの笹原川（ささはら）から白糸台地に、谷にかけた橋を通して水を引く計画を立てる。

③ 用水路のくふう…水の落ちる力を利用。

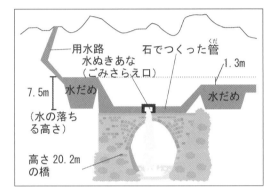

那須疏水 （なすそすい）（とちぎ）（なすだけ）	（栃木県北部那須岳のふもとに広がる高原につくられた用水路）

① 土地の様子…明治時代（めいじ）までは、那須野が原は原野で、川は低い（ひく）ところを流れていたり、地下水になっていたため地上には水がなかった。

② 計画の内よう…印南丈作（いんなみじょうさく）・矢板武（やいたたけし）らが中心となり1885年に、この原野に用水を通す計画を立てる。

③ 用水路のくふう…「ふせこし」（川の底（そこ）に水の流れるトンネル）をつくって、川と用水路を立体交差（こうさ）させた。

ふせこし▶

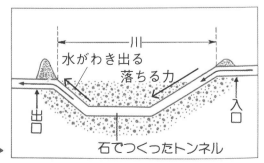

©那須野ケ原土地改良区連合

② 村を守る（てい防づくり）

> かりとった「稲束」または「だっこくした稲わら」を積み重ねたもの

「稲むら」の火　　1854年11月5日
（安政南海地震が起きた日）

世界津波の日のポスター
©和歌山県広川町

濱口梧陵が村人を高台にひなんさせる

津波が広村をおそう

自費でつくる　広村ていぼう

・1855年〜1858年
・1日およそ500人
・かかったお金…今のお金で5億円ほど
・全長約650m

©和歌山県広川町

完成当時の広村ていぼう横断図

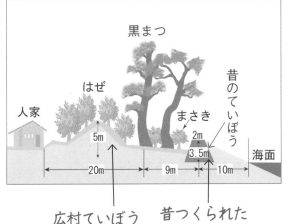

黒まつ
はぜ
人家
まさき
昔のていぼう
5m
2m
3.5m
海面
20m　　9m　　10m

広村ていぼう　　昔つくられた石のていぼう

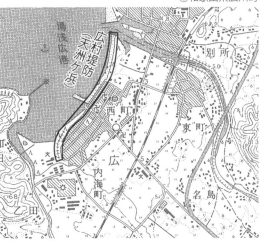

広村ていぼうとその周り（1978年）

※黒まつ…塩気の多いところでも育つ
　→漁船が津波で流れこむのをふせぐ
※はぜ（実）…ろうそくの原料として売れる

地いきを切り開く・守る

通潤橋

[1] 次の断面図と図を見て、あとの問いに答えましょう。

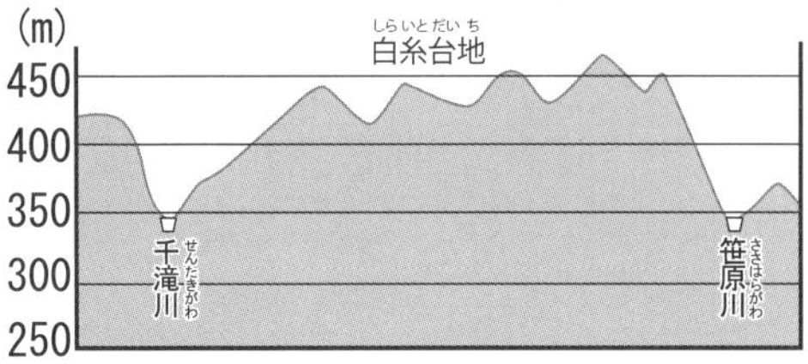

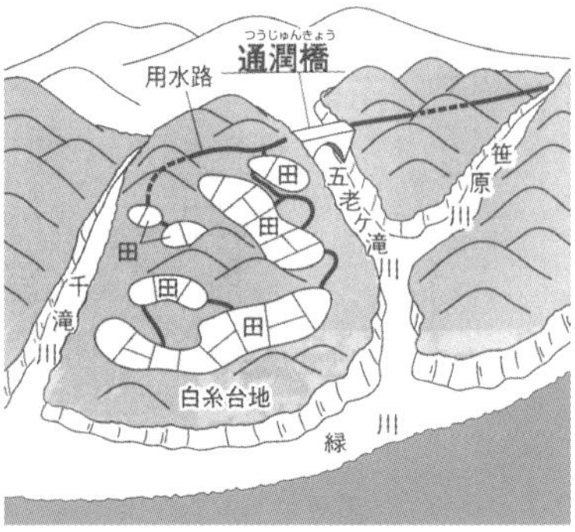

(1) 白糸台地は、どんな土地だと思いますか。(　)にあてはまる言葉を、[　　]から選んで書きましょう。

① 近くに(　　　　　　　)がある。

② 台地になっているから、(　　　　　　　)が考えられる。

③ (　　　　　　　)にてきさない。

米づくり　　水不足　　川

(2) 谷と同じ高さの橋をつくるぎじゅつがないときに、水を引くために布田保之助が思いついたことを、[　　]から選んで書きましょう。

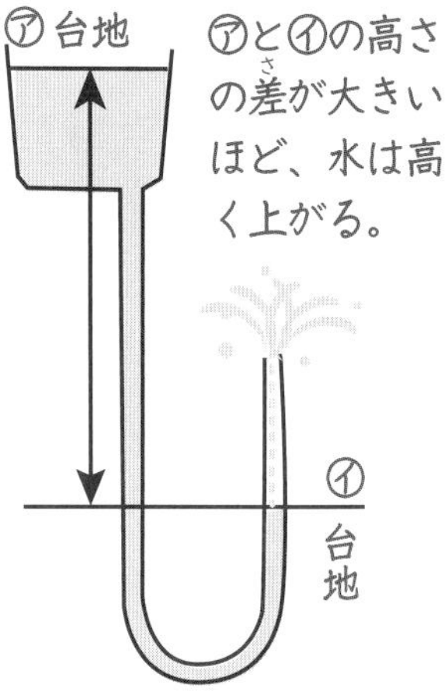

水がふき上がる原理

水は、ふつう高いところから(①　　　　)ところに流れます。そこで、川よりも(②　　　　)台地に水を流すために、水が(③　　　　)力を利用して(④　　　　)に水を引くようにした。

高い　　台地　　低い　　落ちる

ポイント　用水路づくりの大変さと、それを成しとげるための努力を知りましょう。

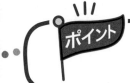

(3)　(2)の考えの問題点を次のように改良しました。(　)にあてはまる言葉を、[　　]から選んで書きましょう。

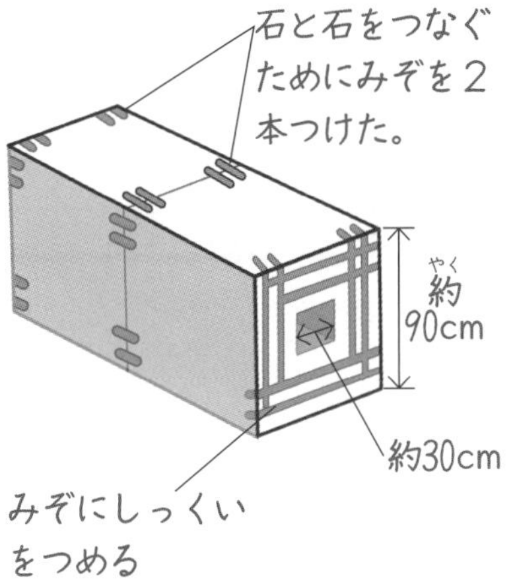

石と石をつなぐためにみぞを2本つけた。
約90cm
約30cm
みぞにしっくいをつめる

・落ちる水のいきおいが強いので、(①　　　)の管を、(②　　　)の管にする。

・(③　　　　)から水がもれないように、石と石をつなぐ特別な(④　　　　)をつくった。

[すきま　　石　　しっくい　　木]

(4)　次の図は、じょうぶな橋にするために石工たちの考えたことです。つくられる順に番号を書きましょう。

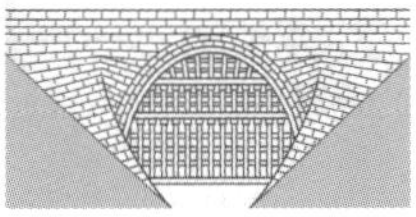
土台となる石の上に、さらに石を積み上げる。
(　　)

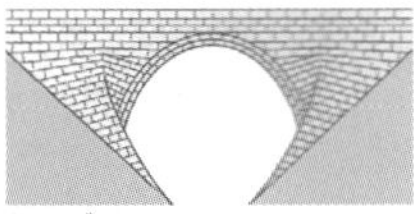
最後に、下からささえていた木のわくをはずす。
(　　)

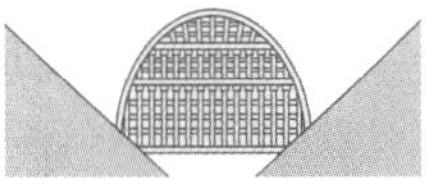
石の橋をのせるための木のわくを組み立てる。
(　　)

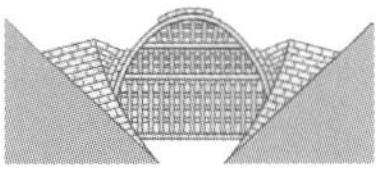
木のわくの上に、土台となる石を積み上げる。
(　　)

(5)　次のグラフを見て、あとの問いに答えましょう。

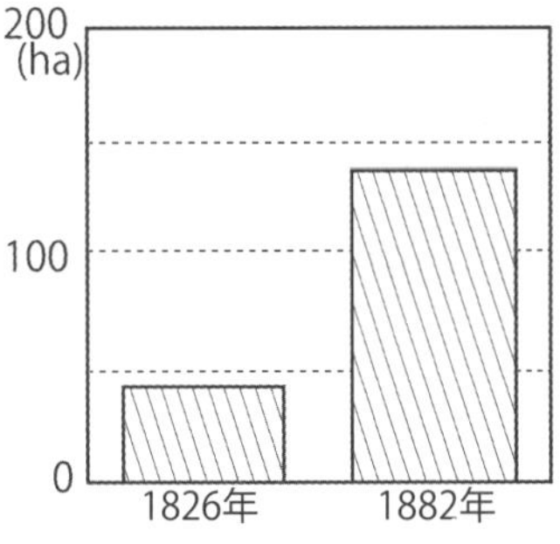

200
(ha)
100
0
1826年
1882年

〈通潤橋ができる前後の田の広さ〉

①　1826年と1882年の田の広さ

㋐　1826年　　約(　　　　)ha

㋑　1882年　　約(　　　　)ha

②　1882年は、1826年とくらべて約何倍になりましたか。　約(　　　　)倍

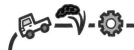

地いきを切り開く・守る
那須疏水

[1] 次の図は、栃木県那須野が原（台地）の土地のようすを表しています。あとの問いに答えましょう。

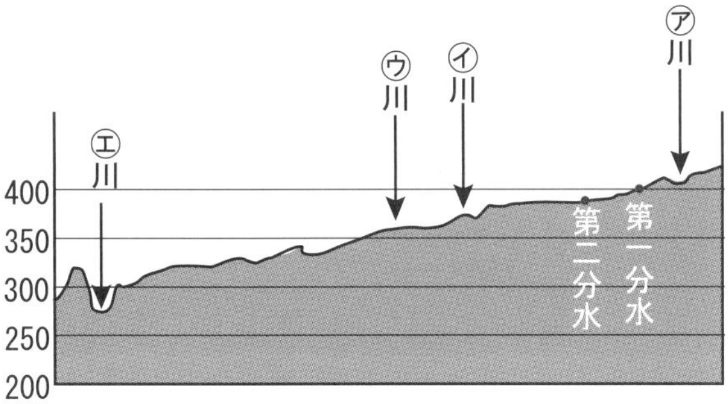

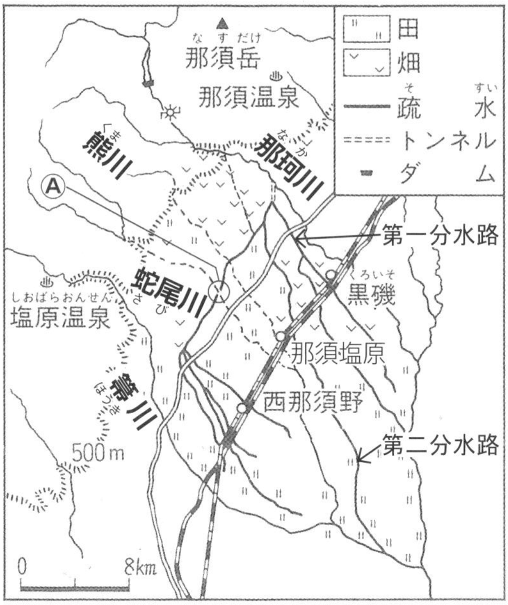

(1) この台地を流れている㋐～㋓川の名前を、上の地図を見ながらひらがなで書きましょう。

㋐(　　　　　　)川　㋑(　　　　　　)川

㋒(　　　　　　)川　㋓(　　　　　　)川

(2) (1)の中で、次の写真のように川の水が流れていない川（地図上では点線）の記号を書きましょう。

(　　)(　　)

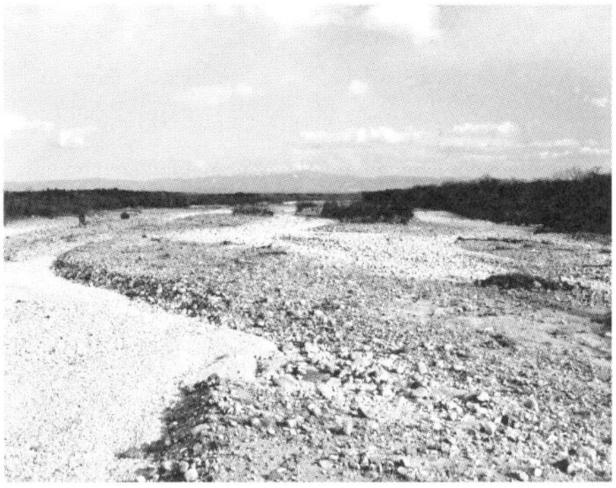

©那須野ケ原土地改良区連合

(3) この台地は、何に利用されていますか。

(　　　　　　)(　　　　　　)

ポイント　あれ地に用水路をつくるための苦労(くろう)と、むずかしさを知りましょう。

(4)　なぜ、この台地に(3)がつくれられるようになったのでしょうか。

⑦川に(①　　　　　　　)をつくり、そこから(②　　　　　　　　　)を引いて、と中(ちゅう)、(③　　　　　　　)に②を通すことで、台地全体に(④　　　　　　)を流れるようにしたからです。

> 水　　取水口　　川の底(そこ)　　用水路

(5)　地図上の④は、川の下を用水路が通っています。そこは、「ふせこし」といって、那須疏水(そすい)の水が川の底を流れるようにしました。その工事方法(ほうほう)の順(じゅん)に番号を書きましょう。

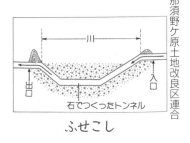
ふせこし

Ⓒ那須野ケ原土地改良区連合

木わくを下にしき、切り石を積み上げる。
（　　）

川原の石をもとにうめもどす。
（　　）

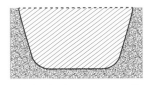
川底をななめにほる。はば・深さは5～6m。
（　　）

② 1(5)の工事に使われた道具の中で、土をほり出す道具の番号を書きましょう。
（　　）

> 土やすなをかきよせる道具

Ⓒ那須野が原博物館

① じょれん　　② てんびん 　　③ くわ 　　④ もっこ

稲むらの火

1 次のポスターを見て、あとの問いに答えましょう。

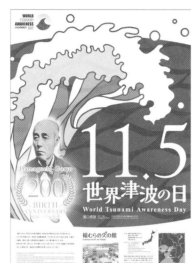

©和歌山県広川町

安政南海地震が起きた日が、「稲むらの火」の話にちなんで、「世界津波の日」として世界共通の記念日になった。

(1) 11月5日は、何の日ですか。

（　　　　　　　　　　　）

(2) (1)は、何の話にちなんで決められましたか。（　　　　　　　　　）

(3) (2)について、次の（　）にあてはまる言葉を書きましょう。

　　安政南海地震（1854年）が起こったあと、潮が引き、広い砂原や岩底があらわれました。

（①　　　　　　　　　　）がおそってくるにちがいないと思った濱口梧陵は、（②　　　　　　　　　）に知らせるために自分の畑に積んであった（③　　　　　　　　）に火をつけました。火に気づいた村人は、それを消そうと（④　　　　　　　　）にかけつけました。

　　その後、①が村をのみこんで、村はすべてなくなってしまいました。

┌─────────────────────────┐
│　村人　　高台　　いなむら　　つ波　│
└─────────────────────────┘

月　　日 [名前]

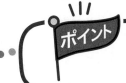

ポイント　津波から人びとを守るための取り組みから、人びとの知恵を学びましょう。

2 次の図を見て、あとの問いに答えましょう。

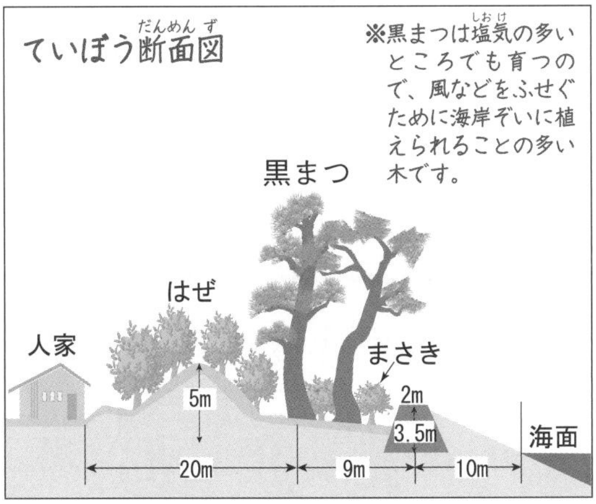

ていぼう断面図
※黒まつは塩気の多いところでも育つので、風などをふせぐために海岸ぞいに植えられることの多い木です。
黒まつ
はぜ
人家
まさき
5m
2m
3.5m
海面
20m
9m
10m

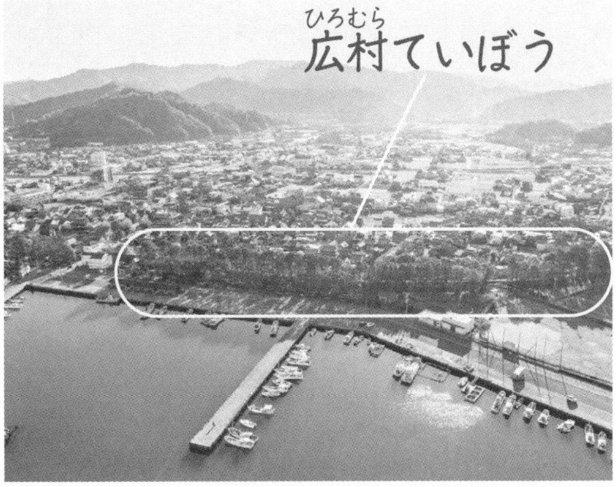

広村ていぼう

©和歌山県広川町

(1) 濱口梧陵は、地しんのあとにふたたび村が津波におそわれないように何をつくりましたか。　広村(　　　　)

(2) 次の問いに答えましょう。

① 広村ていぼうの高さは、何mですか。　(　　　　)m

② 昔の石のていぼうとの間に植えた高い木は何ですか。

(　　　　)

③ 何のために黒まつを植えたのですか。(　) にあてはまる言葉を、[　　]から選んで書きましょう。

(㋐　　　)に強い黒まつは、(㋑　　　)と、(㋒　　　)をふせぐだけなく、(㋓　　　)が村に流れこんでくるのもふせぐため。

漁船　　つ波　　塩気　　風

まとめテスト

地いきを切り開く・守る(1)

[1] 次の地図を見て、あとの問いに答えましょう。（6点×9）

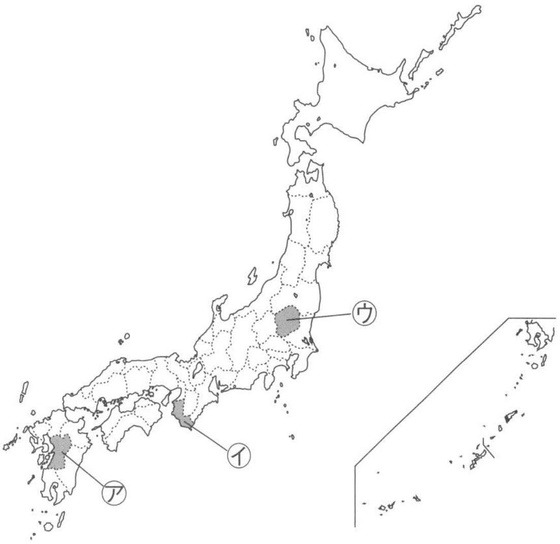

(1) ①～③が行われたところを㋐～㋒から選びましょう。

① 那須疏水（栃木県）（　　）

② 広村ていぼう（和歌山県）（　　）

③ 通潤橋（熊本県）（　　）

(2) ①～③と関係する説明を線で結びましょう。

① ●　　● ㋕ 深い谷にはさまれていた台地につくった。

② ●　　● ㋖ あれた原野を切り開いてつくった。

③ ●　　● ㋗ 地しんのあとの津波にそなえてつくった。

(3) ①～③と関係する図を選んで記号を書きましょう。

① 那須疏水（　　）　② 広村ていぼう（　　）　③ 通潤橋（　　）

㋚

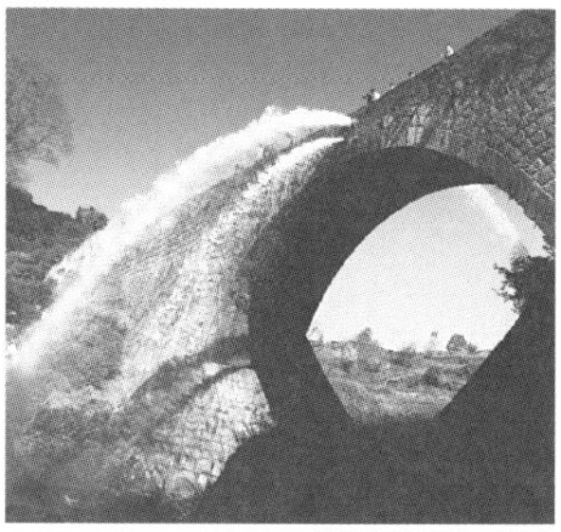

㋛

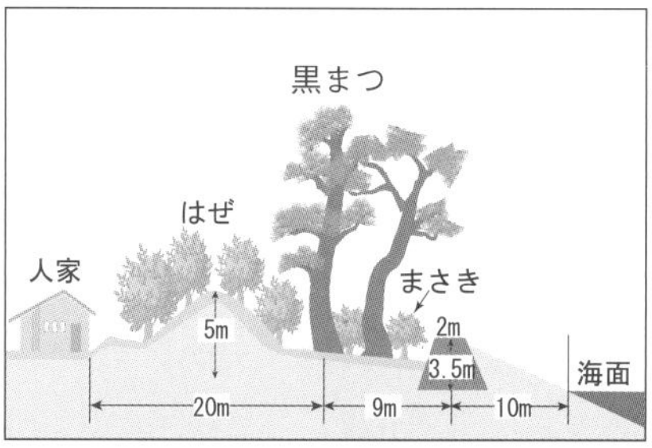

㋜

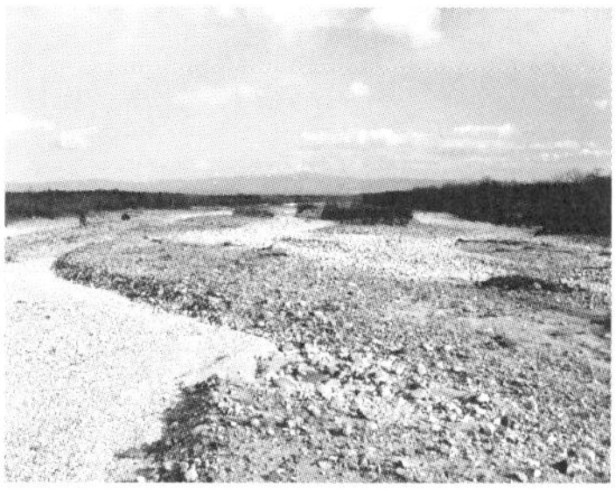

©那須野ケ原土地改良区連合

月　　日　[名前]　　／100点

2 次の断面図は、1(1)の①〜③のどれと関係していますか。（5点×2）

㋐

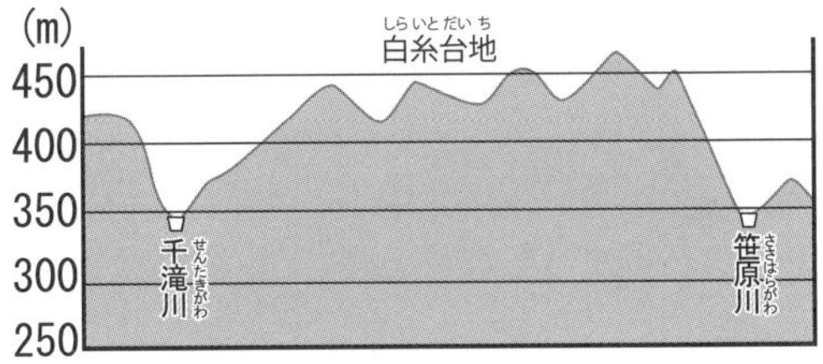

（　　　）

㋑

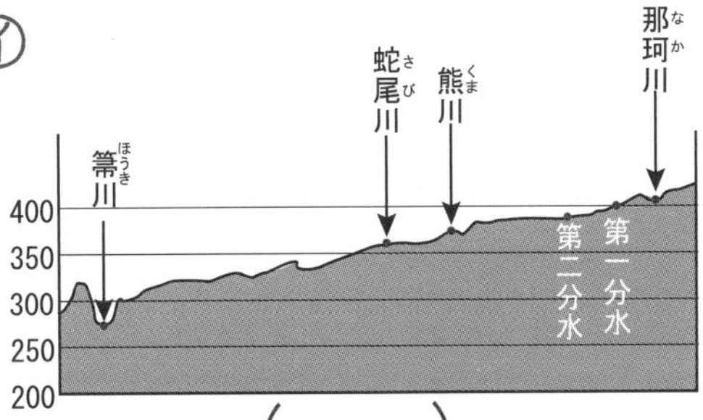

（　　　）

3 下の図は、高いところに水を送るくふうを表しています。（　）にあてはまる言葉を書きましょう。（6点×6）

(1)　この図が関係しているのは、①那須疏水、②広村ていぼう、③通潤橋のどれですか。（　　　）

(2)　問題点

［谷と台地に（　　　　）高さの橋をつくるぎじゅつがなかったこと。］

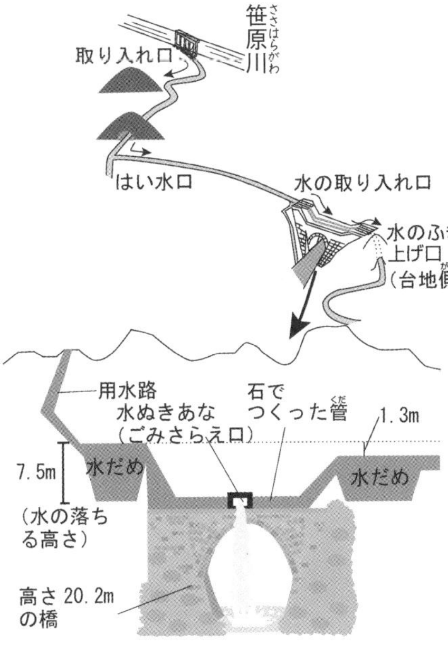

(3)　くふう

台地よりも（①　　　）土地を流れている川の水を（②　　　）に流すために、水が（③　　　）力を利用して橋より（④　　　）台地に水をふき上げた。

高い　　台地　　低い　　落ちる

まとめテスト

地いきを切り開く・守る(2)

● あとの問いに答えましょう。

(1) 次の人物と関係(かんけい)する図や写真を線で結(むす)びましょう。　(8点×3)

㋐ 濱口梧陵(はまぐちごりょう)　　㋑ 布田保之助(ふたやすのすけ)　　㋒ 印南(いんなみ)、矢板(やいた)

[あ]　　[い]　　[う]

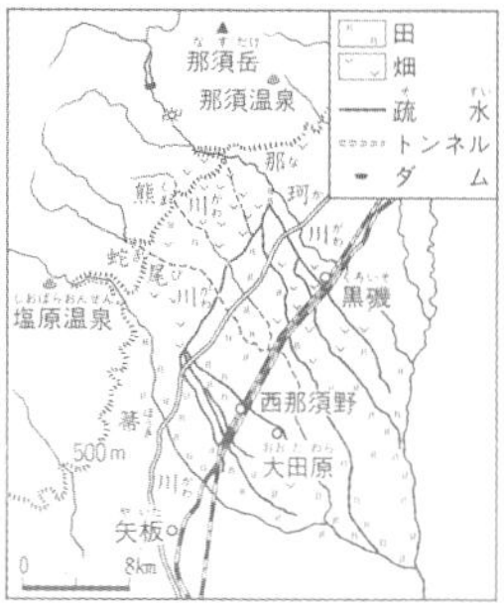

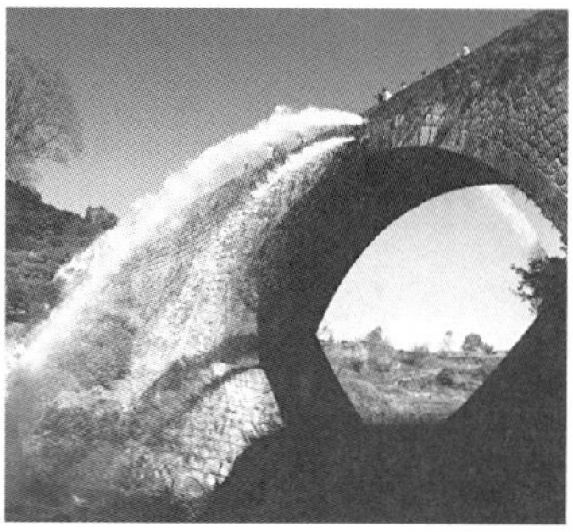

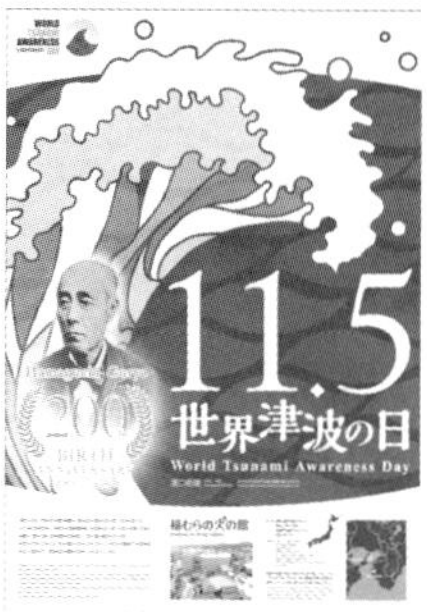

©和歌山県広川町

(2) 右の図は、広村(ひろむら)ていぼうを表しています。(1)の㋐～㋒のだれと関係していますか。　(8点)

(　　　)

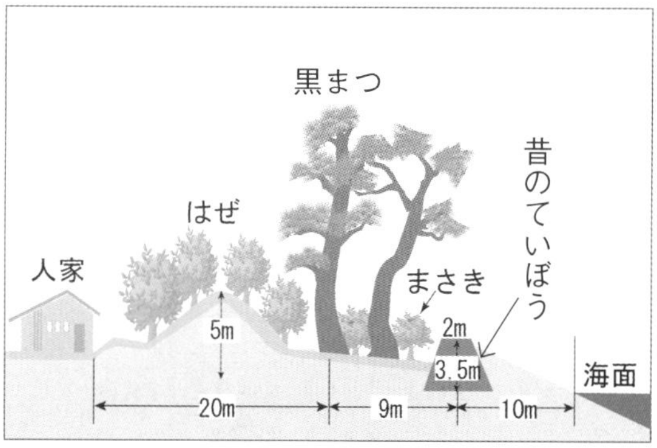

(3) このていぼうの強さのひみつを書きましょう。　(16点)

(つ波(なみ)・高さ・植林・漁船(ぎょせん))

(4)　次の道具は、どんなときに使われますか。関係するものの記号を、[　]から選んで書きましょう。　　　　　　（8点×4）

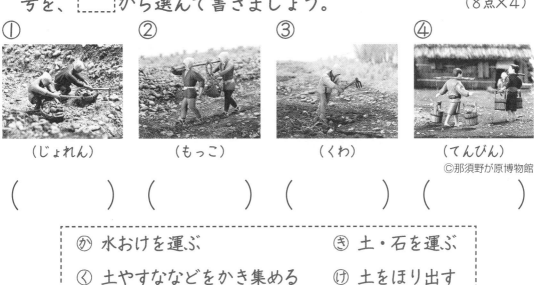

①　（じょれん）　　②　（もっこ）　　③　（くわ）　　④　（てんびん）

©那須野が原博物館

（　　　　）　（　　　　）　（　　　　）　（　　　　）

> か　水おけを運ぶ　　　　　　き　土・石を運ぶ
>
> く　土やすななどをかき集める　け　土をほり出す

(5)　次の図の工事のくふうを書きましょう。　　　　（10点×2）

①

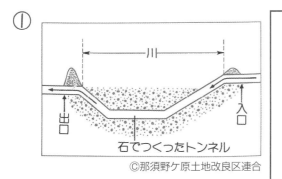

©那須野ケ原土地改良区連合

用水路が、川の

②

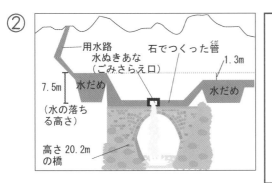

用水路
水ぬきあな
（ごみさらえ口）
石でつくった管
1.3m
7.5m
（水の落ちる高さ）
水だめ
水だめ
高さ 20.2m
の橋

1 電気はどこから

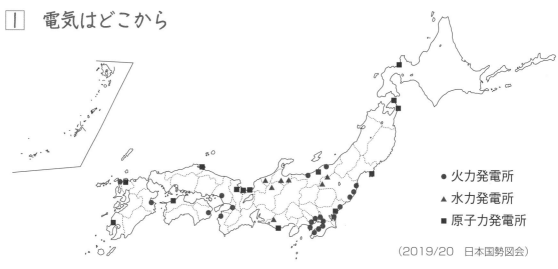

- ● 火力発電所
- ▲ 水力発電所
- ■ 原子力発電所

（2019/20　日本国勢図会）

	水力発電	火力発電	原子力発電
発電の歴史	1950年まで日本の発電の中心	1960年代から、現代までの日本の発電の中心	2011年の東日本大震災により、すべて停止 2018年からけんさに合かくした発電所が動き出している
発電方法	水が流れる力を利用	原油、石炭、天然ガスなどをもやした熱を利用	ウランとよばれるねん料を利用して発生させた熱を利用
良いこと	・ねん料がいらない ・発電のときに二酸化炭素を出さない	・発電量が調節できる ・水力や原子力にくらべ、しせつを建てやすい	・二酸化炭素を出さない ・安定した電力をえることができる
悪いこと	・ダム建設で川をせき止めるため、かんきょうにえいきょうが出る ・建設の費用が高い	・二酸化炭素が出る ・ねん料の大部分を海外から買っている	・事こが起きると人体やかんきょうに、大きなひ害が出る ・ねん料やはい物のあつかいがむずかしい
場所	大都市からはなれた山地	大都市に近い海岸ぞい	大都市からはなれた海岸ぞい

② 再生可能エネルギーを使った発電

放射性廃棄物も二酸化炭素も出さない発電方法

(1) 風力発電

風の力で風車を回して発電する。発電所は風が強く、広い土地があるところに建てられている。

©青山高原ウインドファーム

(2) 地熱発電

地下深くから取り出した高温の水(じょう気)を使って発電する。発電所は火山の近くに建てられている。

(3) 太陽光発電

太陽電池を使って太陽の光を電力に変える発電方法。くもりや雨の日には発電量が少なくなってしまうなど、発電量が安定しないという問題がある。

③ 地球温だん化

温室効果ガスの一つである二酸化炭素がふえすぎて、地球全体をビニールハウスのようにおおってしまい、地表の熱が、大気圏の外に出ていきにくくなり、気温が高くなること。

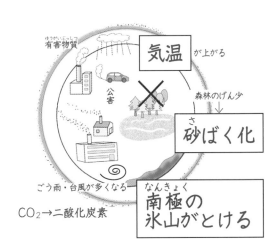

有害物質　気温が上がる　公害　森林のげん少　砂ばく化　ごう雨・台風が多くなる　南極の氷山がとける　CO₂→二酸化炭素

電気はどこから
くらしと電気

1 次のグラフは、1950年～2016年までの発電方法を表しています。あとの問いに答えましょう。

日本の総発電量のわりあい

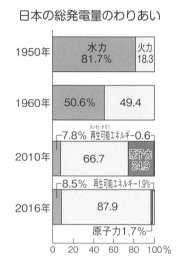

(1) 左のグラフを見ながら（　）にあてはまる言葉を、 ┈┈ から選んで書きましょう。

　1950年までは（①　　　　　）発電が中心でした。1960年からは（②　　　　　）発電がふえています。1980年からは（③　　　　　）発電もふえ始め、2010年には総発電量の約（④　　　　　）をしめるようになりました。

　しかし、2011年の（⑤　　　　　　　）から風力や太陽光、地熱などの（⑥　　　　　　　）を使った発電量のわりあいが少しずつ多くなっています。

┌─────────────────────────────────┐
│ 火力　さい生かのうエネルギー　水力　東日本大しんさい　原子力　$\frac{1}{4}$ │
└─────────────────────────────────┘

(2) 原油、石炭、天然ガスなどをもやした熱を利用する発電方法は何ですか。上のグラフから選んで書きましょう。

（　　　　　　　　　）

(3) 大気中に二酸化炭素がふえすぎることが原いんで、気温が高くなることを何といいますか。次の ┈┈ から選んで書きましょう。

（　　　　　　　　　）

┌─────────────────────────┐
│ 地盤沈下　　悪しゅう　　地球温だん化 │
└─────────────────────────┘

ポイント　発電の種類とこれからの発電はどうしたらいいかを考えましょう。

2　次の①〜③は、発電の仕方を説明しています。関係するものを線で結びましょう。

① ウランをねん料として、少ないねん料で多くの電気をつくる。ねん料やはいき物のあつかいがむずかしく、事こが起こると大きなひ害が出る。

② 風の力で風車を回して発電する方法。二酸化炭素を出さないが、発電量が少ないことや電力を安定してえるのがむずかしいなどの問題がある。

©青山高原ウインドファーム

③ 太陽の光を電気エネルギーに変える太陽電池を使った発電。夜間の発電はできないが、あまった電気は電力会社に売ることができる。

イメージマップ

《日本の都道府県》

I A〜Hの地方名をなぞり、それぞれの地方の色で都道府県を
ぬりましょう。

(水色)
A 北海道 地方

(茶色)
D 中部 地方

(緑色)
B 東北 地方

(黄緑色)
F 中国 地方

(黄色)
C 関東 地方

(むらさき色)
E 近畿 地方

(ピンク色)
G 四国 地方

(赤色)
H 九州 地方

(赤色)
H 九州 地方

2　①～㊼の都道府県名をなぞりましょう。

| A | ① | ほっかいどう
北海道 |

B	②	あおもり 青森 県	③	いわて 岩手 県
	④	みやぎ 宮城 県	⑤	あきた 秋田 県
	⑥	やまがた 山形 県	⑦	ふくしま 福島 県

C	⑧	いばらき 茨城 県	⑨	とちぎ 栃木 県
	⑩	ぐんま 群馬 県	⑪	さいたま 埼玉 県
	⑫	ちば 千葉 県	⑬	とうきょうと 東京都
	⑭	かながわ 神奈川 県		

D	⑮	にいがた 新潟 県	⑯	とやま 富山 県
	⑰	いしかわ 石川 県	⑱	ふくい 福井 県
	⑲	やまなし 山梨 県	⑳	ながの 長野 県
	㉑	ぎふ 岐阜 県	㉒	しずおか 静岡 県
	㉓	あいち 愛知 県		

E	㉔	みえ 三重 県	㉕	しが 滋賀 県
	㉖	きょうとふ 京都府	㉗	おおさかふ 大阪府
	㉘	ひょうご 兵庫 県	㉙	なら 奈良 県
	㉚	わかやま 和歌山 県		

F	㉛	とっとり 鳥取 県	㉜	しまね 島根 県
	㉝	おかやま 岡山 県	㉞	ひろしま 広島 県
	㉟	やまぐち 山口 県		

G	㊱	とくしま 徳島 県	㊲	かがわ 香川 県
	㊳	えひめ 愛媛 県	㊴	こうち 高知 県

H	㊵	ふくおか 福岡 県	㊶	さが 佐賀 県
	㊷	ながさき 長崎 県	㊸	くまもと 熊本 県
	㊹	おおいた 大分 県	㊺	みやざき 宮崎 県
	㊻	かごしま 鹿児島 県	㊼	おきなわ 沖縄 県

日本の都道府県

1　A～Hそれぞれの地方の色で都道府県をぬりましょう。

（水色）
A 〔　　　　　〕地方

（茶色）
D 〔　　　　　〕地方

（緑色）
B 〔　　　　　〕地方

（黄緑色）
F 〔　　　　　〕地方

（黄色）
C 〔　　　　　〕地方

（むらさき色）
E 〔　　　　　〕地方

（ピンク色）
G 〔　　　　　〕地方

（赤色）
H 〔　　　　　〕地方

（赤色）
H 〔　　　　　〕地

月　日 [名前]

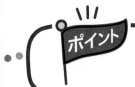

ポイント　日本の都道府県名を、自分の興味(きょうみ)のあるところから覚(おぼ)えていきましょう。

[2]　①～㊼の都道府県名を書きましょう。

[A]

①	

[B]

②	県	③	県
④	県	⑤	県
⑥	県	⑦	県

[C]

⑧	県	⑨	県
⑩	県	⑪	県
⑫	県	⑬	
⑭	県		

[D]

⑮	県	⑯	県
⑰	県	⑱	県
⑲	県	⑳	県
㉑	県	㉒	県
㉓	県		

[E]

㉔	県	㉕	県
㉖		㉗	
㉘	県	㉙	県
㉚	県		

[F]

㉛	県	㉜	県
㉝	県	㉞	県
㉟	県		

[G]

㊱	県	㊲	県
㊳	県	㊴	県

[H]

㊵	県	㊶	県
㊷	県	㊸	県
㊹	県	㊺	県
㊻	県	㊼	県

イメージマップ

1 次の①〜⑱は、都道府県名と都道府県庁所在地名がちがうところです。それぞれ色をぬって、右の表を完成させましょう。

●…県庁所在地の場所

[2] 道・県名と道・県庁所在地名をなぞりましょう。

〈北海道（ほっかいどう）・東北（とうほく）地方〉

番号	道・県名	道・県庁所在地名	番号	県名	県庁所在地名
①	北海道（ほっかいどう）	札幌（さっぽろ）市	②	岩手（いわて）県	盛岡（もりおか）市
③	宮城（みやぎ）県	仙台（せんだい）市			

〈関東（かんとう）・中部（ちゅうぶ）地方〉

番号	県名	県庁所在地名	番号	県名	県庁所在地名
④	茨城（いばらき）県	水戸（みと）市	⑤	栃木（とちぎ）県	宇都宮（うつのみや）市
⑥	群馬（ぐんま）県	前橋（まえばし）市	⑦	埼玉（さいたま）県	さいたま市
⑧	神奈川（かながわ）県	横浜（よこはま）市	⑨	山梨（やまなし）県	甲府（こうふ）市
⑩	石川（いしかわ）県	金沢（かなざわ）市	⑪	愛知（あいち）県	名古屋（なごや）市

〈近畿（きんき）・中国（ちゅうごく）・四国（しこく）・九州（きゅうしゅう）地方〉

番号	県名	県庁所在地名	番号	県名	県庁所在地名
⑫	三重（みえ）県	津（つ）市	⑬	滋賀（しが）県	大津（おおつ）市
⑭	兵庫（ひょうご）県	神戸（こうべ）市	⑮	島根（しまね）県	松江（まつえ）市
⑯	香川（かがわ）県	高松（たかまつ）市	⑰	愛媛（えひめ）県	松山（まつやま）市
⑱	沖縄（おきなわ）県	那覇（なは）市			

日本の都道府県
県名と県庁所在地名がちがう県

1　次の①～⑱は、都道府県名と都道府県庁所在地名がちがうところです。それぞれ色をぬって、右の表を完成させましょう。

●…県庁所在地の場所

月　　日 [名前]

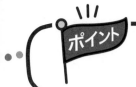

[ポイント] 都道府県名と都道府県庁所在地名がちがうところはどこか、白地図に色をぬって確(たし)かめ、覚(おぼ)えましょう。

[2] 道・県名と道・県庁所在地名を書きましょう。

〈北海道(ほっかいどう)・東北(とうほく)地方〉

番号	道・県名	道・県庁所在地名	番号	県名	県庁所在地名
①		市	②	県	市
③	県	市			

〈関東(かんとう)・中部(ちゅうぶ)地方〉

番号	県名	県庁所在地名	番号	県名	県庁所在地名
④	県	市	⑤	県	市
⑥	県	市	⑦	県	市
⑧	県	市	⑨	県	市
⑩	県	市	⑪	県	市

〈近畿(きんき)・中国(ちゅうごく)・四国(しこく)・九州(きゅうしゅう)地方〉

番号	県名	県庁所在地名	番号	県名	県庁所在地名
⑫	県	市	⑬	県	市
⑭	県	市	⑮	県	市
⑯	県	市	⑰	県	市
⑱	県	市			

日本の祭りと都道府県

[1] 次の日本地図の祭りが行われている都道府県名を書きましょう。

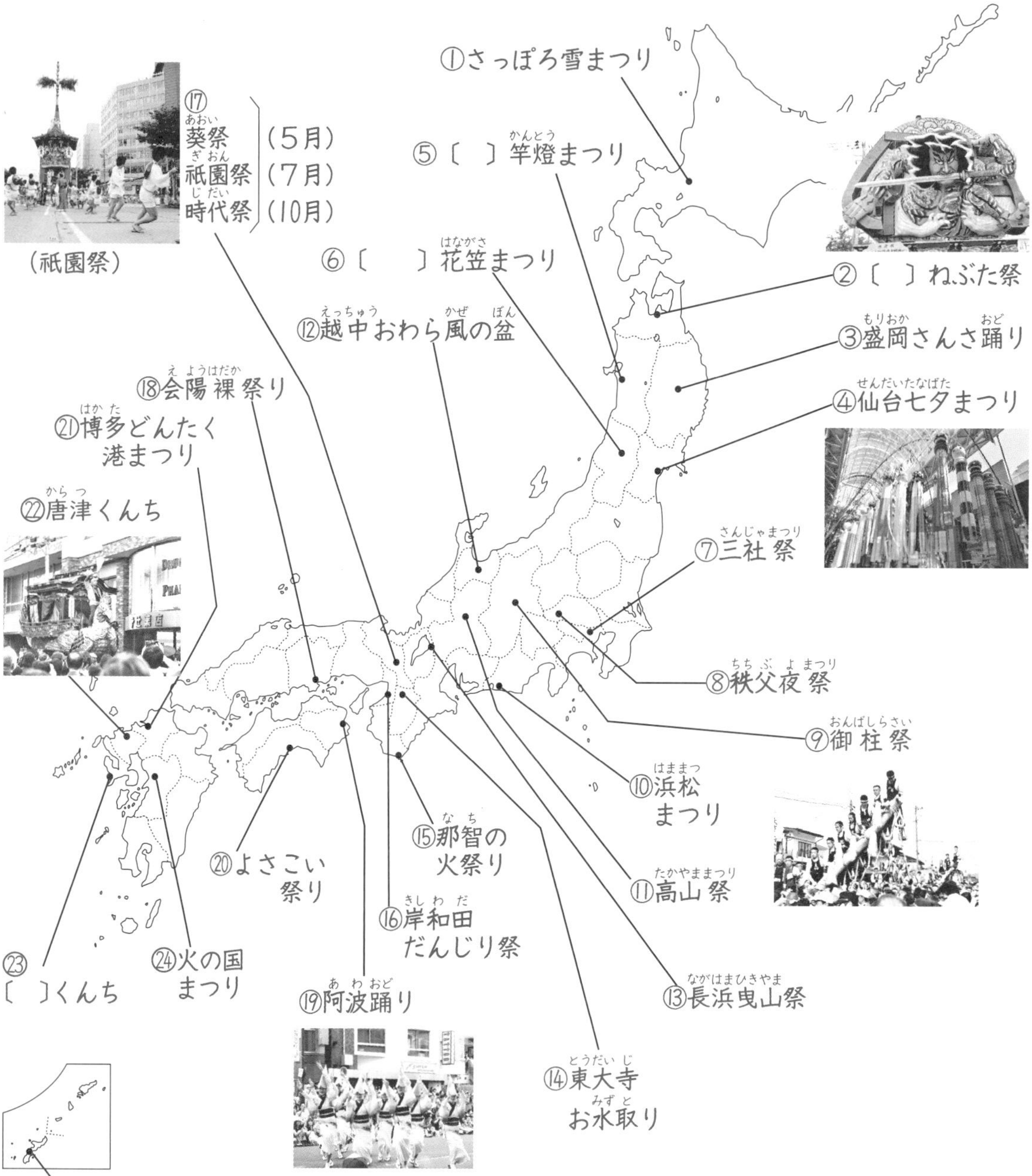

(祇園祭)

⑰
葵祭 (5月)
祇園祭 (7月)
時代祭 (10月)

①さっぽろ雪まつり

②〔　〕ねぶた祭

⑤〔　〕竿燈まつり

⑥〔　　〕花笠まつり

③盛岡さんさ踊り

④仙台七夕まつり

⑫越中おわら風の盆

⑱会陽裸祭り

㉑博多どんたく
港まつり

㉒唐津くんち

⑦三社祭

⑧秩父夜祭

⑨御柱祭

⑩浜松
まつり

⑪高山祭

⑮那智の
火祭り

⑳よさこい
祭り

⑯岸和田
だんじり祭

㉓
〔　〕くんち

㉔火の国
まつり

⑲阿波踊り

⑬長浜曳山祭

⑭東大寺
お水取り

㉕〔　〕全島
エイサーまつり

月　　日 [名前]

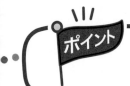

[ポイント] 知っている祭りの行われているところから都道府県を覚えましょう。

〔北海道・東北地方〕

①		②		③	
④		⑤		⑥	

〔関東・中部地方〕

⑦		⑧		⑨	
⑩		⑪		⑫	

〔近畿地方〕

⑬		⑭		⑮	
⑯		⑰			

〔中国・四国・九州地方〕

⑱		⑲		⑳	
㉑		㉒		㉓	
㉔		㉕			

社会ゲーム

新幹線と都道府県

作業1 新幹線に乗って、日本列島を北から南へ旅行します。それぞれの新幹線が通る都道府県名を書きましょう。

〔※（　）は都道府県庁所在地〕

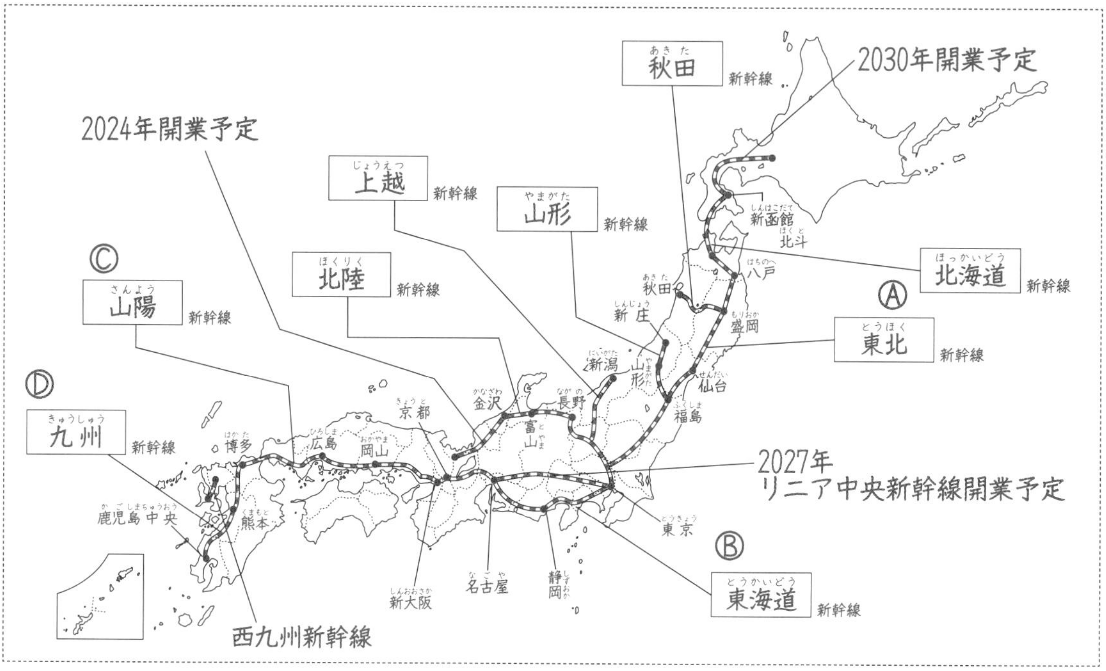

Ⓐ 北海道・東北新幹線

① （札幌） → ② → ③ （盛岡） →

④ （仙台） → ⑤ → ⑥ （宇都宮） →

⑦ （水戸）※通過だけ → ⑧ （さいたま） → ⑨

月　　日　名前

Ⓑ 東海道新幹線

⑨	→	⑩	→	⑪	→
		（横浜）			

⑫	→	⑬	→	⑭	→
（名古屋）				（大津）	

⑮	→	⑯

Ⓒ 山陽新幹線

⑯	→	⑰	→	⑱	→
		（神戸）			

⑲	→	⑳	→	㉑

Ⓓ 九州新幹線

㉑	→	㉒	→	㉑ 福岡県	→

㉓	→	㉔

都道府県を調べよう！(1)

 作業1 次の問いに答えた都道府県をぬりましょう。

1 次のシルエットの都道府県名を、□□から選んで書きましょう。（同じわりあいで、ちぢめていません）

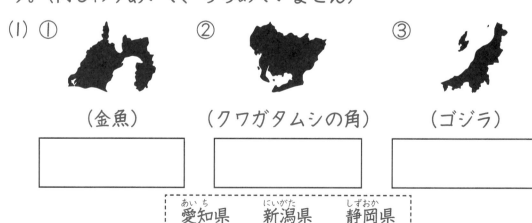

(1) ① （金魚）

② （クワガタムシの角）

③ （ゴジラ）

```
┌──────────────┐ ┌──────────────┐ ┌──────────────┐
│              │ │              │ │              │
│              │ │              │ │              │
└──────────────┘ └──────────────┘ └──────────────┘
```

┄┄┄┄┄┄┄┄┄┄┄┄┄┄┄┄┄┄┄┄┄┄
愛知県　　新潟県　　静岡県
┄┄┄┄┄┄┄┄┄┄┄┄┄┄┄┄┄┄┄┄┄┄

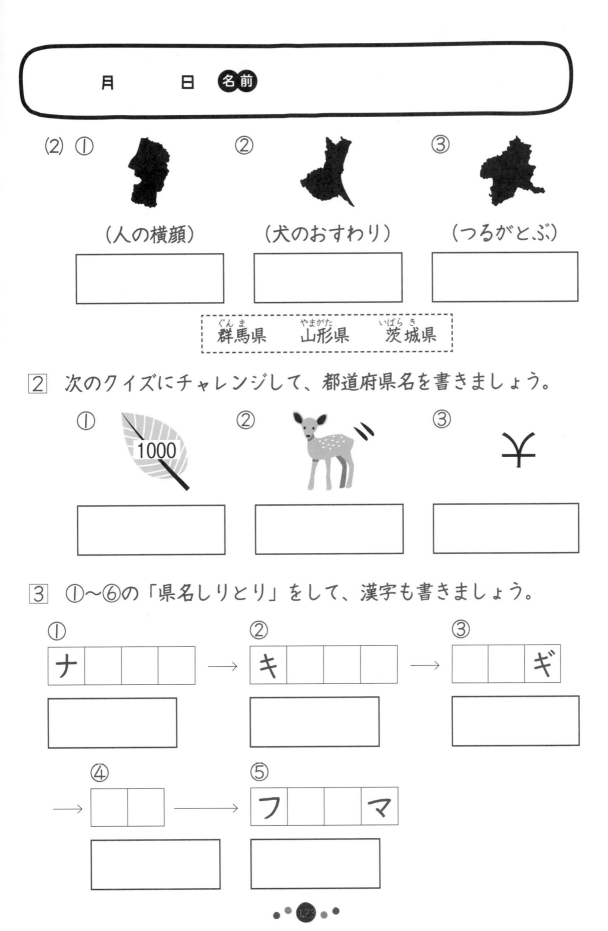

月　　　日　名前

(2) ① （人の横顔）

② （犬のおすわり）

③ （つるがとぶ）

群馬県　　山形県　　茨城県

② 次のクイズにチャレンジして、都道府県名を書きましょう。

①　1000

②

③　¥

③ ①～⑥の「県名しりとり」をして、漢字も書きましょう。

①　ナ □ □ □　→　②　キ □ □ □　→　③ □ □ ギ

④　→ □ □ →　⑤　フ □ □ マ

都道府県を調べよう！(2)
とどうふけん

1　次の県名を漢字で書いて、地図中の番号は○に書きましょう。

(1)　県名がひらがな2文字と3文字の県を書きましょう。

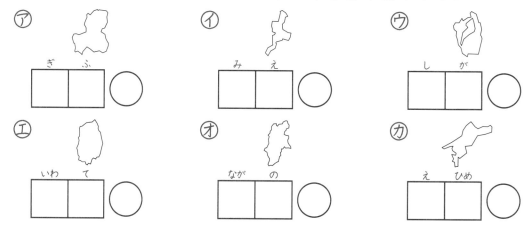

ア　ぎふ　○

イ　みえ　○

ウ　しが　○

エ　いわて　○

オ　ながの　○

カ　えひめ　○

(2)　漢字しりとりをしましょう。

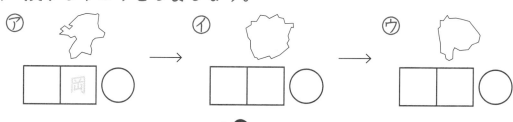

ア　岡　○　→　イ　○　→　ウ　○

2　次の漢字の集まりの中から県をさがして、□でかこみ、（　）
に県名を漢字で書きましょう。

①
```
奈 奈 奈 奈 奈 奈 奈 奈
奈 奈 奈 奈 神 奈 川 奈
奈 奈 奈 奈 奈 奈 奈 奈
奈 奈 奈 奈 奈 奈 奈 奈
奈 良 奈 奈 奈 奈 奈 奈
奈 奈 奈 奈 奈 奈 奈 奈
奈 奈 奈 奈 奈 奈 奈 奈
```

②
```
宮 宮 宮 宮 宮 宮 宮 宮
宮 宮 宮 宮 宮 宮 宮 宮
宮 宮 宮 宮 宮 宮 宮 宮
宮 宮 宮 宮 宮 宮 崎 宮
宮 宮 宮 宮 宮 宮 宮 宮
宮 宮 城 宮 宮 宮 宮 宮
宮 宮 宮 宮 宮 宮 宮 宮
```

（　　　　　　）（　　　　　　　）　　　（　　　　　　　）（　　　　　　　）

3　次の絵は何県ですか。漢字で書きましょう。

①
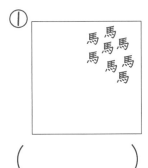

②
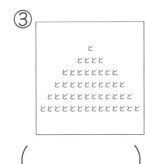
ひょう
ひょう
ひょう
ひょう
ひょう

③

（　　　　　　）　　　　（　　　　　　）　　　　（　　　　　　）

4　次のシルエットは何県ですか。漢字で書きましょう。（同じわ
りあいで、ちぢめていません）

①
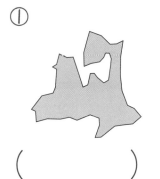

②

③

（　　　　　　）　　　　（　　　　　　）　　　　（　　　　　　）

イメージマップ

 作業1 なぞって書きましょう。

しゅくしゃく

地図上で、実さいのきょりを
どれだけちぢめているかをし
めしたわりあい

しゅくしゃくが
2万5千分の1の地図

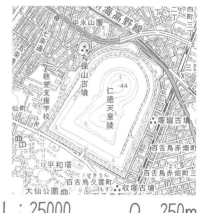

1：25000　　　　　0　　250m
　　　　　　　　　　　⌣
　　 1　　　　　　　　1cm
―――――
25000

しゅくしゃくが
5万分の1の地図

1：50000　　　　　0　　500m
　　　　　　　　　　　⌣
　　 1　　　　　　　　1cm
―――――
50000

くわしい

広いはんい

しゅくしゃくが
20万分の1の地図

1：200000　　　　0　　2000m
　　　　　　　　　　　⌣
　　 1　　　　　　　　1cm
――――――
200000

ある土地の様子をくわしく調べ
るときは、しゅくしゃくの数字の
小さい地図を見るといいのよ。

等高線（海面からの高さが同じところを結んだ線）

平面図	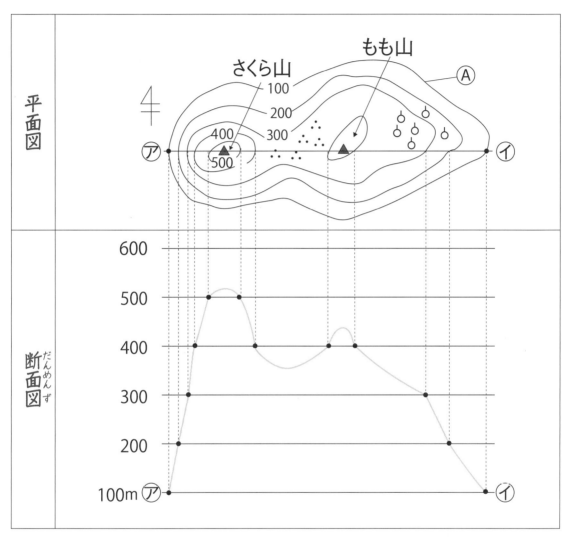
断面図	

① 等高線の間がせまいところ ──────→ かたむきが急

② 等高線の間が広いところ ──→ かたむきがゆるやか

③ 等高線と数字 ──────────→ 地図上の場所の高さ

地図の見方

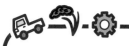

しゅくしゃく(1)

[1] 次の(　)にあてはまる言葉を、[　　]から選んで書きましょう。

地図では、実さいの(①　　　　　)でのせることはできません。そこで、実さいのきょりを(②　　　　　)表します。それが、どのくらい②いるかを表したものを(③　　　　　)といいます。③を使うと、地図から実さいのきょりを求めることができます。

しゅくしゃく　　ちぢめて　　きょり

[2] 5万分の1の地図を使って、実さいのきょりを求めましょう。

1：50000

$\frac{1}{50000}$

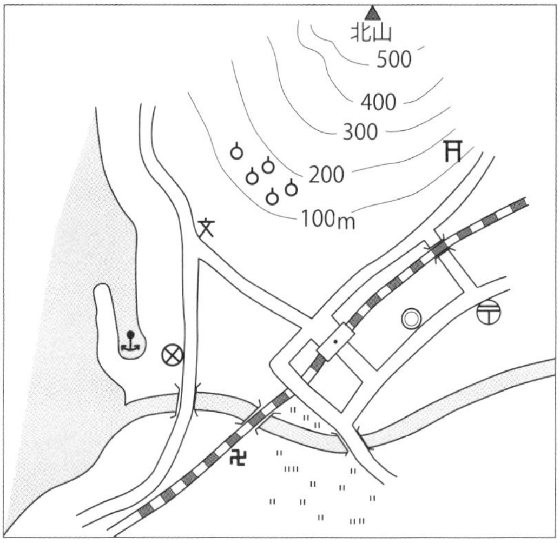

(1) 駅から市役所まで

㋐ 地図上　　　長さ[　　　　]cm

㋑ 実さい(単位をそろえる)

[㋐　　　]cm×[50000]=[　　　　]cm

=[　　　　]m

=[　　　　]km

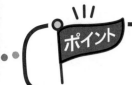

月　日 [名前]

[ポイント] しゅくしゃくの表し方と実さいのきょりを求めることができるようになりましょう。

⑵ 駅から学校まで

㋐ 地図上　長さ〔　　〕cm

㋑ 実さい（単位をそろえる）

〔㋐　　〕cm×〔　　〕=〔　　〕cm

=〔　　〕m

=〔　　〕km

⑶ ゆうびん局からけいさつしょまで

㋐ 地図上　長さ〔　　〕cm

㋑ 実さい（単位をそろえる）

〔㋐　　〕cm×〔　　〕=〔　　〕cm

=〔　　〕m

=〔　　〕km

[3] しゅくしゃくの表し方には、次のようなものがあります。

⑴ 読み方を［　　］から選んで（　）に書きましょう。

① 5万分の1　（　　　　）

② 1：50000　（　　　　）

［ごまんぶんのいち　いちたいごまん］

⑵ $\frac{1}{50000}$ の読み方で同じなのは、①と②のどちらですか。

（　　）

しゅくしゃく(2)

1 次の図から、どれだけちぢめたかを求めましょう。

(1) 地図上の長さを書きましょう。

0   5km
実さいの長さ

0   5cm
地図上の長さ

実さいのきょり	地図上の長さ
1km	
3km	
5km	

(2) (1)は、どれくらいのわりあいでちぢめたかを計算しましょう。

1km＝〔   〕m＝〔   〕cm

| 地図上の長さ | ÷ | 実さいのきょり | ＝ | しゅくしゃく |

$$1 \div 〔 \quad \quad 〕 = \cfrac{1}{\boxed{}}$$

〔   10万   分の1〕 〔 1 ： 100000   〕

(3) 次の〔 〕にあてはまる数字を書きましょう。

1cmが10kmの地図は、10km＝〔   〕cm

だから、〔   〕分の1のしゅくしゃくの地図です。

この地図で、東京・横浜間が約3cmだったら、実さいのきょ

りは、約〔   〕kmということになります。

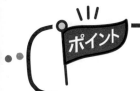

ポイント　しゅくしゃくの表し方を知って、目的(もくてき)に合わせたしゅくしゃくを選(えら)ぶことができるようになりましょう。

[2]　しゅくしゃくによって、表される地図がちがってきます。次の地図を見て、あとの問いに答えましょう。

㋐

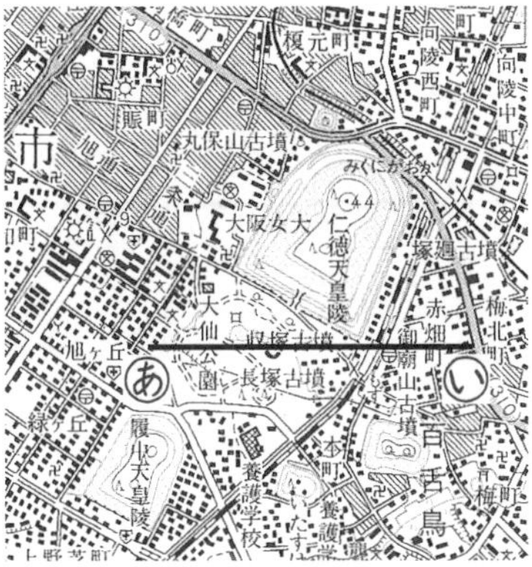

0　500m
1 cm

㋑

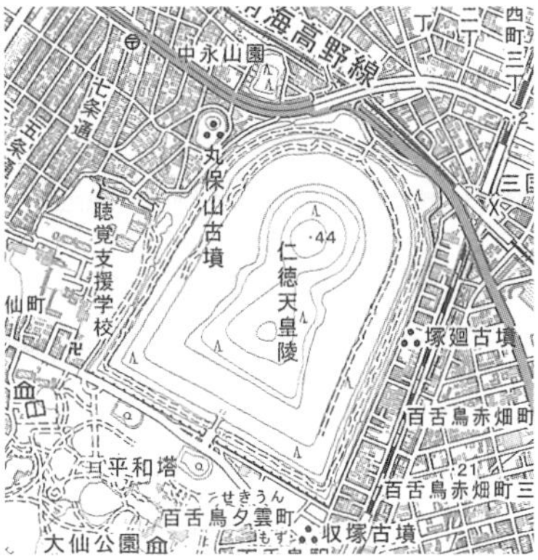

0　250m
1 cm

(1)　㋐と㋑の地図は、「2万5千分の1」と「5万分の1」のどちらでしょうか。

㋐（　　　　　　分の1）　㋑（　　　　　　分の1）

(2)　㋐と㋑の地図で1cmが、実さいのきょりでは何mになりますか。

㋐［　　　　　　］m　㋑［　　　　　　］m

(3)　㋐の地図で、あ―いの長さが3cmです。実さいのきょりは、何mですか。

［　　　　　　］m

(4)　町の様子をくわしく表しているのはどちらの地図ですか。

（　　　　　　分の1）

1　次の図を見て、（　）にあてはまる言葉を □ から選んで書きましょう。

(1)　海面からの高さが同じところを結んだ線を何といいますか。

（　　　　　　　　　　　）

(2)　図中のあ〜えにあてはまる言葉を書きましょう。

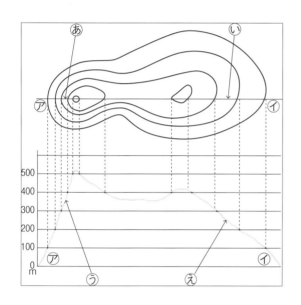

```
広い　　せまい　　急
ゆるやか　　等高線
```

① あ…線と線の間が

（　　　　　　　　）

↓

う…山のかたむきが

（　　　　　　　　）

② い…線と線の間が

（　　　　　　　　）

↓

え…山のかたむきが

（　　　　　　　　）

2　次の図は、土地の様子を上から見た図です。㋐と㋑の線で切り取った面を横から見た図は、①〜③の中のどれですか。

（　　　）

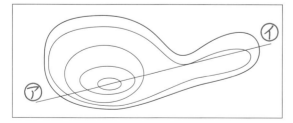

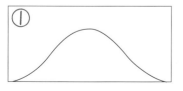

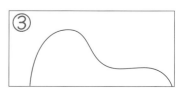

> **ポイント** 等高線から地形を読み取ったり、断面図に表せたりすることができるようになりましょう。

③ 次の図から、あとの問いに答えましょう。

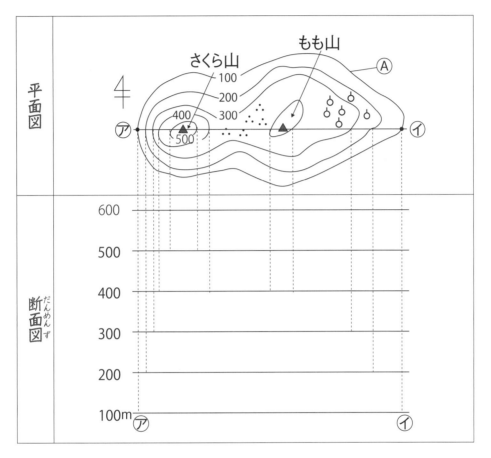

(1) 真上から見た図（平面図）から真横から見た図（断面図）をかきましょう。

(2) 図からわかったことを書きましょう。

① さくら山ともも山、どちらの方が高いですか。（　　　　）

② さくら山ともも山、どちらの方がしゃ面がゆるやかですか。
（　　　　）

③ もも山の東と西ではどちら側にくだもの畑がありますか。
（　　　　）

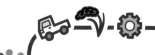

等高線(2)

[1] 次の図を見て、あとの問いに答えましょう。

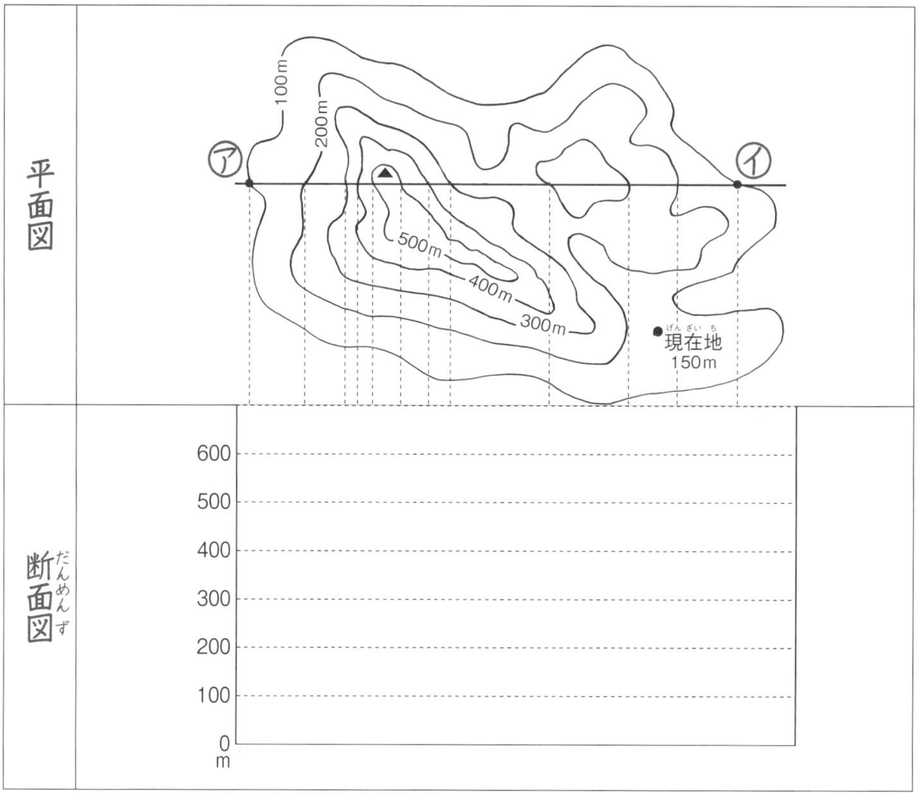

(1) 平面図から㋐と㋑を結ぶ線の断面図をかきましょう。

(2) この地図では、等高線は、何mおきに引かれていますか。

〔　　　　　　〕m

(3) 山のしゃ面が急になっているところは、等高線の間かくは、どうなっていますか。

間かくが(　　　　　　)なっている。

(4) 現在地とちょう上では、何mぐらいの差がありますか。

約〔　　　　　　〕m

月　日 [名前]

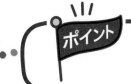

[ポイント] 等高線や地形図から土地の様子を読み取ることができるようになりましょう。

[2] 次の地図を見て、あとの問いに答えましょう。

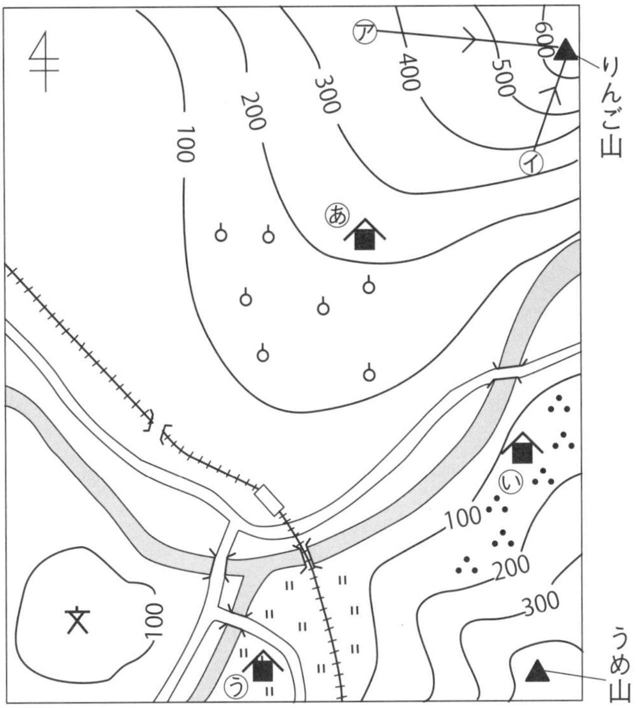

(1) りんご山とうめ山のちょう上は、何m以上(いじょう)ありますか。

① りんご山

〔　　　　　〕m以上

② うめ山

〔　　　　　〕m以上

(2) 学校と同じ高さにある家は、[あ]～[う]のどの家ですか。　（　　）

(3) [あ]～[う]の家の近くは何に使われているかを、[　　]から選(えら)んで書きましょう。

[あ]（　　　　）　[い]（　　　　）　[う]（　　　　）

茶畑　　田　　くだもの畑

(4) (3)の中で、一番低(ひく)いところでつくられているのは、[あ]～[う]のどれですか。　（　　）

(5) りんご山にゆるやかに登ろうとすると、㋐と㋑のどちらのコースがよいですか。　（　　）

地図の見方(1)

1 次の地図を見て、あとの問いに答えましょう。　　　　（5点×11）

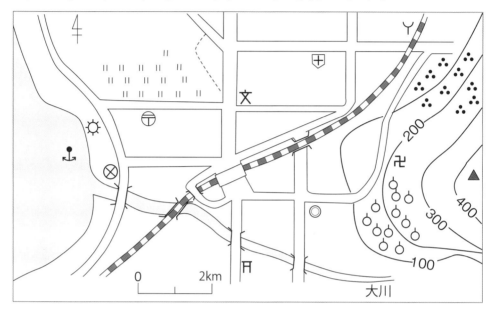

（1）次の2つの場所の方角（八方位）ときょりを求めましょう。

		方角	実さいのきょり
①	学校から見た病院		
②	駅から見たけいさつしょ		
③	市役所から見たゆうびん局		
④	工場から見た神社		

（2）次の高さの土地は何に利用されていますか。

① 0〜100m （　　　　　）　② 0〜300m （　　　　　）

③ 100〜300m （　　　　　）

```
茶畑　　くだもの畑　　田
```

月　　日 [名前]　　　　/100点

2 次の（　）にあてはまる言葉を書きましょう。（5点×4）

地図には、海面からの高さが同じところを結(むす)んだ（①　　　）があります。①にしたがって色をぬると、土地の（②　　　）がよくわかり、せまくなっているところは、（③　　　）で、広いところは（④　　　）になっています。

等高線(とうこうせん)　ゆるやか　高低(こうてい)　急

3 下の地図を見て、あとの問いに答えましょう。（5点×5）

(1) 神社と寺の高さを求めましょう。

神社	（　　　）mぐらい	寺	（　　　）mぐらい

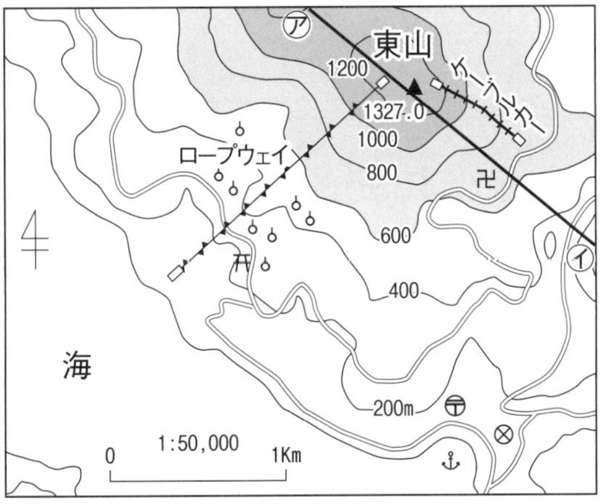

(2) (1)の近くの乗り物の高低差(さ)を求めましょう。

①ロープウェイ

（　　　）mぐらい

②ケーブルカー

（　　　）mぐらい

(3) 図中の㋐と㋑の断面図(だんめんず)は、[あ]～[う]のどれでしょうか。（　）に書きましょう。

（　　　）

[あ]

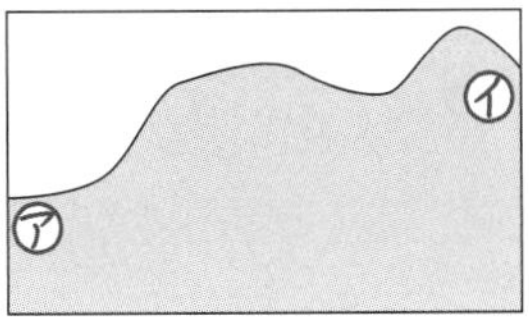

[い]

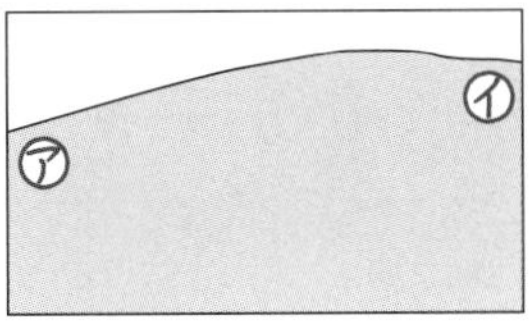

[う]

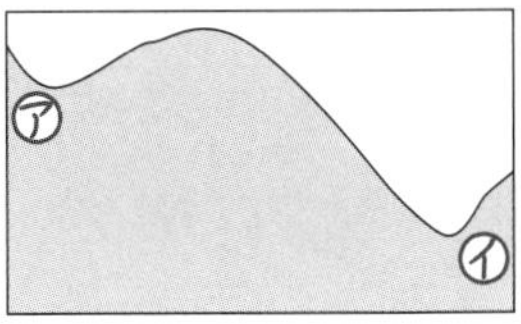

まとめテスト

地図の見方(2)

[1] 次の地図を見て、あとの問いに答えましょう。 (10点×5)

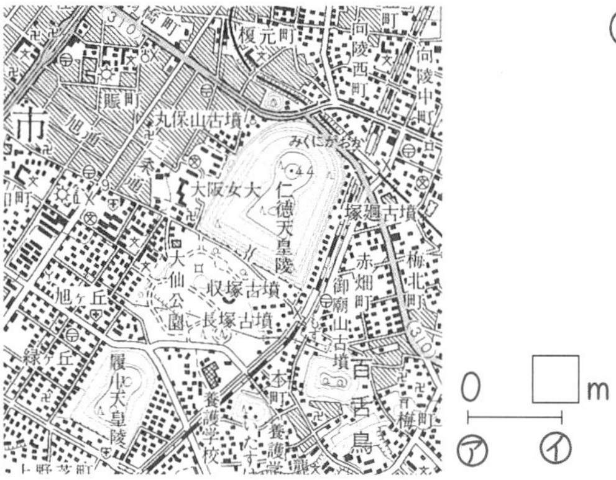

5万分の1の地図

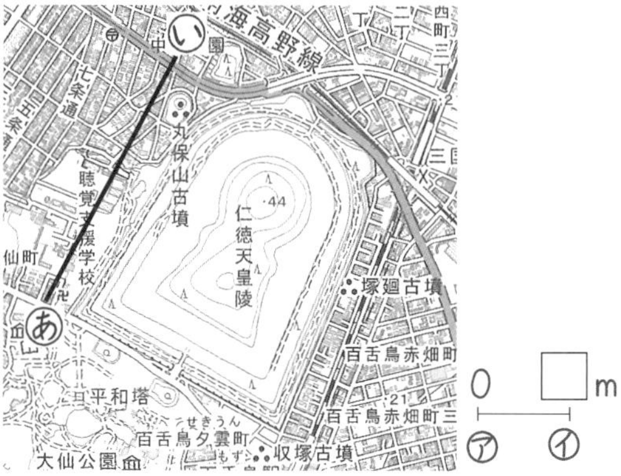

2万5千分の1の地図

(1) ㋐と㋑の長さが1cmのときの実さいのきょりを求めましょう。

①	②
(　　　　)m	(　　　　)m

(2) ②の地図の[あ]と[い]の長さは3cmです。実さいのきょりを求めましょう。 (　　　　)m

(3) ③の地図は、1cmが2000mです。何分の1の地図ですか。

(　　　　)分の1

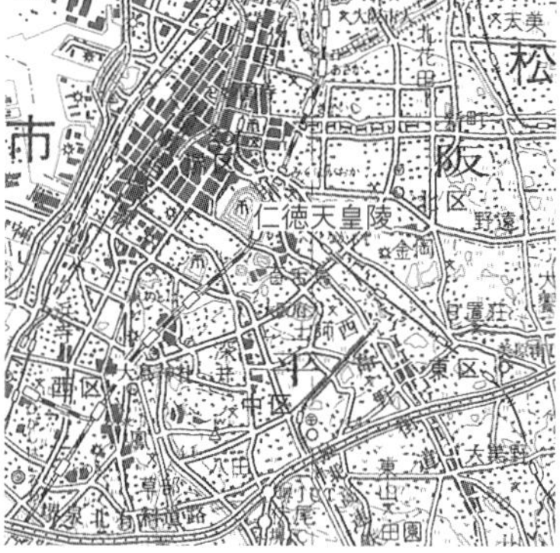

0 2000m

(4) ①～③の中で、地いきの様子をよりくわしく表している地図は、何分の1の地図ですか。番号で書きましょう。 (　　)

2　次の平面図から断面図をかいて、あとの問いに答えましょう。

(20点)

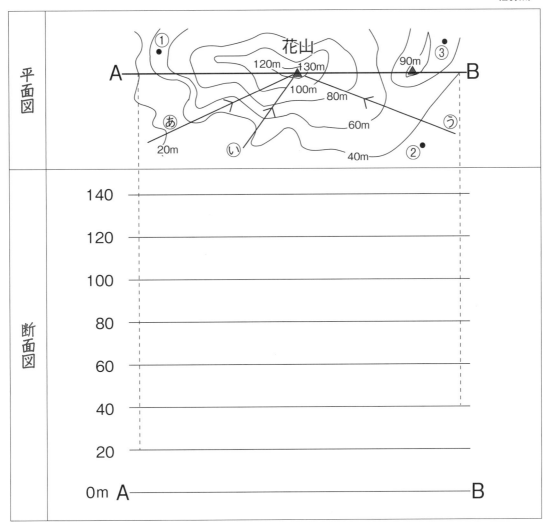

(1)　①〜③の地点で一番高いところにあるのはどれで、だいたい何mくらいありますか。

(10点×2)

（　　　）〔　　　　　〕mぐらい

(2)　花山に登るのに、あ・い・うのコースの中でどのコースが一番ゆったりと登れますか。(10点)

（　　　　　　　）

健康なくらしとまちづくり

1 次の図を見て、あとの問いに答えましょう。

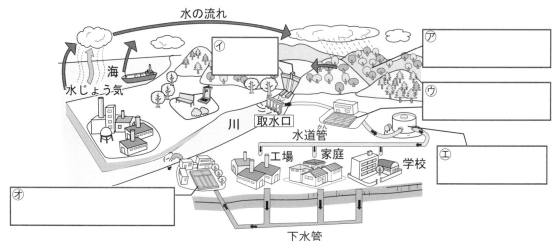

(1) ㋐から水が流れる順にあてはまる言葉を ____ から選んで、図の中に書きましょう。 〈知識〉（6点×5）

配水池　　下水しょり場　　ダム　　じょう水場　　水げんの森

(2) 次の①～③のはたらきをするところは、㋑～㋔のどちらでしょうか。（　）に記号を書きましょう。 〈知識〉（5点×3）

① （　　）　川の水を取り入れて、飲める水にする。

② （　　）　きれいな水をためて、家庭などに送り出す。

③ （　　）　水をきれいにして、川や海に流す。

(3) なぜ、水げんの森は、大切なのでしょうか。（　）の言葉を使って書きましょう。（こう水・土しゃくずれ） 〈思考〉（15点）

森林は、

2　次の図を見て、あとの問いに答えましょう。

《せいそう工場》

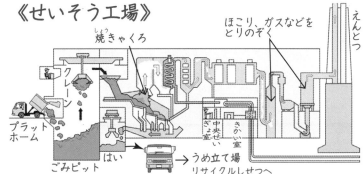

(1)　次の曜日に出せるごみを書きましょう。　　　　〈技能〉（5点×2）

　　①　金曜日（　　　　　　）ごみ　　②　水曜日（　　　　　　）ごみ

(2)　もえるごみは、せいそう工場に運ばれます。次の説明のところを書きましょう。　　　　〈技能〉（5点×3）

　　①　ごみをはいにするところ。　　　　　　　　（　　　　　　　　）

　　②　ごみがもえるのを管理しているところ。

　　　　　　　　　　　　　　　　　　　　　　　（　　　　　　　　）

　　③　ごみを集めるところ。　　　　　　　　　　（　　　　　　　　）

(3)　しげんごみは、毎月いつ出せますか。　　　　〈技能〉（5点）

　　　　　　　　　　　　　　　　　　　　　　　（　　　　　　　　）

(4)　(3)は、リサイクル工場でどうなりますか。　　〈思考〉（10点）

　　リサイクル工場ではごみをしげんとして、

地いきを切り開く・守る

1 次の地図を見て、あとの問いに答えましょう。　〈技能〉（9点×6）

(1) ㋐〜㋒がつくられたところを、地図から選んで番号を書きましょう。

㋐通潤橋（熊本県）

〔　　　〕

㋑那須疏水（用水路）（栃木県）

〔　　　〕

㋒広村ていぼう（和歌山県）

〔　　　〕

(2) 次の説明にあった写真や図を、㋐〜㋒から選びましょう。

説　明	記号
深い谷にはさまれていた台地につくった用水路。	
村を津波から守るためにつくったていぼう。	
あれた原野を切り開いてつくった用水路。	

㋐

㋑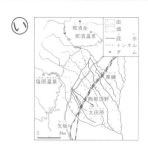

㋒

月　日 [名前]　/100点

(3) ㋐の橋ができたことでどうなったかを、(　)の言葉を使ってかきましょう。　(水不足　落ちる力　米)　〈思考〉(18点)

白糸台地の田は、深い谷にはさまれているので、

2 広村ていぼうの図について、あとの問いに答えましょう。

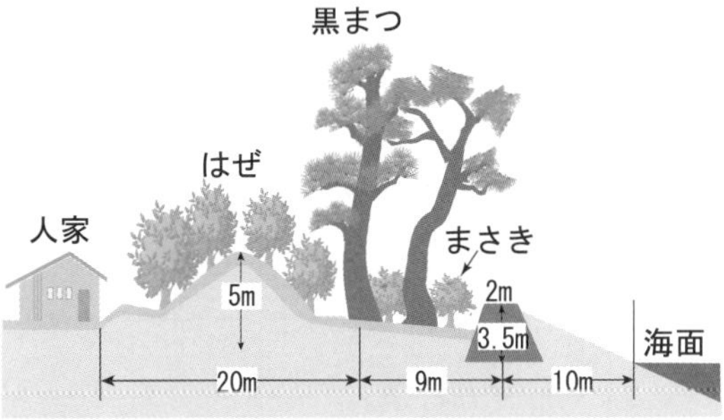

黒まつ
はぜ
人家
まさき
5m
2m
3.5m
海面
20m
9m
10m

(1) 津波は、どんな災害のあとにやってきますか。〈知識〉(10点)

(　　　　)

(2) 左の図に黒まつが植えられています。なぜですか。(　)の言葉を使って書きましょう。〈思考〉(18点)

(漁船　塩気　つ波　村)

学年末テスト

九州・中国・四国地方

1　次の特産品を見て、都道府県名を書きましょう。〈知識〉（6点×9）

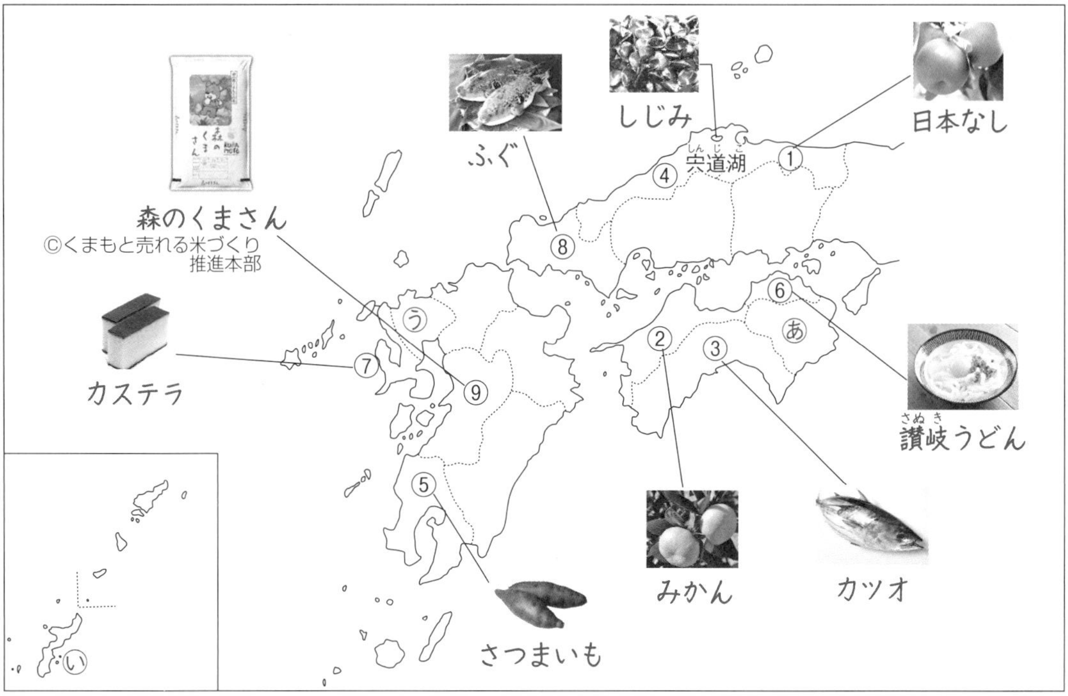

	特産品	都道府県名		特産品	都道府県名
①	日本なし	県	②	みかん	県
③	カツオ	県	④	しじみ	県
⑤	さつまいも	県	⑥	讃岐うどん	県
⑦	カステラ	県	⑧	ふぐ	県
⑨	森のくまさん（ブランド米）	県			

鹿児島　島根　熊本　山口　鳥取　香川　長崎　高知　愛媛

月　　日　名前　　／100点

2　1図（あ〜う）の祭りや伝統的工芸品（でんとうてきこうげいひん）に関係（かんけい）する都道府県名を書きましょう。〈知識〉（6点×3）

沖縄（おきなわ）	佐賀（さが）	徳島（とくしま）

あ

阿波踊り（あわおどり）

（　　　　）県

い

©琉球絣事業協同組合

琉球がすり（りゅうきゅうがすり）

（　　　　）県

う

伊万里・有田焼（いまり・ありたやき）

（　　　　）県

3　次の地図を見て、あとの問いに答えましょう。〈知識〉

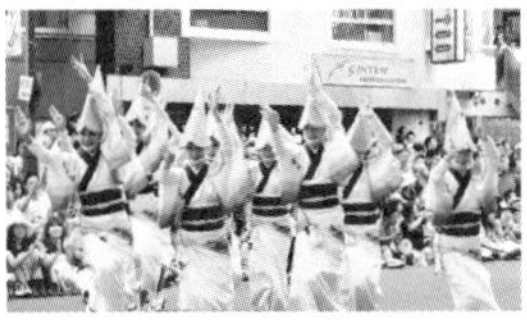

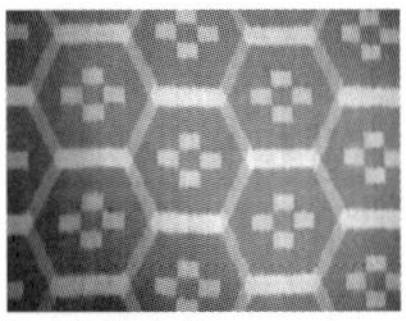

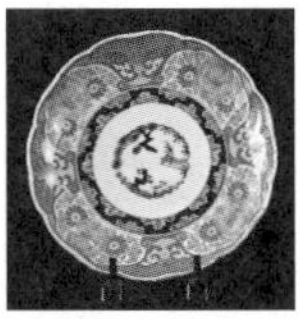

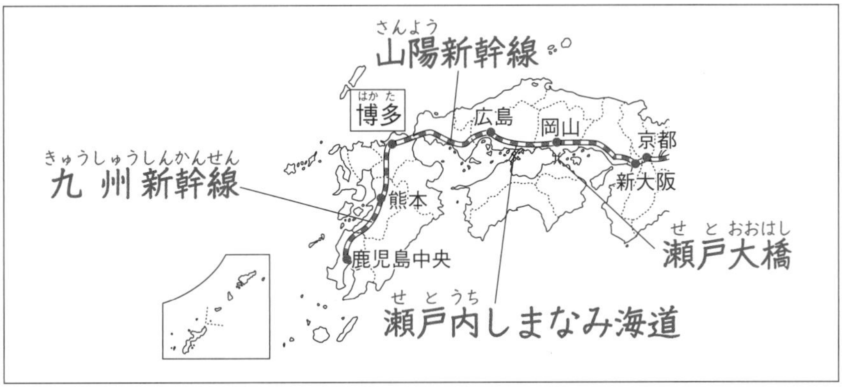

長崎
福岡（ふくおか）
宮崎（みやざき）
岡山（おかやま）
大分（おおいた）
広島（ひろしま）

(1)　次の連絡橋（れんらくきょう）が結（むす）んでいる都道府県名を書きましょう。（4点×2）

①　瀬戸内しまなみ海道…（　　　　）県と愛媛県

②　瀬戸大橋　　　　　…（　　　　）県と香川県

(2)　次の新幹線に関係する都道府県名を書きましょう。（5点×4）

①　山陽新幹線と九州新幹線をつないでいる県

（　　　　）県

②　沖縄（おきなわ）県以外（いがい）で九州新幹線が通っていない県（2020年）

（　　　　）県（　　　　）県（　　　　）県

学年末テスト

近畿・中部地方

[1] 次の特産品を見て、都道府県名を書きましょう。〈知識〉(6点×8)

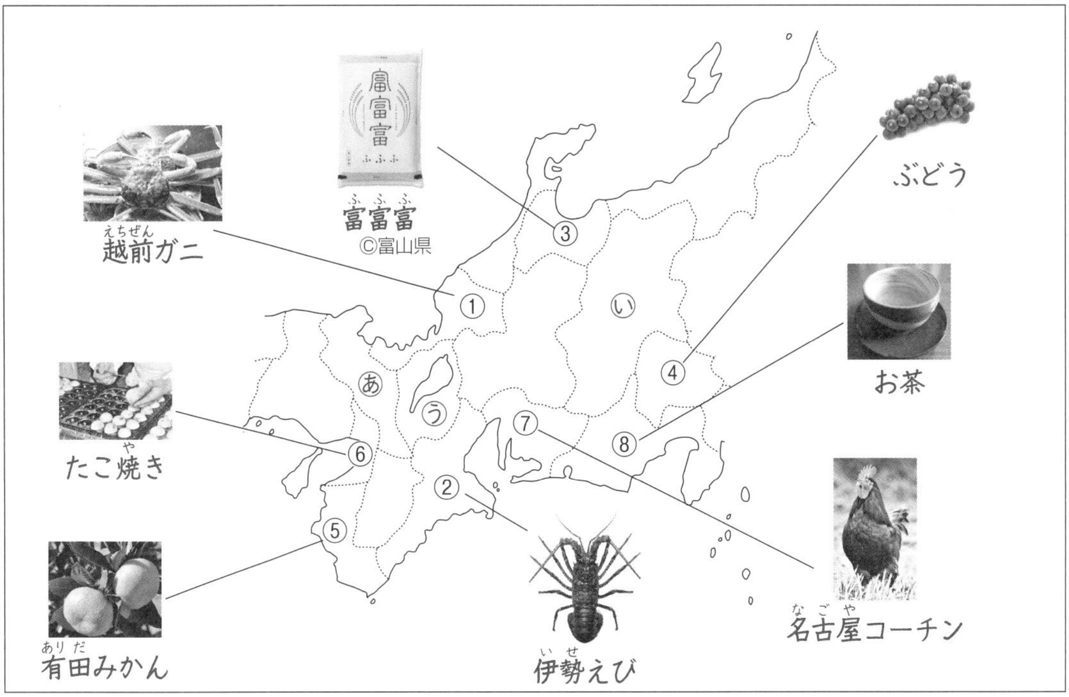

	特産品	都道府県名		特産品	都道府県名
①	越前ガニ	県	②	伊勢えび	県
③	富富富 (ブランド米)	県	④	ぶどう	県
⑤	有田みかん	県	⑥	たこ焼き	府
⑦	名古屋コーチン	県	⑧	お茶	県

静岡　山梨　富山　大阪　福井　和歌山　愛知　三重

月　　日 [名前]　　　　／100点

[2] [1]図（あ～う）の祭りや伝統的工芸品に関係する都道府県名を書きましょう。〈知識〉（6点×3）

長野　滋賀　京都

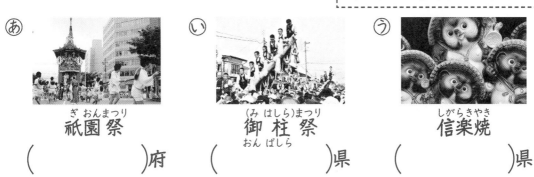

あ 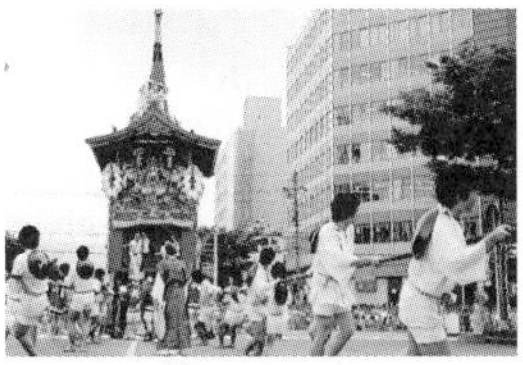

祇園祭

（　　　　）府

い 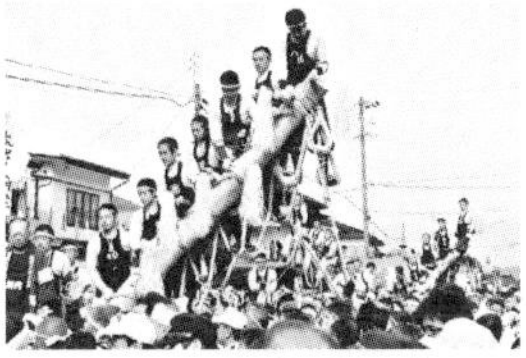

御柱祭

（　　　　）県

う 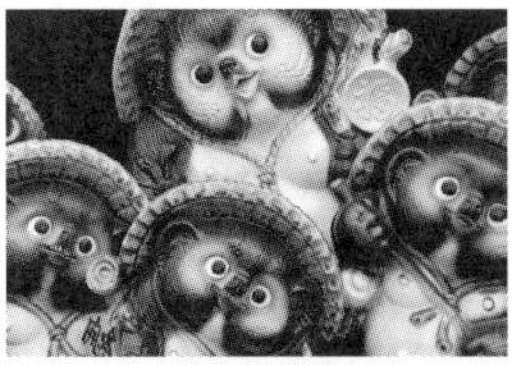

信楽焼

（　　　　）県

[3] 次の地図を見て、あとの問いに答えましょう。〈知識〉

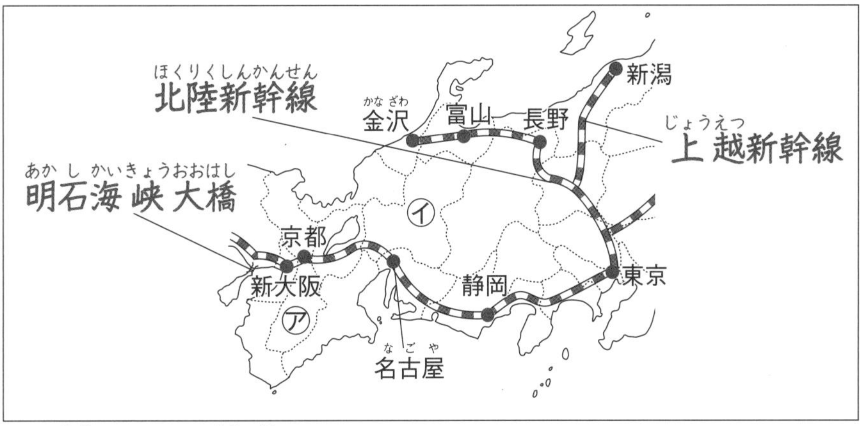

新潟　石川　奈良　兵庫　岐阜

(1) 神戸市と淡路島の間にかけられた、明石海峡大橋がある県は、どこですか。（6点）　（　　　　）県

(2) 海に面していない㋐と㋑の都道府県名を書きましょう。（7点×2）

㋐（　　　　）県　㋑（　　　　）県

(3) 東京発新幹線の終着駅の都道府県名を書きましょう。（7点×2）

① 北陸新幹線…（　　　　）県

② 上越新幹線…（　　　　）県

学年末テスト

関東・東北・北海道地方

[1] 次の特産品を見て、都道府県名を書きましょう。〈知識〉(7点×8)

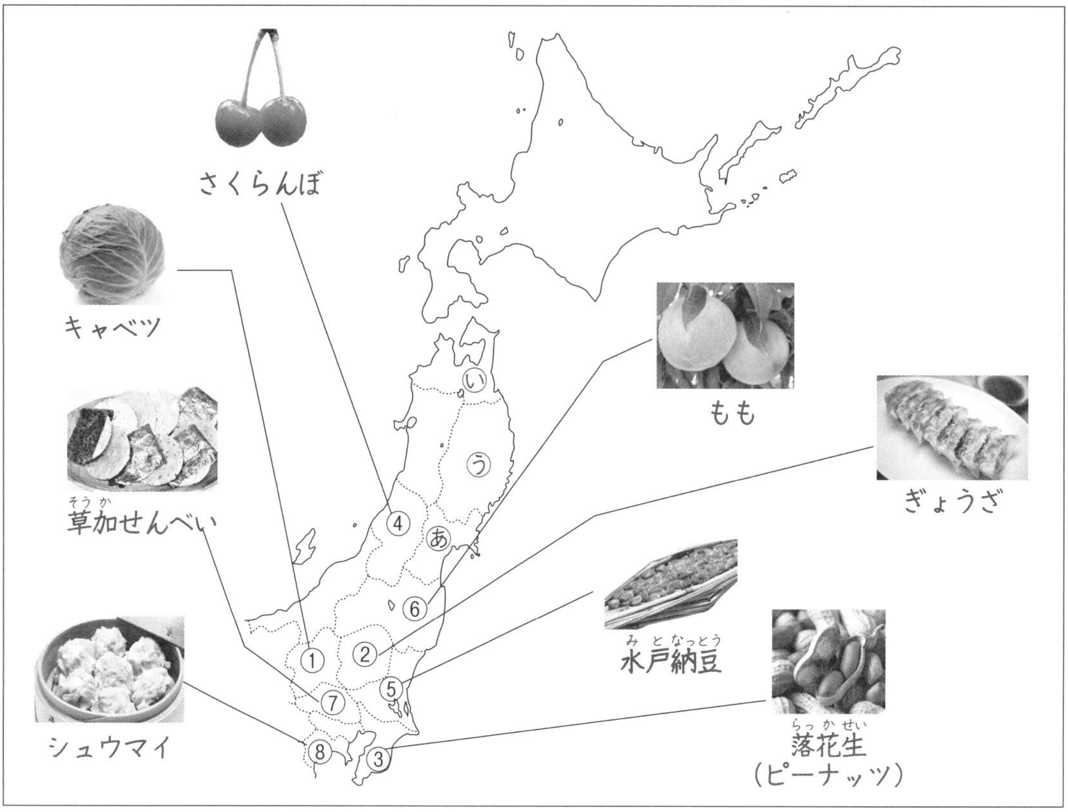

	特産品	都道府県名		特産品	都道府県名
①	キャベツ	県	②	ぎょうざ	県
③	落花生 (ピーナッツ)	県	④	さくらんぼ	県
⑤	水戸納豆	県	⑥	もも	県
⑦	草加せんべい	県	⑧	シュウマイ	県

茨城　栃木　神奈川　群馬　福島　山形　埼玉　千葉

2 ①図（あ～う）の祭りや伝統的工芸品に関係する都道府県名を書きましょう。〈知識〉（6点×3）

岩手　青森　宮城

あ　　　　　　　　　い　　　　　　　　　う

仙台七夕まつり　　　　ねぶた祭　　　　　南部鉄器

（　　　　）県　（　　　　）県　（　　　　　）県

3 次の地図を見て、あとの問いに _____ から言葉を選んで書きましょう。　　　　　　　　　　〈知識〉

北海道新幹線
青函トンネル
新函館北斗
新青森
八戸
秋田
盛岡
上越新幹線
新庄
新潟
山形
仙台
東北新幹線
長野
静岡
東海道新幹線

(1) 新幹線の始発駅がある都道府県は、どこですか。　（7点）

（　　　　　　　　）

(2) 東北新幹線で次の県庁所在地を通る都道府県名を書きましょう。　（6点×2）

① 仙台 （　　　　　　）

② 盛岡 （　　　　　　）

(3) 青函トンネルを通る新幹線は、何新幹線ですか。　（7点）

（　　　　　　　）新幹線

岩手県　　宮城県
東京都　　北海道

社会習熟プリント　小学3・4年生

2020年5月30日　初版　第1刷発行
2024年3月10日　　　　第2刷発行

著　者　馬場田　裕　康
　　　　橋　口　龍　太

発行者　面　屋　　洋

企　画　フォーラム・A

発行所　清風堂書店
　　　　〒530-0057　大阪市北区曽根崎2-11-16
　　　　TEL 06-6316-1460／FAX 06-6365-5607
　　　　http://www.seifudo.co.jp/

制作編集担当　苗村佐和子
表紙デザイン　ウエナカデザイン事務所
印　刷　株式会社関西共同印刷所
製　本　株式会社髙廣製本
※乱丁・落丁本は、お取り替えいたします。

社会 **3・4** 年生
習熟プリント

答え

方位記号

① 次の問いに答えましょう。

(1) 次の（ ）にあてはまる言葉を、□□□からえらんでかきましょう。

東西南北の向きのことを（① 方位 ）といいます。

東西南北の（② 四方位 ）や、さらに細かくした（③ 八方位 ）などを用いて表すことができます。正かくな方位を知りたいときは、平らな所に右の写真の（④ 方位じしん ）をおいて調べます。

> 方位じしん　八方位　四方位　方位

> 方位じしんは、色のついたはりの先がさす方向が北になるのよ。

(2) 次の（ ）に東・西・南のどれかをかきましょう。

北を向いて立ったとき、右手は（① 東 ）、左手は（② 西 ）の方位をしめします。

また、せなかは（③ 南 ）を向きます。

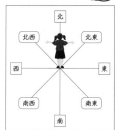

8

> ポイント　方位を表すのに八方位を使うと、わかりやすいことを知りましょう。

② 次の方位記号の（ ）の中に、あてはまる方位をかきましょう。

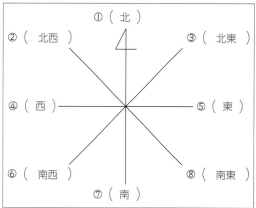

① （ 北 ）
② （ 北西 ）
③ （ 北東 ）
④ （ 西 ）
⑤ （ 東 ）
⑥ （ 南西 ）
⑦ （ 南 ）
⑧ （ 南東 ）

③ 次の（ ）にあてはまる言葉を、□□□からえらんでかきましょう。

絵地図は、田や畑、住たくなど、（① 土地 ）がどのように使われているか、病院やゆうびん局などの（② 公きょうしせつ ）はどこにあるかなどを絵でかいた地図のことです。地図をかくときは、ふつう上が（③ 北 ）をしめしています。

> 北　南　公きょうしせつ　土地

9

絵地図

① 次の地図は、ある学校の校区の絵地図です。①～④にしたがってかきましょう。

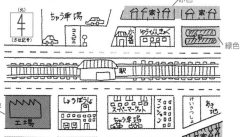

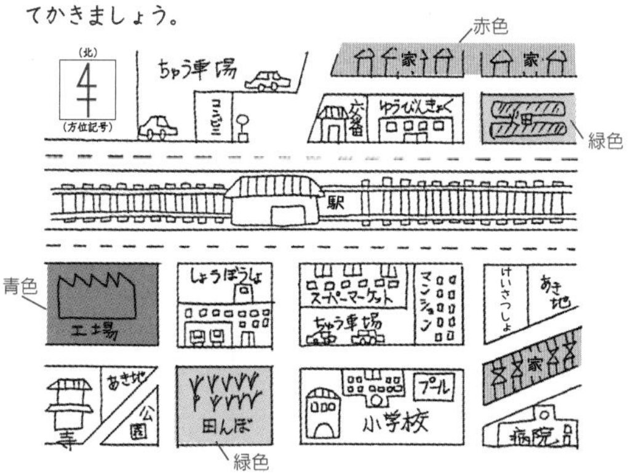

> ① 地図の左上の方位記号をなぞりましょう。
>
> ② 家が集まっているところを赤い色でぬりましょう。
>
> ③ 田んぼと畑を緑色でぬりましょう。
>
> ④ 工場を青色でぬりましょう。

10

> ポイント　絵地図をかくときには、目じるしになるたて物などをかきましょう。

● 地図からわかることとして、正しいものに○をつけましょう。

（ 　 ） 駅の南にはコンビニがある。

（ 　 ） この学校の校区には病院はない。

（ ○ ） 小学校は駅より南にある。

（ 　 ） 小学校の東には田んぼがあり、寺がある。

② 絵地図をかくときについて、正しいものに○をつけましょう。

（ ○ ） 地図の上を北とする。

（ 　 ） 家は1つずつすべてかくようにする。

（ ○ ） 目じるしになる学校や神社などをかく。

（ ○ ） 大きな道や川、鉄道などをかくとき、方位をまちがえないようにする。

（ 　 ） 数字や文字の向きは考えなくてもよい。

（ 　 ） 車をたくさんかくと、道路だとわかりやすい。

（ 　 ） 土地のようすがわからないところは、自分が想ぞうしたことを入れて、地図をつくる。

（ ○ ） 家のあるところや、田畑、工場などは色分けをするとわかりやすい。

11

地図と方位

地図記号

1 次の地図を見て、あとの問いに答えましょう。

(1) 地図中の地図記号は何を表していますか。①〜⑦にあてはまる言葉を、[　]からえらんでかきましょう。

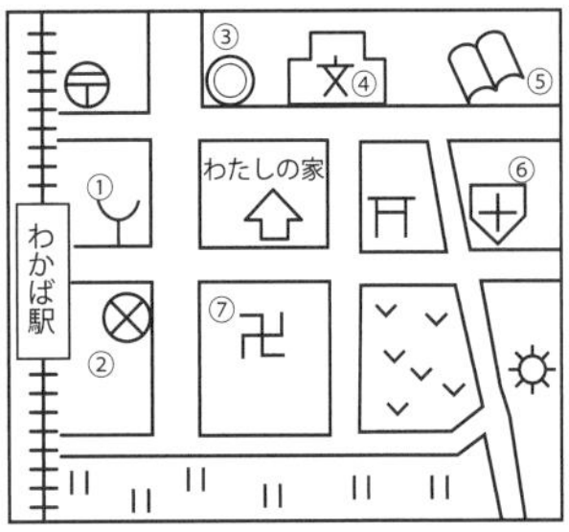

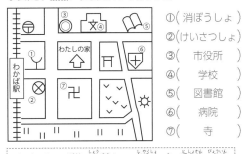

①(消ぼうしょ)
②(けいさつしょ)
③(市役所)
④(学校)
⑤(図書館)
⑥(病院)
⑦(寺)

けいさつしょ　学校　消ぼうしょ　市役所　寺　図書館　病院

(2) 次の文を読んで、たて物の名前を[　]から、地図記号を地図からえらんでかきましょう。

① 駅の北にあり、手紙や小づつみなどをあつかっている。（ゆうびん局）
② わたしの家の道路をはさんだ東がわにある。（ 神社 ）
③ 地図の南東のはしにあり、物をつくっている。（ 工場 ）

工場　神社　ゆうびん局

月　日 [名前]

ポイント 地図記号の意味を知りましょう。

2 次の地図記号と意味のあうものを、線でむすびましょう。

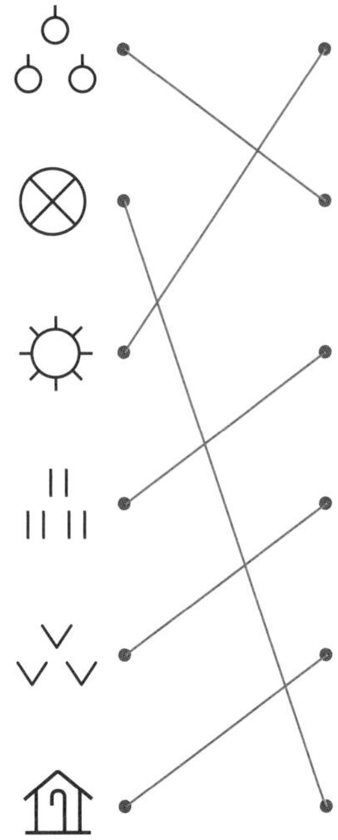

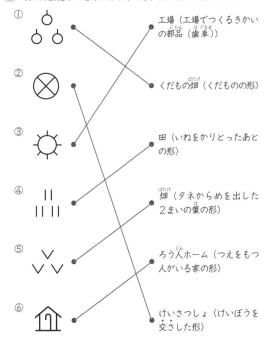

工場（工場でつくるきかいの部品（歯車））
くだもの畑（くだものの形）
田（いねをかりとったあとの形）
畑（タネからめを出した２まいの葉の形）
ろう人ホーム（つえをもつ人がいる家の形）
けいさつしょ（けいぼうを交さした形）

地図と方位

地図をつくる

1 山田小学校の校区の地図を見て、次の（　）にあてはまる言葉を、[　]からえらんでかきましょう。

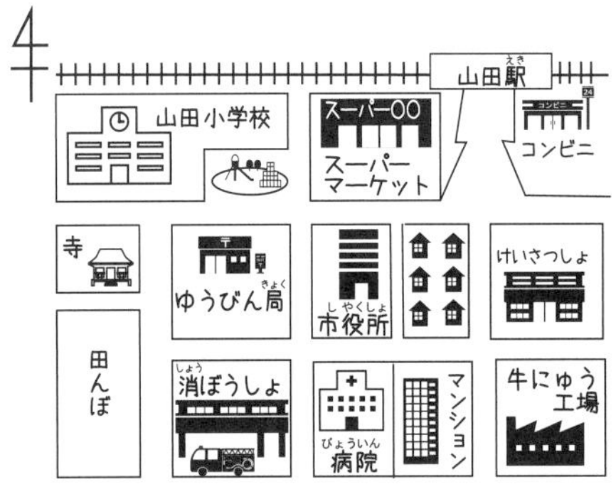

町の北には（①鉄道）が走っていて、駅前には（②スーパーマーケット）やコンビニがあり、多くの人が出入りしています。山田小学校は、駅から線路にそって（③西）に進むとあります。学校の給食で飲んでいる牛にゅうは、この町の（④南東）にある牛にゅう工場からとどけられています。町の西には（⑤寺）があり、大みそかに除夜のかねが鳴ります。

スーパーマーケット　鉄道　寺　西　南東

月　日 [名前]

ポイント 地図をかくときには、方位と地図記号を上手に使いましょう。

2 左の地図を見て、次の問いに答えましょう。

(1) 地図中の①〜⑨に入る「地図記号」を[　]からえらんでかきましょう。また、住たくがあるところはピンク色、お店は茶色にぬりましょう。

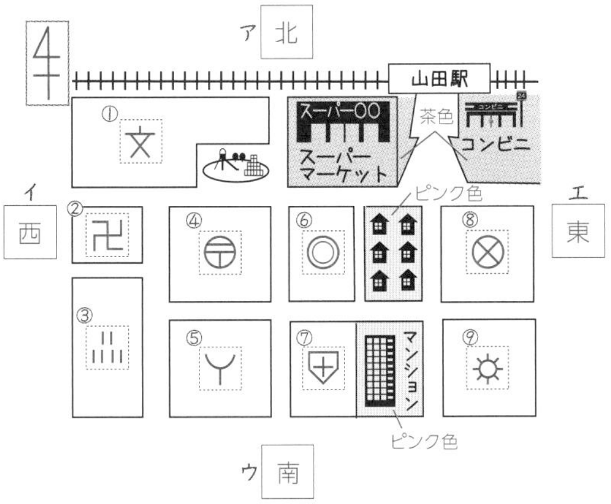

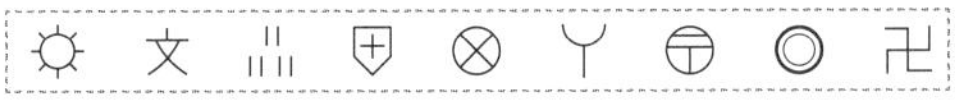

(2) □ア〜エに方位をかきましょう。

(3) □に方位記号をかきましょう。

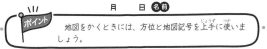

地図と方位
町たんけん・公きょうしせつ

[1] 町のようすを調べるために、町たんけんに出かけます。次の問いに答えましょう。

(1) 持っていくものとしてよいと思うものに、〇をつけましょう。

（　）	自転車	（ 〇 ）	たんけんカード
（ 〇 ）	えんぴつ	（　）	おかし
（　）	ゲーム	（ 〇 ）	ノート

(2) 町たんけんをするときに気をつけることとして、正しいものに〇をつけましょう。

（ 〇 ） 学校の外に出るので、交通ルールは必ず守る。
（　） 歩きながら、進む方向をその時に決める。
（　） 町の中のいろいろなものを見落とさないように、できるだけ歩道を広がって歩くようにする。
（ 〇 ） 行きたい場所や知りたいことを話し合って決めておく。

(3) 町の人にインタビューをすることにしました。インタビューのしかたで、よいと思うものに〇をつけましょう。

（ 〇 ） 話を聞かせてもらえるかどうか、はじめに聞く。
（ 〇 ） 聞いたことや知ったことなどは、メモしておく。
（　） 仕事がいそがしそうでも、インタビューする。
（ 〇 ） 話を聞いたあとはお礼を言う。

月　日 [名前]

[ポイント] 町たんけんをして、公きょうしせつのやくわりを学びましょう。

[2] 公きょうしせつについて、次の問いに答えましょう。

(1) 次の（　）にあてはまる言葉を、[　]からえらんでかきましょう。

公きょうしせつとは、（① みんな ）のためにつくられたたて物や場所のことです。たとえば、みんなが通っている（② 学校 ）や、だれもが遊べる（③ 公園 ）などがあります。

[学校　コンビニ　みんな　公園]

(2) 次の仕事をしている公きょうしせつを、線でむすびましょう。

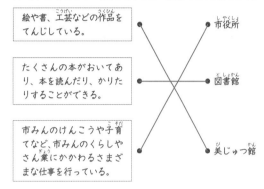

- 絵や書、工芸などの作品をてんじしている。
- たくさんの本がおいてあり、本を読んだり、かりたりすることができる。
- 市みんのけんこうや子育てなど、市みんのくらしやさん業にかかわるさまざまな仕事を行っている。

- 市役所
- 図書館
- 美じゅつ館

地図と方位
市のようす(1)

[1] 次の地図はA市のようすを表したものです。地図を見て、あとの問いに答えましょう。

(1) （　）にあてはまる言葉を、[　]からえらんでかきましょう。

A市のようす

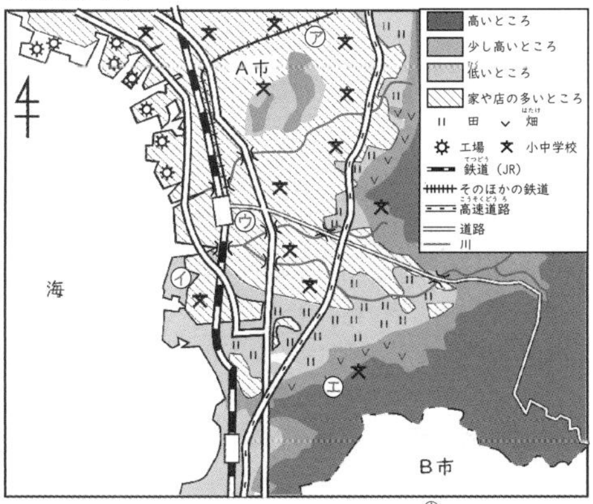

高いところ
少し高いところ
低いところ
家や店の多いところ
田
畑
工場
小中学校
鉄道（JR）
そのほかの鉄道
高速道路
道路
川
A市
B市
海
㋐
㋑
㋒
㋓

A市の土地のようすを見てみると、西部は（① 海 ）が広がっていて、市の東から西にかけて（② 川 ）が流れています。北部には（③ 家や店 ）がたくさん集まっていて、南部には（④ 田や畑 ）が多く、米や野さいなどをつくっています。

[川　家や店　海　田や畑]

月　日 [名前]

[ポイント] 地図から市のようすを学びましょう。

(2) 左の地図を見て、次の問いに答えましょう。

① 工場が多いのは、北部と南部のどちらですか。（ 北部 ）

② 学校が多いのは、北部と南部のどちらですか。（ 北部 ）

③ JRはこの地いきをほぼどの方向に通っていますか。次のア〜ウからえらびましょう。（ ア ）

[ア　北〜南　イ　東〜西　ウ　北西〜南東]

④ 次の文は市役所のまわりについてせつ明しています。市役所のある場所を地図中の㋐〜㋓からえらんでかきましょう。

市役所のまわりには家やお店が多く、JRのほかに鉄道などの交通が集まっています。

（ ㋒ ）

⑤ 人口が多いのは北部と南部のどちらでしょう。また、そう考えた理由を答えましょう。

人口が多いのは（ 北部 ）です。

理由は、（家や店、田や畑）という言葉を使ってかきましょう。

（れい）
南部には田や畑が多いが、北部には家や店が多いから。

地図と方位
市のようす(2)

月　日 [名前]

ポイント　地図から市のようすを学びましょう。

[1] 次の地図を見て、あとの問いに答えましょう。

A市のようす

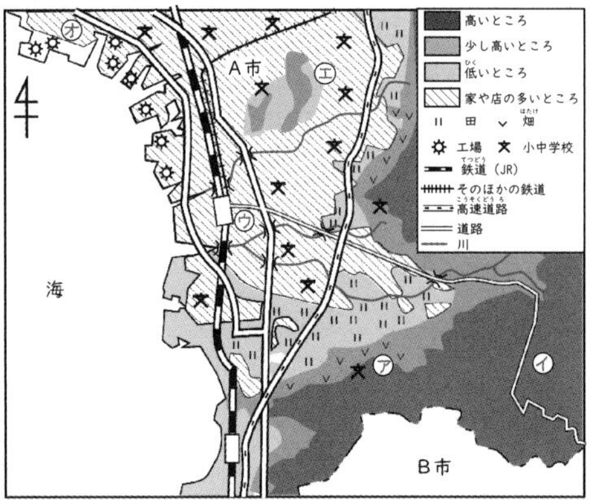

高いところ
少し高いところ
低いところ
家や店の多いところ
田　畑
工場　小中学校
鉄道（JR）
そのほかの鉄道
高速道路
道路
川
A市
海
B市
㋐
㋑
㋒
㋓
㋔

(1) 次の文で、正しいものに○をつけましょう。

(　　) 山は、くだもの畑に使われている。
(○) 工場は、海がわに多い。
(　　) A市を通っている鉄道は、JRだけである。
(　　) 家は、山のしゃ面に多く集まっている。
(　　) A市には、川は流れていない。

(2) 次の絵は、地図のどの地点をかいたものでしょうか。左のページの地図の㋐〜㋔にあてはまるものをえらび、記号でかきましょう。（同じ答えが2つあります。）

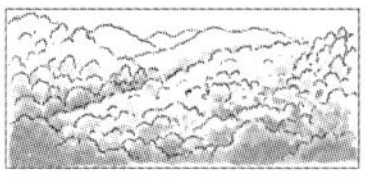

① 山が多いところ (㋑)

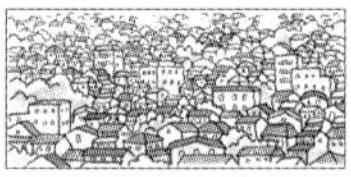

② 家が集まっているところ (㋓)

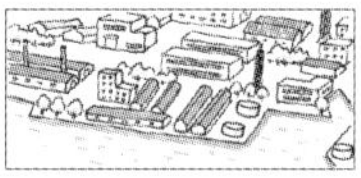

③ 工場が多いところ (㋔)

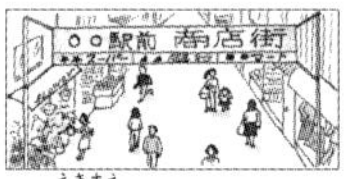

○○駅前 商店街

④ 駅前の商店がいがあるところ (㋒)

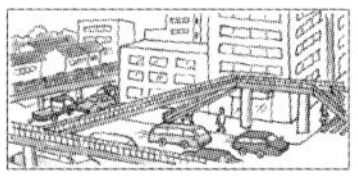

⑤ 鉄道や道路が集まっているところ (㋒)

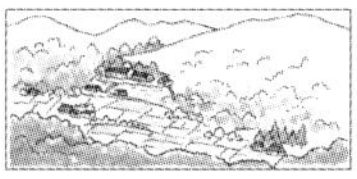

⑥ 山の中に学校があるところ (㋐)

[2] 市のことを調べるとき、パソコンを使ってしりょうを集めることができます。このようなネットワーク（仕組み）のことを何といいますか。[　]からえらんでかきましょう。

(インターネット)

メディア放送　インターネット　テレビゲーム

まとめテスト

地図と方位(1)

月　日 [名前]　　/100点

[1] 次の方位記号の①〜④に、あてはまる言葉をかきましょう。 （2点×4）

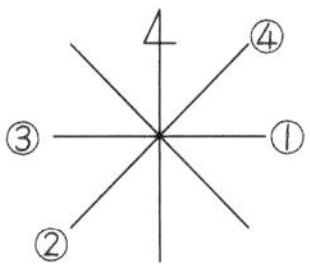

①
②
③
④

①(東)　②(南西)
③(西)　④(北東)

[2] [1]の方位の表し方を何といいますか。 （2点）

(八方位)

[3] 次の地図記号は、何を表しているか答えましょう。 （4点×8）

① 〒(ゆうびん局)　② 卍(寺)
③ (病院)　④ ☼(工場)
⑤ (くだもの畑)　⑥ ⊗(けいさつしょ)
⑦ ◎(市役所)　⑧ Y(消ぼうしょ)

[4] 地図をかくときに気をつけることとして、正しいものに○をつけましょう。 （4点×2）

(○) 地図の上は北とする。
(　　) 地図の上は南とする。
(　　) 家は1けんずつかく。
(○) 目じるしとなる学校や神社などをかくとわかりやすい。
(　　) 道路は車をたくさんかくとわかりやすい。

[5] 次の地図は、ある町の駅前のようすを表したものです。あとの問いに答えましょう。

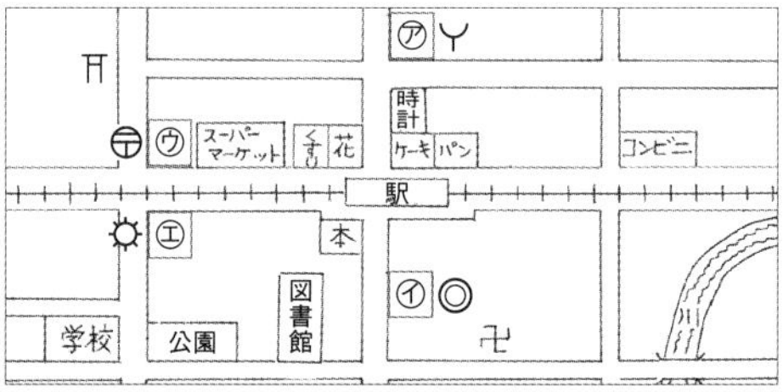

㋐
㋑
㋒
㋓
時計
スーパーマーケット
くすり
花
ケーキ
パン
コンビニ
駅
本
図書館
学校
公園

(1) 次の場所は地図の㋐〜㋓のどこを表しているでしょう。話を聞いて答えましょう。 （10点×4）

：スーパーのとなりに①ゆうびん局があるよ。
：②工場は、ゆうびん局の南にあるんだ。
：駅の北には、③消ぼうしょがあるんだ。
：④市役所は、工場より東にあるよ。

① ゆうびん局(㋒)　② 工場 (㋓)
③ 消ぼうしょ(㋐)　④ 市役所 (㋑)

(2) 次のたて物を西から東にじゅん番にならべましょう。（完答10点）

図書館　市役所　学校　寺

西(学校 → 図書館 → 市役所 → 寺)東

まとめテスト

地図と方位(2)

月	日	[名前]	/100点

[1] ある市のようすを表した地図を見て、次の問いに答えましょう。

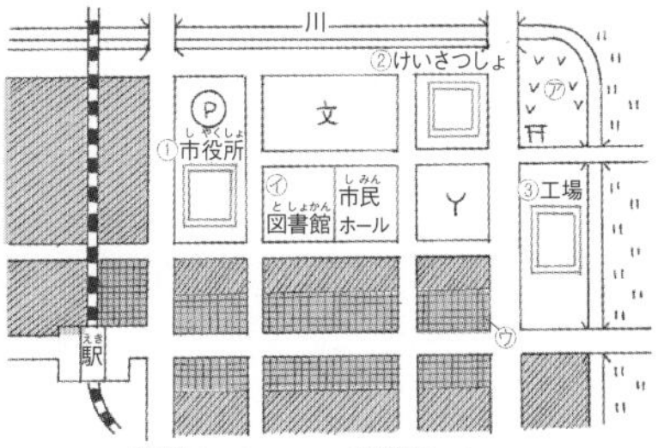

(1) 地図の３つの［ ］にあてはまる地図記号をかきましょう。 (10点×3)

①(◎) ②(⊗) ③(☼)

(2) 店の多いところには青色、家の多いところにはピンク色をぬって地図をかんせいさせましょう。 (10点)

(3) 次の絵は、地図中の㋐〜㋒のどの地いきのようすを表したものでしょう。あてはまるものを記号でかきましょう。 (5点×3)

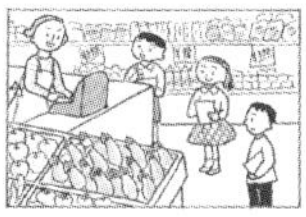
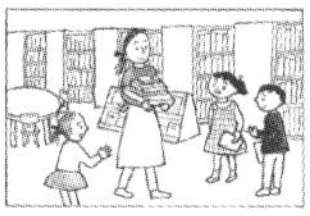
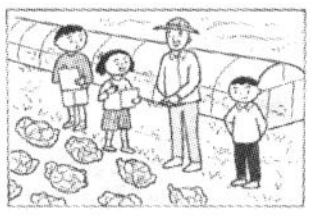

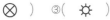

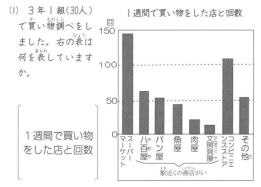

①(㋒) ②(㋑) ③(㋐)

(4) 右の地図記号のせつ明として、正しいものを次のア〜エから１つえらびましょう。 (6点)

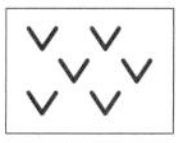

ア めを出してきた２まいの葉の形
イ そろばんの玉の形
ウ くだものの形
エ 工場にあるきかいの歯車の形 (ア)

(5) 次の文を読んで、正しいものに○をつけましょう。 (5点×3)

(○) 駅の東の方には買い物をするところが集まっている。
(○) 東の方には工場がある。
(○) 川は学校の近くを流れている。
( ) 学校のまわりは田になっている。
( ) 川に橋は５つかかっている。

(6) 店が多いところがどこか、( )にあてはまる言葉を、［ ］からえらんでかきましょう。 (8点×3)

大きな道路があるところや、(①駅)前は、(②交通)のべんがよく、人がたくさん集まってきます。それらの人たちがり用できるように(③店)が多くつくられています。

［ 店 駅 交通 ］

店ではたらく人びと

買い物調べ

月	日	[名前]

ポイント どこで買い物をすることが多いのか、グラフや表から読み取りましょう。

[1] 次のグラフを見て、あとの問いに答えましょう。

(1) ３年１組(30人)で買い物調べをしました。右の表は何を表していますか。

１週間で買い物をした店と回数

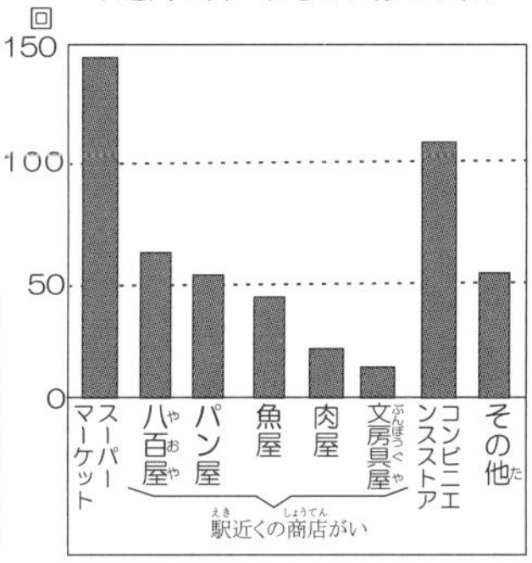

(１週間で買い物をした店と回数)

(2) 上のグラフについて、正しいものに○をつけましょう。

(○) 駅近くの商店がいで買い物をした回数をあわせると、スーパーマーケットでの回数より多い。
( ) 一番多く買い物をした店は、コンビニエンスストアである。
( ) 駅近くの商店がいの店は、仕事帰りの人だけがり用している。
(○) １週間にスーパーマーケットでの買い物をおよそ150回している。

[2] 次の表は、たくやさんの家族の１週間の買い物調べ表です。この表を見て、あとの問いに答えましょう。

１週間の買い物調べ　たくやさんの家

	日	月	火	水	木	金	土
パン	スーパーマーケット					パン屋	
肉	スーパーマーケット						
野さい	スーパーマーケット						
魚	スーパーマーケット						
飲み物	スーパーマーケット			コンビニエンスストア			
おかし	スーパーマーケット			コンビニエンスストア		コンビニエンスストア	
文房具	スーパーマーケット						
洋服							デパート
その他 どこで		コンビニエンスストア		コンビニエンスストア	ドラッグストア		デパート
その他 何を		電池		おにぎり	せんざい		くつ

(1) 次の文のうち正しいものをえらんで、番号をかきましょう。

① 毎日買い物をしている。
② コンビエンスストアで買うのは、食べ物だけである。
③ 一番多く行っているのがコンビニエンスストアである。
④ 一番多くのしゅるいの品物を買った日は、月曜日である。

(③)

(2) 上の表からスーパーマーケットのようすがわかることを考えてかきましょう。

(れい)
スーパーマーケットでは、いろいろなものを売っているので、一度にたくさんの買い物ができる。

店ではたらく人びと
スーパーマーケットの仕事(1)

[1] 次の(　)にあてはまる言葉を、[　]からえらんでかきましょう。

スーパーマーケットには、遠い所からでも車で来られるように、大きな(①ちゅう車場)があります。また、食べ物から洋服まで(②たくさん)の品物があり、(③一度)にまとめて買うことができます。新聞に入っていたり、インターネットで見れる(④チラシ)で、安いものが何かがわかり買いに行けます。また、家族の人数に合わせてほしい(⑤りょう)だけ買えるように、いろいろな大きさに切られた野さいなどが売り場に出されています。

一度　たくさん　チラシ　ちゅう車場　りょう

[2] スーパーマーケットの「安全・安心のくふう」について、正しいものに○をつけましょう。

(　) 野さいのそばに、りょう理で使う調味りょうもいっしょにおいている。
(○) 野さいをつくった農家の人の名前や顔を、お客さんにつたえている。
(　) 食べ物からふだんの生活で使う品物まで、たくさんの品物をおいている。
(　) 遠くからでもよく見えるように、大きなかん板がある。

月　日 名前

[ポイント] スーパーマーケットの仕事を写真などから学びましょう。

[3] 品物にはられているシールのせつ明を、ア〜オからえらんで、記号をかきましょう。

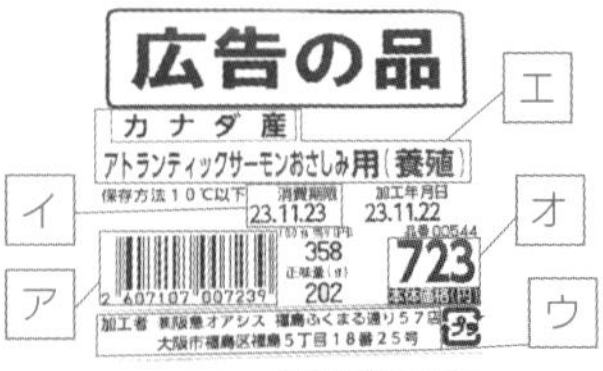

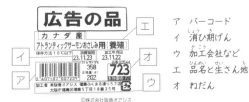

©株式会社阪急オアシス

ア　バーコード
イ　消び期げん
ウ　加工会社など
エ　品名と生さん地
オ　ねだん

[4] 次の写真について、せつ明した文を線でむすびましょう。

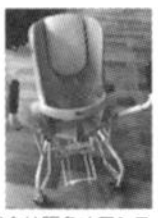
©株式会社阪急オアシス

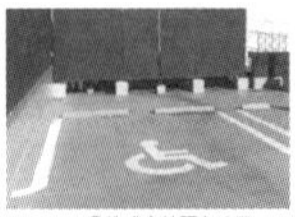
©株式会社阪急オアシス

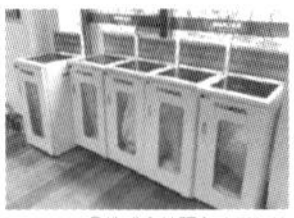
©株式会社阪急オアシス

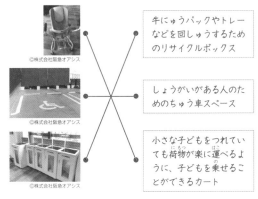

・牛にゅうパックやトレーなどを回しゅうするためのリサイクルボックス
・しょうがいがある人のためのちゅう車スペース
・小さな子どもをつれていても荷物が楽に運べるように、子どもを乗せることができるカート

店ではたらく人びと
スーパーマーケットの仕事(2)

[1] 次の問いに答えましょう。

(1) スーパーマーケットで①〜③の仕事をしている人を、㋐〜㋒の写真からえらびましょう。

① できたてのおそうざいを食べられるように、1日に何回かにわけて作っている。(㋒)

② 品物がなくなっていないかなど品物の売れぐあいを調べて、注文する数を決めている。(㋐)

③ 品物の名前とねだんが、自動でレシートにうち出されるバーコードをきかいで読み取っている。(㋑)

㋐
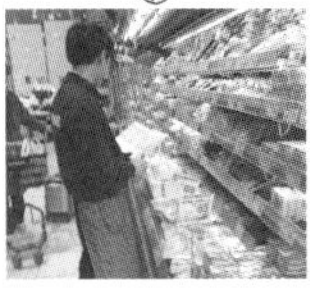
㋑
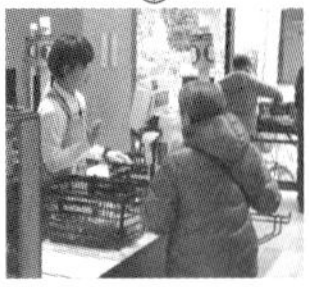
㋒
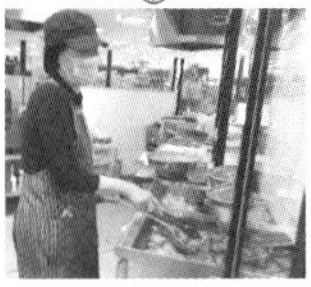
©株式会社阪急オアシス

(2) 次のA・Bは、お客さんのねがいです。これは(1)の㋐〜㋒のどれとかんけいしていますか。記号をかきましょう。

A　品切れがないようにしてほしい。(㋐)

B　夜おそくても、おそうざいのしゅるいを多くしてほしい。(㋒)

月　日 名前

[ポイント] スーパーマーケットの仕事と、品物がどこから運ばれてくるかを写真や図から学びましょう。

[2] まことさんは、自分が住んでいる町のスーパーマーケットの品物が、どこから運ばれてくるのかを調べています。次の問いに答えましょう。

(1) れいをさん考にして、地図中の[　]にあてはまる品物の名前をかきましょう。

店にあっただんボール箱	れい	佐賀 たまねぎ		
群馬 キャベツ	熊本 みかん	北海道 たまねぎ	北海道 じゃがいも	北海道 メロン
青森 りんご	鳥取 すいか	長野 りんご	徳島 だいこん	鹿児島 さつまいも
岡山 もも	宮崎 きゅうり	オーストラリア オレンジ	フィリピン バナナ	アメリカ レモン

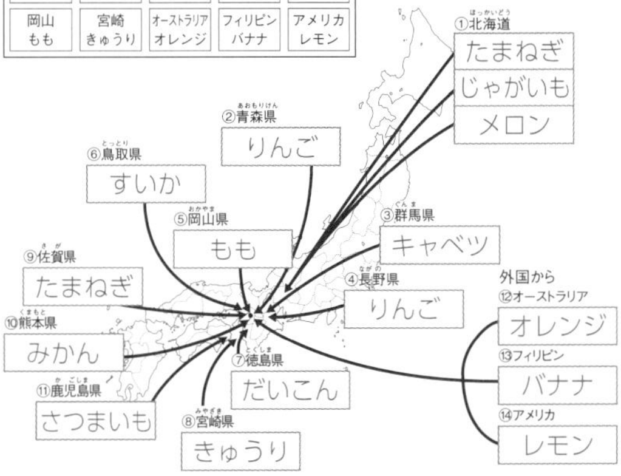

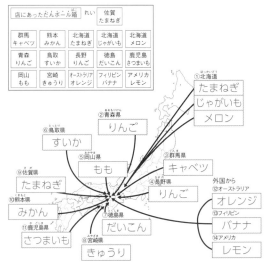

まとめテスト

店ではたらく人びと

1 次の①～⑥は、㋐家の近くの商店がい、㋑スーパーマーケット、㋒コンビニエンスストアのうち、どの店のとくちょうをしめすものでしょうか。（　）に㋐～㋒をかきましょう。（8点×6）

① （ ㋑ ） 品物のしゅるいやりょうが多いので、一度に多くの買い物ができる。

② （ ㋐ ） お店の人と知り合いになって、りょう理のしかたなどを直せつ聞けたりできる。

③ （ ㋒ ） 夜おそく開いているので、足りなくなった物がすぐ買える。

④ （ ㋐ ） おまけしてくれたりもする。

⑤ （ ㋑ ） 広いちゅう車場があるので、自動車でたくさんの買い物ができる。

⑥ （ ㋒ ） 映画やコンサートのチケットが取れたり、銀行の仕事をしたり、おべんとうも売ったりしている。

2 駅前の商店がいでは，お客さんが雨や雪の日でも、かさをささないで買い物がしたいというねがいに対してどのようなくふうをしていますか。番号をかきましょう。（10点）

① アーケード（屋根）をつけている。
② チラシをくばる。
③ ちゅう車場をつくっている。

（ ① ）

月　　日 [名前]　　　／100点

3 次の問いに答えましょう。（8点×4）

(1) 次の（　）にあてはまる言葉を、[　　]からえらんでかきましょう。

こんでいるときでも、車いすや（①ショッピングカート）が使えるように（②通路）が広くなっています。また、①には小さな子どもが乗れるものがあり、大人の人は安心して買い物ができます。また、（③ゆか）が平らになっているので、つえをついている高れい者も安全に買い物ができます。

ゆか　　通路　　ショッピングカート

(2) (1)のせつ明は、1の㋐～㋒のどれですか。（ ㋑ ）

4 次の地図で、外国から運ばれてくるものは何ですか。地図から1つえらびましょう。（10点）

（ バナナ ）

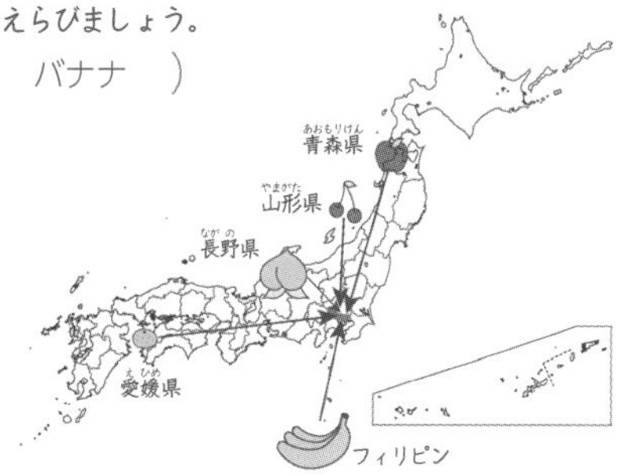

畑ではたらく人びと

宮崎市でつくられる農ちくさん物

1 次は宮崎市でつくられている農ちくさん物（野さいやくだもの、肉やたまごなど）を表したものです。あとの問いに答えましょう。

宮崎市

かく地区の主な農ちくさん物

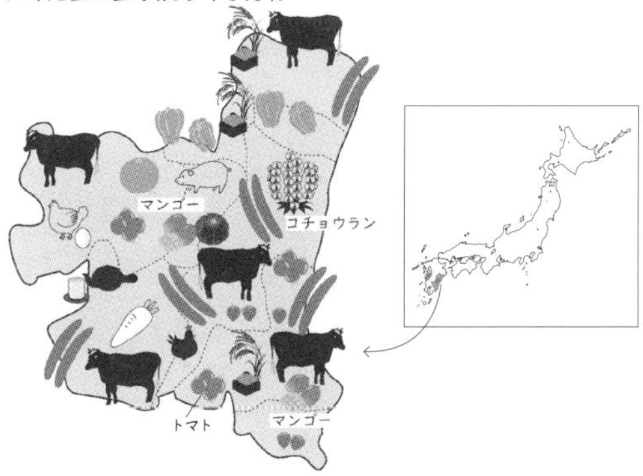

右の表は市でつくられている野さいを表しています。一番多くつくられている野さいの名前をかきましょう。

（ きゅうり ）

宮崎市でつくられている野さい

	生さん量（トン）
きゅうり	32,306
ピーマン	4,799
マンゴー	405
黒皮かぼちゃ	50.8

（宮崎市調べ　2019年）

月　　日 [名前]

ポイント　畑ではどんなものがつくられているかを、地図から学びましょう。

2 左の地図からわかることについて、正しいものに○をつけましょう。

（ ○ ） マンゴーや、コチョウランなど暑い国の農作物がつくられている。
（　 ） お米はつくられていない。
（　 ） ちくさんは、肉牛だけである。
（ ○ ） トマトやきゅうり、ピーマンなどの夏野さいがつくられている。
（ ○ ） きゅうりは、多くの地区でつくられている。

3 農家の見学のしかたについて、正しいものに○をつけましょう。

（ ○ ） 畑のようすや農家の人がどのような作業をしているかをよくかんさつする。
（　 ） 農家の人が話をしているときに、友だちとしゃべってもよい。
（ ○ ） 見学が終わったら、農家の人にお礼を言う。
（ ○ ） 話を聞いてわかったことは、メモをしておく。
（　 ） 自分が気になる野さいがあると、勝手に見に行く。

畑ではたらく人びと 農家の仕事(1)

1 宮崎市の農さん物を表しています。次の問いに答えましょう。

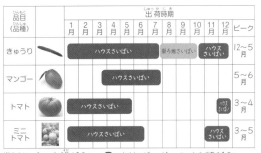

品目(品種)		1月	2月	3月	4月	5月	6月	7月	8月	9月	10月	11月	12月	ピーク
		出荷時期												
きゅうり		ハウスさいばい							※ろ地さいばい		ハウスさいばい			12～5月
マンゴー					ハウスさいばい									5～6月
トマト		ハウスさいばい											ハウスさいばい	3～4月
ミニトマト		ハウスさいばい										ハウスさいばい		3～5月

※ろ地さいばい…外で育てること　● ハウスさいばい…ビニールハウスで育てること

(1) 出荷時期が一番長い農さん物の名前をかきましょう。

（　きゅうり　）

(2) 次の(　)にあてはまる言葉を、[　]からえらんでかきましょう。

表の農さん物は(　夏　)の野さいとくだものですが、出荷は(　冬　)から春にかけてです。

右の写真の(ビニールハウス)を使います。この中はあたたかいので、寒いきせつでも育てることができます。

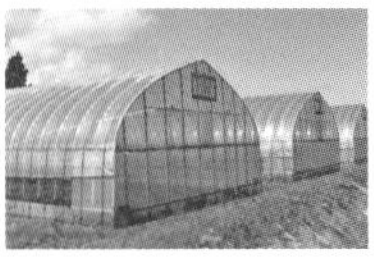

[ビニールハウス　夏　冬]

月　日 [名前]

ポイント　畑でつくられている野さいが出荷されるまでを、写真や表から学びましょう。

2 次の写真は、(宮崎市の)きゅうりの出荷までのようすです。かんけいする言葉を[　]からえらんで記号をかきましょう。

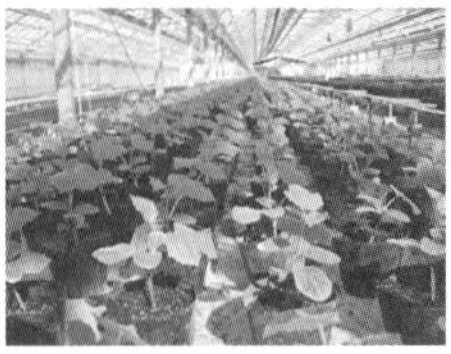

(①　㋑　)

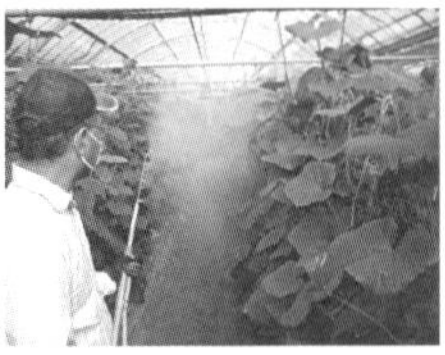

(②　㋓　)

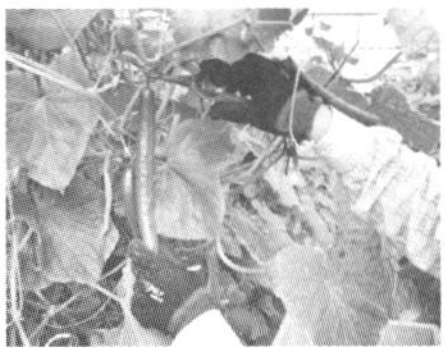

(③　㋐　)

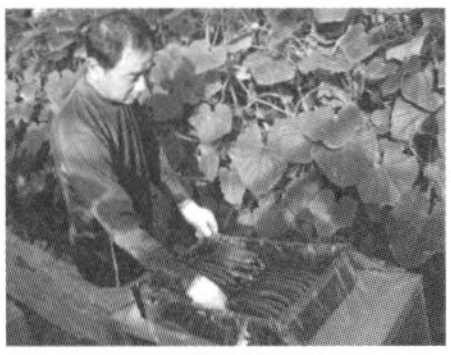

(④　㋒　)

[㋐ しゅうかくする　㋑ なえを育てる　㋒ 箱づめをする　㋓ 農薬をまく]

畑ではたらく人びと 農家の仕事(2)

1 農家の人びとは、くだものや野さいをつくってしゅうかくするまでに、えだ切りや実をまびくなどの多くの仕事をします。これは何のためですか。正しいものに○をつけましょう。

※まびく…なえをじょうぶにするために、間のなえをぬくこと。

(　) しゅうかくを楽にするため。

(　) たくさんのしゅるいのくだものや野さいをつくるため。

(○) おいしいくだものや野さいをつくるため。

2 農業に必要なきかいやひ料を売ったり、農家の作物づくりの助けになる仕事をしているところを何といいますか。次からえらんで番号をかきましょう。

①農協(農業協同組合/JA)　②村役場　③青果市場

（　①　）

3 次の(　)にあてはまる言葉を、[　]からえらんでかきましょう。

給食などでは、地いきでつくられたものを地いきで食べるという(地さん地消)の取り組みが進められています。地いきでつくられたものは(新せん)で、生さん者がわかるので(安心)して食べることができます。

[安心　新せん　地さん地消]

月　日 [名前]

ポイント　農家の人びとと農協のつながりを図から学びましょう。

4 次の表の①～③にあてはまる言葉を、[　]からえらんでかきましょう。

[八百屋　工場　青果市場　農家]

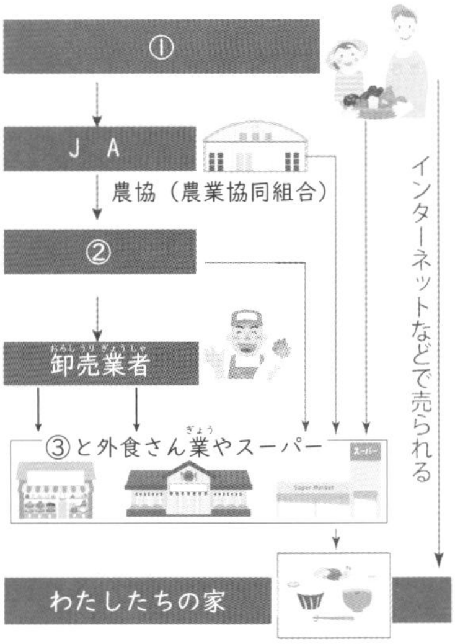

①
JA
農協（農業協同組合）
②
卸売業者
③と外食さん業やスーパー
インターネットなどで売られる
わたしたちの家

① 農家	② 青果市場	③ 八百屋

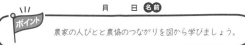

畑ではたらく人びと

1　次の表を見て、あとの問いに答えましょう。

品目（品種）	出荷時期												ピーク
	1月	2月	3月	4月	5月	6月	7月	8月	9月	10月	11月	12月	
きゅうり 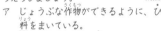	ハウスさいばい						露ち地さいばい				ハウスさいばい		12〜5月
トマト	ハウスさいばい											ハウスさいばい	3〜4月

(1) 表からわかることについて、（　）にあてはまる言葉をかきましょう。　(完答25点)

きゅうりが外でつくられるのは、（　7　）月〜（　10　）月です。

(2) (1)いがいでは、きゅうりは右の写真のようなしせつを使ってつくられています。このようなしせつを何といいますか。　(15点)

（　ビニールハウス　）

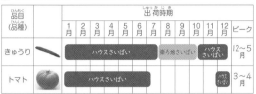

(3) 右の作業は、何をしていますか。次からえらびましょう。　(15点)
ア　じょうぶな作物ができるように、ひ料をまいている。
イ　種をまいて、なえを植えている。
ウ　虫がついたり、病気になったりしないように農薬をまいている。

（　ウ　）

44

---

(4) 右の作業はきゅうりをしゅうかくしているところです。（　）にあてはまる言葉をかきましょう。　(15点)

（　はさみ　）を使って、一本ずつうると実をつないでいる部分を切ります。

(5) 右のグラフはきゅうりの入荷量と1kgのねだんです。このグラフを見てわかることを、□□□からえらんで（　）にかきましょう。　(15点)

入荷量が少ない①（　冬　）は、ねだんが②（　高く　）なり、入荷量が多い③（　夏　）はねだんが④（　安く　）なる。

夏　冬　高く　安く

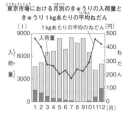
東京市場における月別のきゅうりの入荷量ときゅうり1kgあたりの平均ねだん

2　できたきゅうりを箱づめし、出荷するところを何といいますか。次からえらびましょう。　(15点)
ア　スーパーマーケット　　イ　市役所・村役場
ウ　農業協同組合　　　　　エ　コンビニエンスストア

（　ウ　）

45

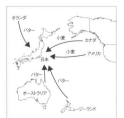
工場ではたらく人びと
パン工場の仕事(1)

1　社会科の学習で、パン工場に行きました。（　）にあてはまる言葉を、□□□からえらんでかきましょう。

工場についたとき、トラックがパンの原りょうである①（　小麦こ　）を運んできたところでした。工場の中では、はたらく人はみんな②（　白い　）服を着て、ぼうしや③（　マスク　）、手ぶくろなどをしていました。さらに、ローラーや風で服のほこりをとっていました。食べ物をつくる工場では④（　せいけつ　）にするように注意していることがわかりました。

マスク　せいけつ　白い　小麦こ

2　パン工場ではせい品の原りょうは、どうやって手に入れていますか。次の地図を見て、正しいものに○をつけましょう。

（　　）すべて日本国内のさん地から買っている。

（　　）原りょうもすべて工場の中でつくっている。

（　○　）世界のいろいろな国から買っている。

46

ポイント　パン工場で、パンができるまでを写真などから学びましょう。

3　子どもたちがパンがやけるまでのようすをメモしました。せつ明文とかんけいする写真を線でむすびましょう。

①パンのざいりょうを入れて、大きなきかいでねっていた。

②ねったざいりょうはあたたかな部屋におかれて、とてもふくらんでいた。

③しおやバターなどで味つけされた生地は、きかいで同じ大きさに切られていた。

④パンのケースのまま長いベルトに乗せられ、そのまま大きなオーブンでやかれていた。

47

工場ではたらく人びと

パン工場の仕事(2)

1 次の表はパン工場での「仕事べつにはたらく時間のちがい」を表しています。あとの問いに答えましょう。

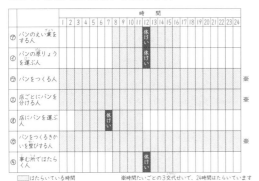

		時間																								
		1	2	3	4	5	6	7	8	9	10	11	12	13	14	15	16	17	18	19	20	21	22	23	24	
㋐	パンのえい業をする人								▒	▒	▒	▒	休けい	▒	▒	▒	▒									
㋑	パンの原りょうを運ぶ人								▒	▒	▒	▒	休けい	▒	▒	▒	▒									
㋒	パンをつくる人	▒	▒	▒	▒	▒	▒	▒	▒	▒	▒	▒	▒	▒	▒	▒	▒	▒	▒	▒	▒	▒	▒	▒	▒	※
㋓	店ごとにパンを分ける人	▒	▒	▒	▒	▒	▒	▒	▒	▒	▒	▒	▒	▒	▒	▒	▒	▒	▒	▒	▒	▒	▒	▒	▒	※
㋔	店にパンを運ぶ人			▒	▒	▒	▒	休けい	▒	▒	▒	▒														
㋕	パンをつくるきかいを整びする人	▒	▒	▒	▒	▒	▒	▒	▒	▒	▒	▒	▒	▒	▒	▒	▒	▒	▒	▒	▒	▒	▒	▒	▒	※
㋖	事む所ではたらく人								▒	▒	▒	▒	休けい	▒	▒	▒	▒									

▒ はたらいている時間　　※時間たいごとの3交代せいで、24時間はたらいています

(1) この表からわかることで、正しいものに○をつけましょう。

(○) パン工場では、パンをつくる人や事むの人、パンを運ぶ人など、仕事を分たんしている。

(　) パン工場では、1つの工場で1しゅるいのパンだけがつくられている。

(　) パン工場は夜しか動いていない。

(○) パンをつくる人は、1日に3交代せいではたらいている。

月　日 [名前]

ポイント　パン工場では、いろいろな人たちがはたらいていることを表から知りましょう。

(2) 1日24時間ずっとはたらいているのは、どの仕事ですか。記号でかきましょう。

(㋒)(㋓)(㋕)

(3) 店にパンを運ぶ人は、何時から仕事をしていますか。

(3)時

(4) どうして(3)のように早いのですか。次の(　)にあてはまる言葉を、□からえらんでかきましょう。

(朝)の出勤や通学時に、朝食や昼食のために買いに来るお客さんが多いので、その時間までに店に商品をそろえておくため。

朝　昼　夜

2 次の(　)にあてはまる言葉を、□からえらんでかきましょう。

右の写真は(きかい)によって一斤ずつふくろづめされ、安全チェックされているところです。

人の手　きかい

3 次の(　)にあてはまる言葉を、□からえらんでかきましょう。

パンは(① トラック)で店に運ばれます。事む所の人から注文されたパンのしゅるいと(② 数)を、どこの店に運ぶか指じされます。また、決められた(③ 時こく)に、きちんと店までとどけることが運転手さんの仕事です。

数　時こく　トラック

まとめテスト

工場ではたらく人びと

月　日 [名前]　　/100点

1 パン工場について、正しいものに○をつけましょう。(10点×2)

(○) はたらく時間をずらして交代で作業することで、たくさんのパンをつくっている。

(　) 工場では、パンの注文を受ける人とパンをつくる人しかはたらいていない。

(○) 食品をつくっている工場では、安全なせい品をつくるために、えいせいにとくに注意している。

2 次の①〜④を、パンをつくるじゅんにならべましょう。(完答30点)

①きかいで同じ大きさに切る

②食パンのかたのままやく

③生地を休ませてふくらませる

④ざいりょうをきかいでねる

(④) → (③) → (①) → (②)

3 右の図を見て、あとの問いに答えましょう。(10点×3)

オランダ
バター
小麦
カナダ
アメリカ
小麦
バター
バター
オーストラリア
ニュージーランド

(1) パンの原りょうには、小麦があります。小麦は、どこの国から来ていますか。

(カナダ)と(アメリカ)
(順不同)

(2) 小麦は、何によって日本に運ばれていますか。

(ばらづみ船（船）)

小麦やトウモロコシや、鉄の原りょうの鉄鉱石などを運ぶ船を「ばらづみ船」というよ。
一度にたくさん運ぶためにつぶのままつみこまれています。どちらかにかたよらないように、船の中はこんな形をしているよ。

©株式会社商船三井

4 食品工場ではたらく人たちは、安全なせい品をつくるために、服そうに気をつけています。決められた服を着るほかに何を身につけていますか。右の写真を見て、(　)に○をつけましょう。(10点×2)

(○) マスク　(　) ゴーグル

(○) ぼうし　(　) 運動ぐつ

火事をふせぐ
消ぼうしの仕事

① 次の（ ）にあてはまる言葉を、□からえらんでかきましょう。

消ぼう車は急いでげん場にかけつけるために（①　サイレン　）を鳴らしながら走ります。火事の（②　場所　）や大きさによって出動する消ぼう車のしゅるいや台数がちがいます。げん場についたら、ホースを（③　消火せん　）につないで、水を出して消火にあたります。

> 場所　消火せん　サイレン

② 次の文は、消ぼうしょを見学したときにまとめたメモです。せつ明文とかんけいする写真を、線でむすびましょう。

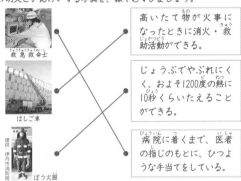

救急救命士

はしご車

提供 伊丹市消防局

ぼう火服

高いたて物が火事になったときに消火・救助活動ができる。

じょうぶでやぶれにくく、およそ1200度の熱に10秒くらいたえることができる。

病院に着くまで、医者の指じのもとに、ひつような手当てをしている。

54

---

③ 次の表を参考にして、消ぼうしの仕事について（ ）にあてはまる言葉を、□からえらんでかきましょう。

	1日目	2日目	3日目
田中さん	きんむ	非番	休み
山本さん	休み	きんむ	非番
中村さん	非番	休み	きんむ

> 非番とは、前日からのきんむを終えた日のことをいうのよ。

① 消ぼうしはだいたい（　24　）時間交代できんむします。

② 火事のときには20kgものそうびで活動するので、ふだんから（くんれん）はかかせません。

> 12　24　くんれん　昼ね

④ 次の文で消ぼうしょの仕事として、正しいものに○をつけましょう。

（ ○ ）消ぼうしょは、自分たちの町や市で起きた火事だけでなく、近くの町や市の火事にも出動する。

（　）消火のとき、家庭の水道の水をかりて、大量に出るようにしている。

（　）救急車の中では、医者のかわりに手じゅつをしている。

（ ○ ）ぼう火やひなんくんれんの指どうを行っている。

（　）消火きなどをつくっている。

55

火事をふせぐ
消ぼうしの1日とぼう火せつび

① 次の図は、消ぼうしの1日をまとめたものです。あてはまる言葉を□からえらんで、（ ）に記号をかきましょう。

①（ ウ ）

ぼう火指どう

②（ ア ）

かみん

提供：伊丹市消防局

③（ エ ）

交代・引きつぎ

12：00

⑤（ イ ）

くんれん

17：00

④（ カ ）

8：30

> 火事にそなえて、くんれんや点けん、整びなどさまざまな活動をしているんだね。

ア　体力づくり	イ　消火せんの点けん	ウ　車両の点けん
エ　9：00	オ　12：30	カ　22：00

56

---

② 学校には、火事が起こったときのためのせつびがあります。次の図は、そのせつびがどこにあるかしかめしたものです。

・火事を消すせつび
　→◎消火せん　○消火き
・火事を広げないせつび
　→□ぼう火とびら
・火事を知らせるせつび
　→△ねつ感知き
　　▲けむり感知き
　　◆火さいほう知き
・ひなんせつび→ひじょう階だん

(1) 次の写真は上の図にあるせつびのどれにあたりますか。（ ）に名前をかきましょう。

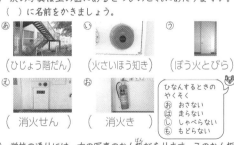

あ（ひじょう階だん）　い（火さいほう知き）　う（ぼう火とびら）

え（　消火せん　）　お（　消火き　）

> ひなんするときのやくそく
> お　おさない
> は　走らない
> し　しゃべらない
> も　もどらない

(2) 学校の通りには、右の写真のかん板があります。このかん板はどのようなせつびですか。正しいものに○をつけましょう。

（　）消火のための水を出すところ

（ ○ ）消火に使う水をためておくところ

57

まとめテスト

火事をふせぐ(1)

1 次の図は、消ぼうの仕組みについてかいたものです。

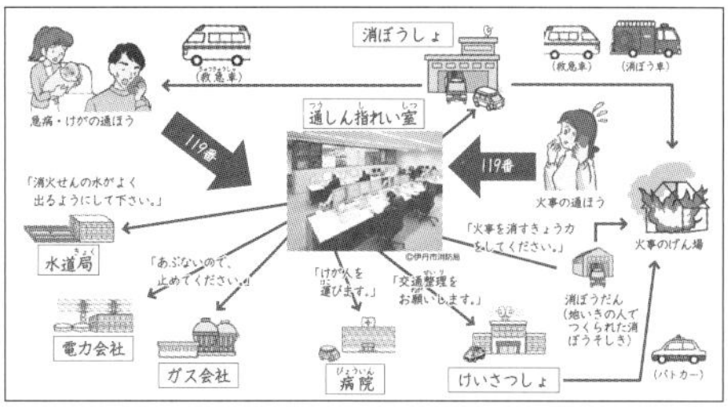

(1) 火事を消ぼうしょに知らせるとき、何番に電話しますか。（8点）

[119] 番

(2) 次の[　]にあてはまる言葉をかきましょう。（4点×2）

通ほうするときは、2つの大切なことがあります。

まず、[① 火事] か、病気やけがの「救急」かをはっきりつたえます。次は、[② 場所] です。近くの目じるしになる物を言うことも大切です。

(3) 通しん指れい室から、「病気やけがの人がいる」というれんらくを受けて、消ぼうしょから出動する自動車は何ですか。（8点）

（ きゅう急車 ）

(4) (3)の自動車に乗り、医者の指じのもとに、ひつような手当てをする人を何といいますか。（8点）

（きゅう急きゅう命し）

月　　日 [名前]　　／100点

(5) 通しん指れい室は、火事のげん場のようすにあわせて、いろいろなところにれんらくします。どこにれんらくしますか。[　]からえらんで記号でかきましょう。（7点×4）

① 消火せんの水がよく出るようにする。（㋓）

② 火事が大きくならないように、ガスの元せんをしめる。（㋒）

③ 消火活動がしやすいように、交通整理をする。（㋐）

④ 消火や救助活動をする。（㋑）

㋐けいさつしょ　㋑消ぼうしょ　㋒ガス会社　㋓水道局

(6) 左の図を見て、(　)にあてはまる言葉をかきましょう。（6点×2）

早い時期での消火を行うために、地いきの人たちでつくられた(① 消ぼうだん)にもれんらくがいきます。また、大きな火事のときは、ほかの市や町の(② 消ぼうしょ)にもおうえんをたのみます。

2 次の①〜④の文のうち、消ぼうしの仕事には○を、そうでないものには×をつけましょう。（7点×4）

① (○) 学校のぼう火くんれんの指どうを行う。

② (×) 人が多く集まるデパートやスーパーの消どくをする。

③ (×) 道がせまいと消ぼう車が通れないので、道を広げる。

④ (○) 町の消火せんなど、ぼう火せつびを点けんする。

まとめテスト

火事をふせぐ(2)

1 次の写真は消ぼうしの活動をとったものです。(　)にあてはまる言葉を、[　]からえらんでかきましょう。（6点×3）

(ぼう火指どう)

(車両の点けん)

(くんれん)

©伊丹市消防局

くんれん　ぼう火指どう　車両の点けん

2 火事が起こったとき、げん場にすぐにかけつけられるように、消ぼうしはどのようなくふうをしていますか。(　)にあてはまる言葉を、[　]からえらんでかきましょう。（6点×4）

消ぼうしのきんむは、当番・(① ひ番)・休みに分けられ、当番のときは(② 24)時間はたらいています。(③ 通しん指れい室)から出動の指れいがあると、すぐにとび出せるように(④ ロッカー)には消火そうびをまとめておいています。

©伊丹市消防局

ロッカー　ひ番　24　通しん指れい室

月　　日 [名前]　　／100点

3 次の図は学校にあるぼう火せつびを表しています。

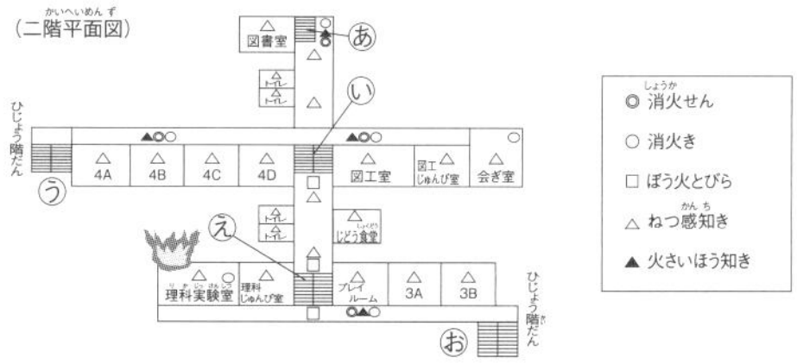

(1) 次の4つのはたらきにあうせつびの名前をかきましょう。（7点×6）

① 火事を知らせるためのせつび

(ねつ感知き)(火さいほう知き) ※順不同

② 火事を消すためのせつび

(消火せん)(消火き) ※順不同

③ 火事がもえ広がるのをふせぐせつび (ぼう火とびら)

④ 火事が起こったときに、安全ににげるためのせつび

(ひじょう階だん)

(2) あなたは3Bのクラスだったとします。理科実験室から火が出ました。あ〜おのどの階だんを使ってひなんするのがもっともよいですか。（6点）

[お]

(3) ひなんするときに気をつけなければならないことをかきましょう。（10点）

(（れい）
「おはしも」をまもって、ひなんすること。)

交通事この原いん

[1] 次の表は、小学生が自転車に乗っていたときに起きた交通事この原いんをしめしたものです。あとの問いに答えましょう。

交通事この原いんが子どもにあったとき

い反べつ	けん
信号で止まらなった	6
交さ点で注意して進まなかった	38
一時てい止しなかった	62
ハンドルやブレーキを正しく動かしていなかった	26
前方をよく見ていなかった	18
安全かくにんをしなかった	94

警視庁調べ

(1) 原いんの中で一番多いのは何ですか。

(安全かくにんを
しなかった)

(2) 起こった事こは、全部で何けんありますか。(244)けん

(3) 交通事こが多い時間たいに○をつけましょう。

( ) 深夜のみんながねている時間

( ) 登校の時間

( ) きゅう食の時間

(○) 夕方の時間

時間たいべつ発生じょうきょう

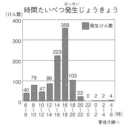

発生けん数

40 79 86 223 358 103 22 0 2 2 4

6 8 10 12 14 16 18 20 22 0 2 4 (時)
～ ～ ～ ～ ～ ～ ～ ～ ～ ～ ～ ～
8 10 12 14 16 18 20 22 0 2 4 6

警視庁調べ

64

ポイント　交通事このけん数と原いんをグラフから学びましょう。

[2] 次のグラフは、交通事こにあったときの小学生の学年とそのときのようすをしめしたものです。

(けん数)

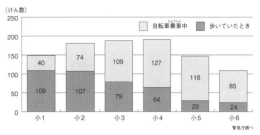

自転車乗車中　歩いていたとき

	小1	小2	小3	小4	小5	小6
自転車乗車中	40	74	109	127	118	85
歩いていたとき	109	107	79	64	29	24

警視庁調べ

(1) 次の交通事こにあうのは小1と小6のどちらが多いですか。( )にかきましょう。

(小6)自転車に乗っていたとき　(小1)歩いていたとき

(2) 事こにあったけん数が、一番多いのは何年生ですか。

(小4)

(3) 右の写真のガードレールには、どのようなはたらきがありますか。正しいものに○をつけましょう。

(○)自動車が歩行者にぶつかるのをふせぐ。

( )歩行者が道路を安全に横だんできる。

( )まがり角の先のようすがわかる。

65

交通事こが起きたら

[1] 交通事こが起きたとき、どうすればよいのか、次の絵を見て、あとの問いに答えましょう。

110番通ほう

交番　けいさつしょ　通しん指れい室　パトカー　消ぼうしょ　救急車　交通かんせいセンター　交通事このげん場

(1) 交通事こが起きたときは、何番に通ほうしますか。

(110番)

(2) 通ほうした電話は、どこにつながりますか。

(通しん指れい室)

(3) 通ほうした人にたずねることとして、正しいものに○をつけましょう。

(○) 交通事このよう（けが人がいるかどうかなど）

( ) この日の天気のようす

(○) 交通事この場所

(○) 通ほうした人の名前と電話番号

66

ポイント　交通事こが起きたときに、どんな人たちがかかわっているかを図などから知りましょう。

(4) 交通事こが起きたとき、交通じょうほう板などを通して、事こを知らせる仕事をしているところはどこですか。図からえらびましょう。

(交通かんせいセンター)

[2] 次の絵は交通事このげん場のようすを表しています。①～④の人たちの仕事のせつ明にあう文と線でむすびましょう。

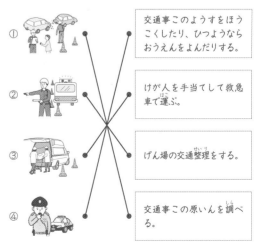

① ・　　　　・ 交通事このようすをほうこくしたり、ひつようならおうえんをよんだりする。

② ・　　　　・ けが人を手当てして救急車で運ぶ。

③ ・　　　　・ げん場の交通整理をする。

④ ・　　　　・ 交通事この原いんを調べる。

67

交通事こや事けんをふせぐ
けいさつかんの仕事

1 次の写真は、けいさつかんの仕事を表しています。

あ 
い 
う 
え 

(1) それぞれどんな仕事ですか。[ ]からえらんで、[ ]にかきましょう。

あ ちゅう車い反　い 地いきの見回り
う 道あんない　え 交通安全教室

交通安全教室　道あんない
ちゅう車い反の取りしまり　地いきの見回り

(2) 右の写真は、けいさつのしせつの一つで、主に駅前などにおかれ、道あんないをしたり、落とし物を受けつけたりしています。このしせつを何といいますか。

（ 交番 ）

月　日 [名前]

ポイント　けいさつかんの仕事を写真や表から学びましょう。

2 次の表を見て、あとの問いに答えましょう。

9：00	ひきつぎ
9：30	地いきのパトロール
11：00	地いきの家庭をたずねて、ぼうはん指どう
13：30	学校で①交通安全教室を開く
16：00	学校のまわりをパトロール
18：00	交番で落とし物の相談や道あんないなど
20：00	交番で事む
22：00	休けい、日しをつける
23：30	地いきのパトロール
7：00	学校前で交通指どう
9：00	交代

(1) けいさつかんは何時間はたらいていますか。（ 24時間 ）

(2) 一番多くしている仕事は何でしょうか。次からえらびましょう。（ ア ）

ア パトロール　イ 交通整理
ウ 交通指どう　エ 道あんない

(3) 下線部①の交通安全教室で行われている正しい自転車の乗り方について、正しいものに○をつけましょう。

（　）自転車は、けいたい電話を見ながら走ってもよい。
（○）夜はライトをつけて走る。
（　）二人乗りをしてもよい。

3 次の（ ）にあてはまる言葉を、[ ]からえらんでかきましょう。

けいさつかんは、町の（① 安全 ）を守り、わたしたちが（② 安心 ）してくらせるようにするのが仕事です。

安心　安全

交通事こや事けんをふせぐ
交通事こをふせぐせつびと取り組み

1 次の写真は、道路にある安全のためのせつびです。その名前を[ ]から、役わりを[ ]からえらんで記号をかきましょう。

① 
② 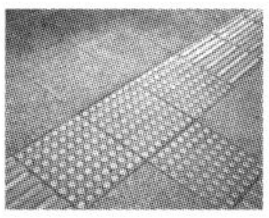
③ 
④ 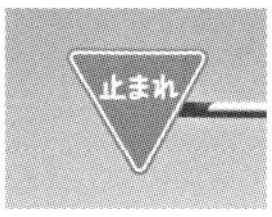

⑤ 

㋐カーブミラー
㋑点字ブロック
㋒歩道橋
㋓道路ひょうしき
㋔横だん歩道

あ交通安全の決まりやあんないをしめすためのかん板。
い歩行者が安全に道路をわたるための橋。
う道にしかれた丸い点のあるブロックで、目の不自由な人に注意をよびかけるせつび。
え広いはんいが見えるかがみで、道路の曲がっているところや、見通しの悪い交さ点などにとりつけて道の先をうつす。
お道路に白いペンキでかかれていて、人や自転車が道路をわたるところをしめしている。

	①	②	③	④	⑤
名前	㋒	㋑	㋐	㋓	㋔
役わり	い	う	え	あ	お

月　日 [名前]

ポイント　交通事こをふせぐためのせつびや、人びとのかかわりを写真から学びましょう。

2 安全なまちづくりについて行っている写真や図とせつ明文を、線でむすびましょう。

©伊丹市

お店や家に子どもたちが助けをもとめることができるようにしている。

地いきの人などが市ときょう力して下校時間に小・中学校のまわりをパトロールしている。

子どもたちの登下校の時間に、地いきの人たちが交代で立ち番をしている。

事こや事けんをふせぐため、あぶない場所や安全な場所がかきこまれた地図をつくっている。

交通事こや事けんをふせぐ

① 次の絵は事こが起こったときのようすを表しています。あとの問いに答えましょう。

(1) 次のようすは、㋐〜㋕のどの場面ですか。（ ）に記号をかきましょう。 (6点×6)

（ ㋑ ）けいさつかんが事このげん場で交通整理をしている。

（ ㋕ ）事こを発見した人がけいさつに電話をしている。

（ ㋓ ）救急車で、けが人を運んでいる。

（ ㋐ ）指れいをうけて、パトカーがげん場に向かう。

（ ㋔ ）じゅうたいが起きないように、電光けいじ板で事こを知らせる。

（ ㋒ ）事このようすや原いんをその場で調べる。

72

(2) 事こが起こってから、しょりするまでのじゅん番を記号を使って表しましょう。 (6点×5)

$$㋕ → 通しん指れい室 \begin{cases} けいさつ \boxed{㋐} → \boxed{㋑} → \boxed{㋒} \\ 救急 \boxed{㋓} → 病院 \\ 道路 \boxed{㋔} \end{cases}$$

(3) 事こでけが人がいるようです。通しん指れい室からどこに知らせますか。 (6点)

（ 消ぼうしょ ）

(4) 次の文は、けいさつしょに事この発生を知らせたものですが、文には大事なことがぬけています。それを2つかきましょう。

「もしもし、今、車と子どもの乗った自転車が交さ点で、ぶつかりました。早く来てください。」 (5点×2)

（れい）

事このおきた場所
通ほうした人の名前と電話番号

② 次の写真はけいさつかんが、何をしているところですか。☐☐からえらんでかきましょう。 (6点×3)

（落とし物の相談）（地いきの見回り）（見守り活動）

地いきの見回り　見守り活動　落とし物の相談

73

昔の遊び

① 次の写真は、昔の遊びの道具です。

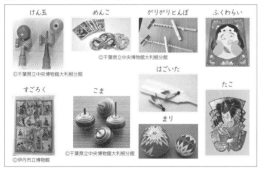

けん玉　めんこ　がりがりとんぼ　ふくわらい
©千葉県立中央博物館大利根分館
©千葉県立中央博物館大利根分館
すごろく　こま　はごいた　たこ
まり
©千葉県立中央博物館大利根分館
©伊丹市立博物館

(1) （ ）にあてはまる言葉を上からえらんでかきましょう。④は「おいばね」の道具をえらんで、名前をかきましょう。

もういくつねると　お正月
お正月には　（ ① ）あげて
はやくこいこいお正月

もういくつねると　お正月
お正月には　（ ② ）をまわして
はやくこいこいお正月

もういくつねると　お正月
お正月には　（ ③ ）ついて
遊びましょう
はやくこいこいお正月

④
おいばねついて　遊びましょう
はやくこいこいお正月

	遊びの道具
①	たこ
②	こま
③	まり
④	はごいた

74

(2) (1)のほかに次のせつ明文にあうお正月の遊び道具を写真からえらんで、名前をかきましょう。

① 受け皿のようになったところと、けんのように先が出ているところに、ひもにつるされた玉をいどうさせる遊び。

② 「わらう門には福来る」とえんぎがいい遊び。

③ 昔は、どろで人の顔（面）をつくった「どろめんこ」を、われるまでうちつけたり、ぶつけたりして遊んでいた。

④ 竹のギザギザになったところをぼうで前後にこすると、先についているプロペラが回る遊び。

⑤ サイコロをふってコマを進めるので、みんなで楽しめてその年の運だめしにもなる。

①	けん玉	②	ふくわらい	③	めんこ
④	がりがりとんぼ	⑤	すごろく		

② 次の遊び道具で使っているものを線でむすびましょう。

①ポンポン船　②あやとり　③ブンブンごま　④やじろべえ

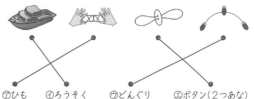

㋐ひも　㋑ろうそく　㋒どんぐり　㋓ボタン（2つあな）

75

昔の道具とくらし(1)

1 次の写真は、昔の生活で使われていた道具です。⑦～⊕は何を
するための道具か、□□からえらんで、かきましょう。

⑦　かまど　　　はがま

©箕面市立郷土資料館 　©箕面市立郷土資料館

（　ごはんをたく　）

⑦　火ばち　　　いろり

（　だんぼうをする　）

©箕面市立郷土資料館

⑦　ランプ　　　電球（でんきゅう）

（　部屋を明るくする　）

©大東市教育委員会

⊕　コテ　　　炭火（すみび）アイロン

©箕面市立郷土資料館　©大東市教育委員会

（ぬののしわをのばす）

> ごはんをたく　ぬののしわをのばす　だんぼうをする
> 部屋を明るくする

78

ポイント　昔の道具のはたらきを今とくらべてみましょう。

2 次の写真は、せんたくをするための道具です。

(1) 昔と今の道具についてせつ明した文を、□□からえらんで、
それぞれ2つずつ記号（きごう）でかきましょう。

たらいとせんたく板	ドラム式（しき）せんたくき
　せんたく板　たらい	
 ©箕面市立郷土資料館	 ©パナソニック株式会社
（　⑦　・　⑦　）	（　⑦　・　⊕　）

> ⑦　せんたく物（もの）を一まい一まい手でこすってあらう。
> ⑦　せんたく物にあわせたあらい方をえらべる。
> ⑦　電気を使わない。
> ⊕　一度（いちど）にたくさんの物があらえる。

(2) 昔使われていた道具を見たり、さわったりするにはどこに行
けばよいですか。正しいものに○をつけましょう。

（　　）消（しょう）ぼうしょ　　（　　）けいさつしょ

（　　）農業協同組合（のうぎょうきょうどうくみあい）　　（　○　）はく物館

（　○　）きょう土しりょう館（室）（かん）

79

昔の道具とくらし(2)

1 次の昔の道具は、今のどの道具にあたりますか。□□からえ
らんでかきましょう。

①　　　　②　　　　③　©大東市教育委員会

©箕面市立郷土資料館　©箕面市立郷土資料館

↓　　　　↓　　　　↓

（　電たく　）（　せん風き　）（　トラクター　）

> せん風き　トラクター　電たく

2 次の絵を見て、あとの問いに答えましょう。

(1) 次の（　）にあてはまる言葉（ことば）をかきましょう。

昔は、まだ（①　水道　）がなかったので、（②　い戸　）から
（③　おけ　）で水を運ぶお手つだいを子どもがしています。お
ばあさんは、（④　かまど　）にまきを入れて、火をおこしてりょ
う理をしています。

> い戸　かまど　水道　おけ

80

ポイント　昔の道具が、今の道具にどのようにかわってきたのか
を知りましょう。

(2) 2人はどんな服（ふく）そうですか。

着（き）ているもの　　　（　着物　）

はいているもの　　　（　ぞうり（げた）　）

3 次の問いに答えましょう。

(1) くらしのへん化（か）についてせつ明した⑦～⊕の文を古いじゅん
にならべかえましょう。

⑦　かまどで火をおこしてりょう理をしていた。

⑦　外出（がいしゅつ）先からスマートフォンを使って、クーラーやおそうじ
ロボットの電げんを入れることができるようになった。

⑦　ねんりょうとしてガスが使われるようになり、マッチで火
をつけるガスコンロが使われた。

⊕　電気やガスを使って、自動（じどう）でごはんをたくすいはんきが広
く使われるようになった。

（　⑦　）→（　⑦　）→（　⊕　）→（　⑦　）

(2) 手作業（てさぎょう）から電気せい品が多く使われるようになってきたこ
とで、家の仕事にかかる時間はどうなりましたか。

> （れい）
> （今まで手作業で一つ一つしていたのが、電気せ
> い品ができて、一度にたくさんできるようになっ
> て）家の仕事にかかる時間は短くなった。

81

まとめテスト

今にのこる昔(むかし)のくらし

[1] 次(つぎ)の絵を見て、あとの問(と)いに答えましょう。 (10点×5)

①

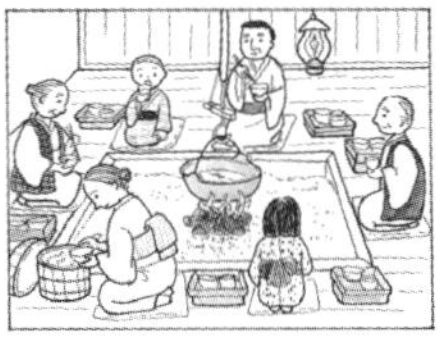

②

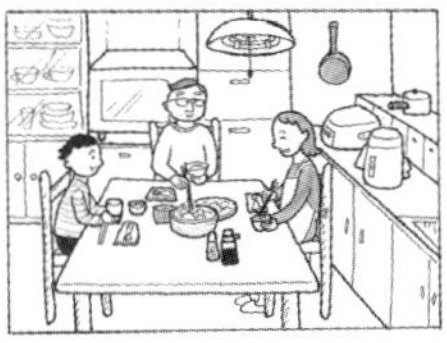

(1) ①と②は何をしているところですか。 （ 食事 ）

(2) ①と②は、「今」「昔(むかし)」のどちらを表(あらわ)していますか。

① （ 昔 ） ② （ 今 ）

(3) ①の絵のせつ明(めい)として、正しいものに○をつけましょう。

（ ○ ） ①のころは、電気を使(つか)った道具(どうぐ)がなかったので、りょう理をするのに時間がかかりました。

（ ） ①のころはテレビを見ながら食事(しょくじ)を楽しんでいました。

（ ○ ） ①のころは、水道がなかったので、井戸(いど)から水をくんで、ふろ場や台所(だいどころ)までおけで水を運(はこ)んでいました。

月　日 [名前]　　/100点

[2] ①～⑤は昔から使われていた道具です。それぞれの名前を□からえらんで、その記号(きごう)を（ ）にかきましょう。また、今はどのようにかわっているか、線でむすびましょう。 (5点×10)

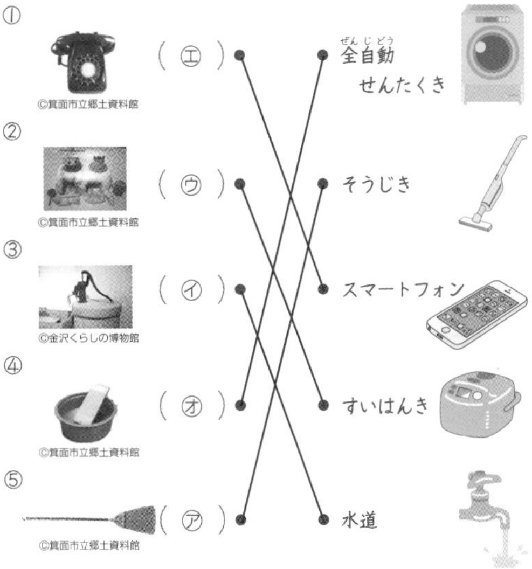

①
©箕面市立郷土資料館
（ ㋓ ）
②
©箕面市立郷土資料館
（ ㋒ ）
③
©金沢くらしの博物館
（ ㋑ ）
④
©箕面市立郷土資料館
（ ㋔ ）
⑤
©箕面市立郷土資料館
（ ㋐ ）
全自動(ぜんじどう)せんたくき
そうじき
スマートフォン
すいはんき
水道

㋐ ほうき　㋑ ポンプ(井戸)　㋒ かまど
㋓ 黒電話　㋔ せんたく板(いた)とたらい

市のうつりかわり

土地の使(つか)われ方

月　日 [名前]

ポイント 年代(ねんだい)ごとの地図を見くらべて、市がどのようにかわってきたかを学びましょう。

① 1929年

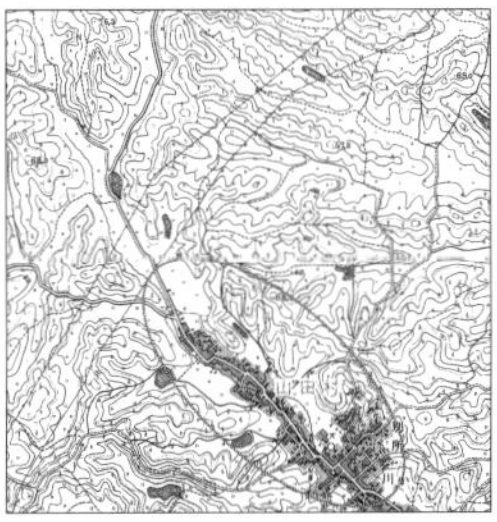

② 1967年

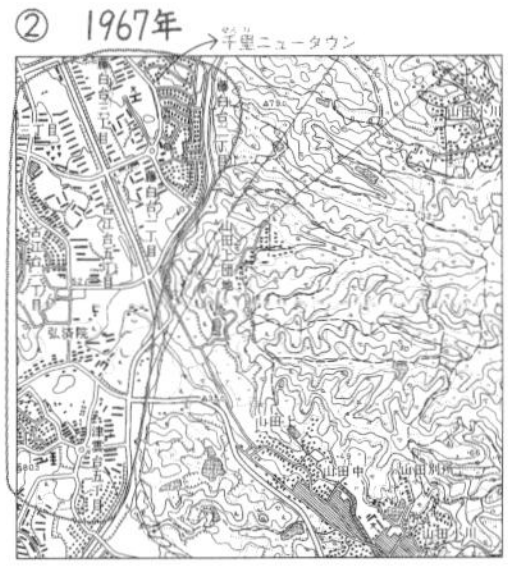

千里ニュータウン

③ 2001年

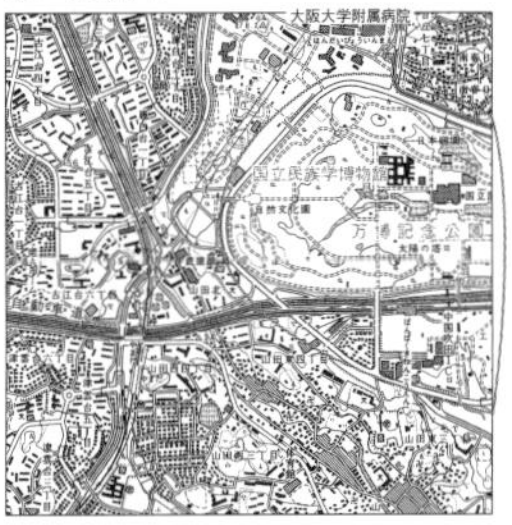

大阪大学附属病院
万博記念公園

㋐

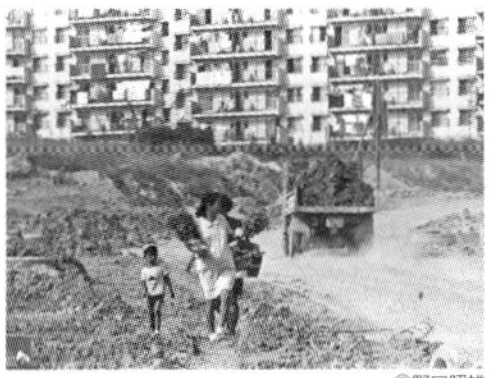

©野口昭雄

[1] 地図を見て、あとの問(と)いに答えましょう。

(1) 千里(せんり)ニュータウンは、どのようにしてつくられましたか。上の地図を見て、正しいものに○をつけましょう。

（ ） 海をうめたててつくった。

（ ○ ） 山や丘(おか)を平(たい)らにけずってつくった。

（ ） 古い団地(だんち)やショッピングセンターをたてかえてつくった。

(2) ㋐の写真(しゃしん)は、①～③のどの年のものか、番号(ばんごう)をかきましょう。

（ ② ）

(3) ①～③の地図からわかることを、（ ）に○をつけましょう。

（ ○ ） 1929年の地図では、1本の道にそって村があり、村のまわりは田に使(つか)われている。

（ ○ ） 1967年の地図では、千里ニュータウンのけんせつが始(はじ)まり、かつて丘だったところに団地がつくられている。

（ ） 1967年の地図では、団地が東がわに集(あつ)まってつくられている。

（ ○ ） 2001年の地図では、さらにたて物(もの)の数がふえ、自動(じどう)車道(しゃどう)や鉄道(てつどう)がつくられている。

（ ○ ） 2001年の地図では、万博記念(ばんぱくきねん)公園の中に国立民族学(みんぞくがく)博物館(はくぶつかん)がある。

市のうつりかわり
人口や交通のへん化

[1] 次のグラフを見て、あとの問いに答えましょう。

千里ニュータウンの年れい別人口

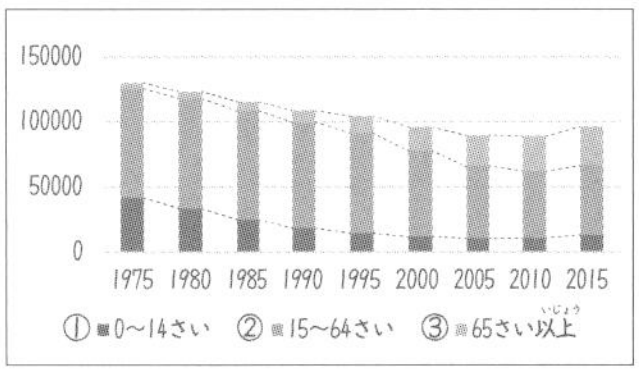
150000
100000
50000
0
1975 1980 1985 1990 1995 2000 2005 2010 2015
①■0～14さい ②■15～64さい ③■65さい以上

(1) 人口が一番多いのは、何年で、およそ何人ですか。
(1975)年　およそ(130000)人

(2) グラフを見て、正しいものに○をつけましょう。
(　　) 人口は、1975年からずっとふえている。
(　　) 人口は、1975年からかわっていない。
(○) 人口は、1975年から少しずつへってきて、2010年から少しずつふえてきた。

(3) 1975年からふえつづけている年れいを、①～③からえらんで、番号をかきましょう。 (③)

(4) 次のサービスは、上のグラフのどの年れいに対して行われますか。(　) に①～③の番号をかきましょう。
(①)子育てサービス　(③)かいごサービス

月　日 [名前]

ポイント 市のうつりかわりをグラフや地図から学びましょう。

[2] 次の地図は、吹田市の地形を表しています。あとの問いに答えましょう。

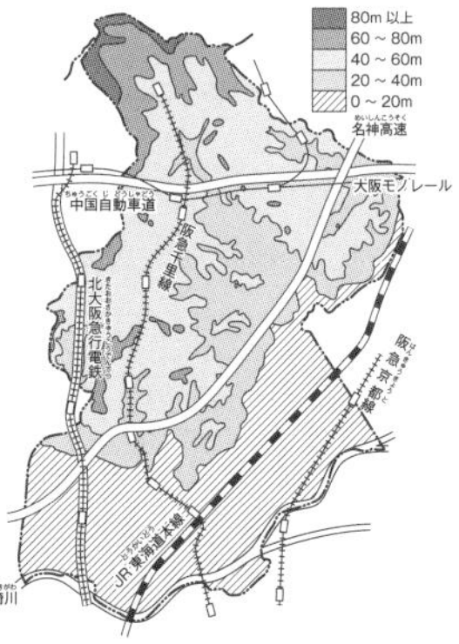
80m 以上
60～80m
40～60m
20～40m
0～20m
名神高速
大阪モノレール
中国自動車道
北大阪急行電鉄
阪急千里線
阪急京都線
JR東海道本線
神崎川

(1) 土地が高いのは、北部と南部のどちらですか。
(北部)

(2) 中国自動車道は、どの方位に通っていますか。正しいものに○をつけましょう。
(　　)南北
(　　)南東
(○)東西

(3) この地いきを通っている道路と鉄道をかきましょう。
① 中国自動車道とならんでいる鉄道 (大阪モノレール)
② 40m以上の高いところを南北に通っている鉄道
阪急(千里)線
③ ②とならんでいるような鉄道 (北大阪)急行電鉄
④ JR東海道本線とならんでいるように走っている道路と鉄道
(名神)高速道路　阪急(京都)線

学年末テスト
地図と方位・店ではたらく人びと

[1] 次の地図を見て、あとの問いに答えましょう。

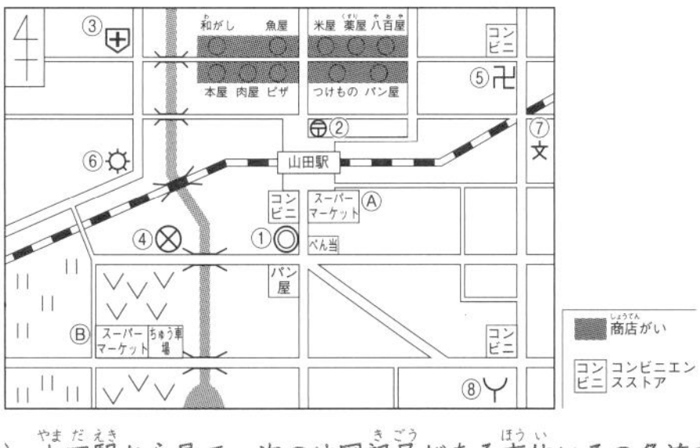
和がし 魚屋 米屋 薬屋 八百屋
本屋 肉屋 ピザ つけもの パン屋
コンビニ
山田駅
スーパーマーケット
べん当
パン屋
スーパーマーケット ちゅう車場
商店がい
コンビニエンスストア

(1) 山田駅から見て、次の地図記号がある方位とその名前を、[　　]からえらんでかきましょう。方位は八方位でかきましょう。
〈知識・技能〉(4点×16)

	記号	方位	名前		記号	方位	名前
①	◎	南	市役所	②	〒	北	ゆうびん局
③	⊕	北西	病院	④	⊗	南西	けいさつしょ
⑤	卍	北東	寺	⑥	☼	西	工場
⑦	文	東	学校	⑧	Y	南東	消ぼうしょ

学校　工場　けいさつしょ　病院
寺　消ぼうしょ　ゆうびん局　市役所

月　日 [名前]　/100点

(2) 左の地図を見て、次の文で正しいもの3つに○をつけましょう。
〈知識〉(4点×3)
(○) 商店がいには、肉屋さんがある。
(○) パン屋さんは、商店がいの中に1けんだけある。
(　　) べん当屋さんは、商店がいにある。
(○) この町には、スーパーマーケットよりコンビニエンスストアの方が多い。
(　　) Ⓑのスーパーマーケットのまわりは田んぼだけである。

[2] 次の文は、㋐商店がい、㋑スーパーマーケット、㋒コンビニエンスストアのどれを表していますか。(　) に記号をかきましょう。
〈知識〉(4点×6)
(㋑) 品物のしゅるいやりょうが多いので、短い時間でたくさんの買い物ができる。
(㋐) 店の人と知り合いになって、話をしながら買い物ができる。
(㋐) 買い物の相談にのってくれて、おまけをしてくれることもある。
(㋒) 朝早い時間や夜おそい時間でも開いているので、足りなくなったものが買える。
(㋑) 広いちゅう車場があるので、自動車でたくさんの買い物ができる。
(㋒) 買い物だけでなく、荷物を送ったり、お金を引き出したりする銀行の役目もしてくれる。

畑・工場ではたらく人びと

① 次の表は、野さいをつくっている時期を表しています。あとの問いに答えましょう。

	1月	2	3	4	5	6	7	8	9	10	11	12
(きゅうり)			Ⓐ					ろ地さいばい			Ⓐ	
(トマト)				Ⓐ								Ⓐ

(1) 外でつくられている野さいと時期をかきましょう。〈技能〉(5点×2)

（ きゅうり ）〔 7 〕〜〔 10 〕月

(2) Ⓐの時期では、右のしせつを使って野さいをつくっています。これを何といいますか。〈知識〉(8点)　（ ビニールハウス ）

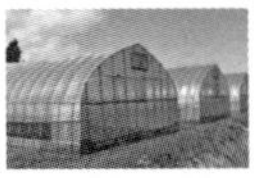

(3) 野さいが高く売れるように気をつけていることとくふうを、〔 〕からえらんでかきましょう。〈知識〉(6点×5)

① 気をつけていること…（ 形 ）と（ 大きさ ）をそろえる。
※順不同

② くふう

- ⑦ つくる時期を（ ずらす ）。
- ⑦ ほかで（ つくらない ）野さいをつくる。
- ⑦ （ せまい ）土地でもたくさんつくる。

〔 せまい　形　つくらない　ずらす　大きさ 〕

96

② 次の絵は、パン工場でのようすを表しています。絵のせつ明にあう文をえらんで（ ）に記号をかきましょう。〈知識〉(6点×5)

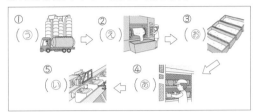

① （ ⑤ ）⇒ ② （ ⑦ ）⇒ ③ （ ⑧ ）

⑤ （ ⑥ ）⇐ ④ （ ⑧ ）

- ⑦ パンをやく。
- ⑦ パンをふくろにつめる。
- ⑦ パンの原りょうを運ぶ。
- ⑦ 生地づくり（ざいりょうをねる）。
- ⑧ パン生地をケースに入れてふくらませる。

③ 次の表を見て、あとの問いに答えましょう。

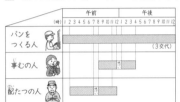

	午前	午後
パンをつくる人		（3交代）
事むの人		
配たつの人		

(1) 配たつの人は、何時からはたらいていますか。〈技能〉(6点)

〔 午前2 〕時から

(2) なぜ(1)からはたらくのですか。〈思考〉(8点×2)

パンは、（ 朝 ）に買いにくる人が（ 多い ）から。

97

安全なくらしを守る

① 次の図を見て、あとの問いに答えましょう。(6点×10)

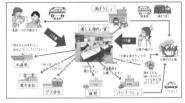

(1) 火事を知らせるときは、110番と119番のどちらですか。〈知識〉

（ 119 ）番

(2) (1)は、どこにつながりますか。〈知識〉　（ 通しん指れい室 ）

(3) (1)にかけるときに大事なことをかきましょう。〈知識〉

① （ 火事 ）か「救急」かを言う。

② （ 場所 ）と近くの（ 目じるし ）になるたて物などを言う。

〔 場所　目じるし　火事 〕

(4) 次のところとかんけいする文を線でむすびましょう。〈知識〉

① ガス会社　　　　　⑦消火せんの水を出るようにする。
② けいさつしょ　　　⑦交通整理をする。
③ しょうぼうしょ　　⑦けが人をちりょうする。
④ 水道局　　　　　　⑦ばくはつしないよう止める。
⑤ 病院　　　　　　　⑦消ぼう車を出動させる。

98

② 次の絵は、交通事こが起こったときのようすを表しています。あとの問いに答えましょう。

(1) 交通事こが起こったとき、何番にかけると「通しん指れい室」にかかりますか。〈知識〉(6点)　（ 110 ）番

(2) 通しん指れい室が次の①と②にれんらくするのは消ぼうしょとけいさつしょのどちらですか。「　」にあてはまる言葉をかきましょう。〈知識〉(6点×2)

通しん指れい室⇒「① 消ぼうしょ」（けが人を運ぶ。）

　　　　　　　　「② けいさつしょ」（事このげん場に向かう。）

(3) (2)の①・②から出動する車は、何ですか。〈知識〉(6点×2)

①（ きゅう急車 ）②（ パトカー ）

(4) 交通整理と、事この原いんを調べるようすを表しているのは図中のⓐ〜ⓖのどれですか。記号でかきましょう。〈技能〉(5点×2)

交通整理をする〔 ⓘ 〕　事この原いんを調べる〔 ⑤ 〕

99

学年末テスト

くらしのうつりかわり

月　日 [名前]　　／100点

1 次の絵を見て、あとの問いに答えましょう。（5点×10）

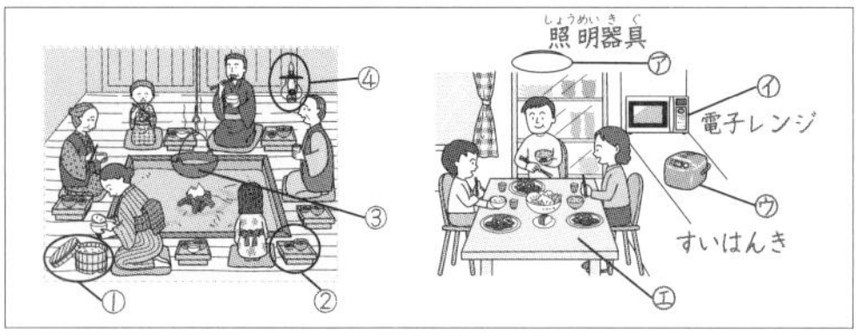

照明器具
④
㋐
㋑
電子レンジ
③
㋒
すいはんき
①
②
㋓

(1) 昔の道具の名前を［　］からえらんでかき、それが今どうなっているかは、図の記号をかきましょう。〈知識〉

		昔	今
ごはんのほぞん	①	おひつ	㋒
ごはんをおくところ	②	はこぜん	㋓
りょう理をつくったり温める	③	いろり	㋑
明かり	④	ランプ	㋐

おひつ　はこぜん　ランプ　いろり

(2) 今と昔で、食べている人は、どうちがいますか。〈思考〉

昔はおじいさんや（おばあさん）たちといっしょに、今より（たくさん(多く)）の人数で食べていた。

2 次の地図は、1970年に大阪万博が開かれた千里ニュータウンのまわりを表しています。あとの問いに答えましょう。（10点×5）

㋐（1967）

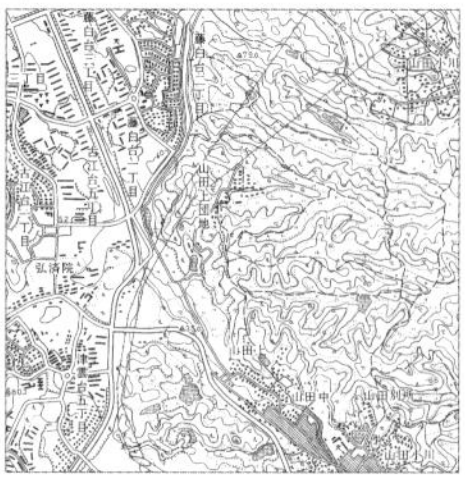

㋑（2001）

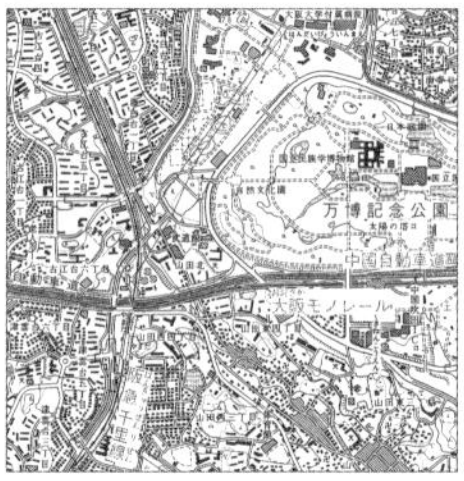

万博記念公園
大阪モノレール

(1) 1929年ころは右のような乗り物が走っていました。この名前をかきましょう。〈知識〉

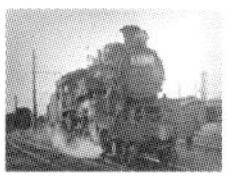

（じょう気きかん車（SL））

(2) ㋐の地図中の団地が広がっているのは、地図のどのあたりですか。東西南北で答えましょう。〈技能〉

（西）がわ

(3) ㋑の地図から、わかることをかきましょう。〈技能〉

交通→道路…（中国）自動車道が通っている

鉄道…（阪急）千里線、大阪（モノレール）が通っている

ごみはどこへ

ごみ調べ

月　日 [名前]

ポイント　ごみの中には、しげんになるものもあるので、ごみを分別することの大切さを理解しましょう。

1 次の中で、ごみにあたるものには（　）に○をつけましょう。

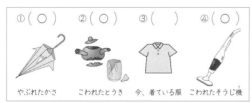

①（○）　②（○）　③（　）　④（○）

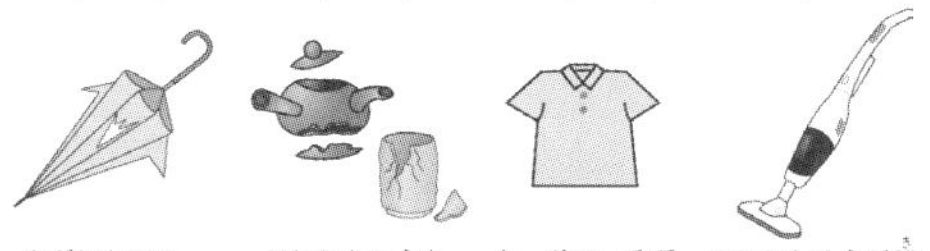

やぶれたかさ　こわれたとうき　今、着ている服　こわれたそうじ機

2 次のごみは、どのように分けられますか。［　］から選んで書きましょう。

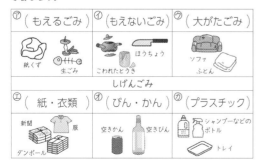

㋐（もえるごみ）	㋑（もえないごみ）	㋒（大がたごみ）
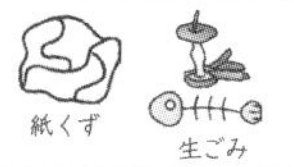 紙くず　生ごみ	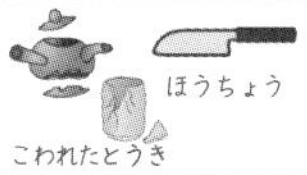 ほうちょう　こわれたとうき	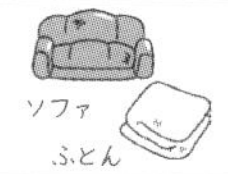 ソファ　ふとん
しげんごみ		
㋓（紙・衣類）	㋔（びん・かん）	㋕（プラスチック）
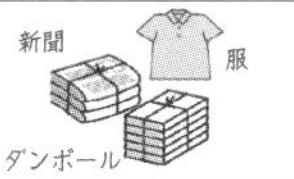 新聞　服　ダンボール	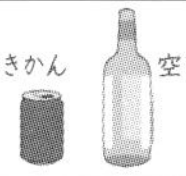 空きかん　空きびん	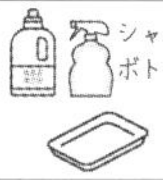 シャンプーなどのボトル　トレイ

大がたごみ　もえるごみ　もえないごみ
びん・かん　プラスチック　紙・衣類

3 ごみステーションの図を見て、あとの問いに答えましょう。

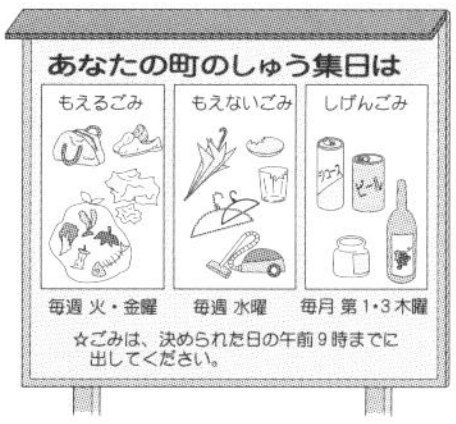

あなたの町のしゅう集日は
もえるごみ
もえないごみ
しげんごみ
毎週 火・金曜
毎週 水曜
毎月 第1・3木曜
☆ごみは、決められた日の午前9時までに出してください。

(1) 生ごみや紙くずなどのごみは、いつ出しますか。

毎週（火・金）

(2) 毎週水曜日に出すごみは、どんなごみですか。

（もえない）ごみ

(3) ごみの出し方で、正しい文に○をつけましょう。

（　）いつどこに出してもよい。

（○）もえる・もえない・しげんごみなどに分けて出す。

（　）決められた日の前の夜から出しておく。

（○）決められた日の朝の9時までに出しておく。

4 次のグラフを見て、あとの問いに答えましょう。

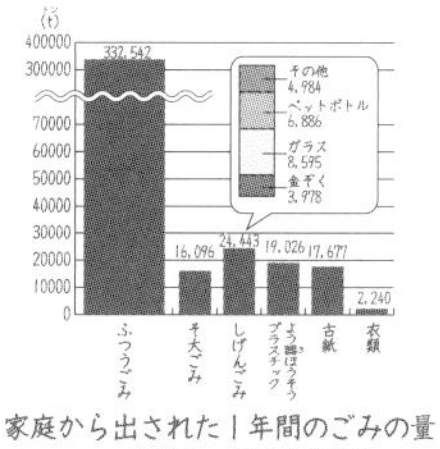

(t)
400000
300000
70000
60000
50000
40000
30000
20000
10000
0
332,542
16,095
24,443
19,026
17,677
2,240
その他 4,984
ペットボトル 6,886
ガラス 8,595
金ぞく 3,978
ふつうごみ
粗大ごみ
しげんごみ
容器包装プラスチック
古紙
衣類

家庭から出された1年間のごみの量
（2018年　大阪市役所資料）

(1) 家庭のごみの中で、一番多く出されているごみとその量を書きましょう。

（ふつう）ごみ

約（33）万t

(2) しげんごみの中で、何が一番多いですか。（ガラス）

ごみはどこへ
ごみのゆくえ

[1] せいそう工場の図を見て、あとの問いに答えましょう。

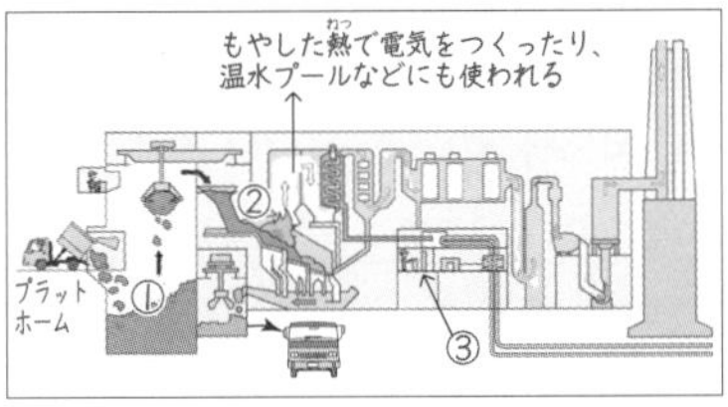

もやした熱で電気をつくったり、温水プールなどにも使われる
②
①
③
プラットホーム

中央せいぎょ室
焼きゃくろ
ごみピット

(1) 図の①～③にあてはまる言葉を書きましょう。
①(ごみピット) ②(焼きゃくろ) ③(中央せいぎょ室)

(2) ①～③の説明にあてはまる文を選んで記号を書きましょう。
①〔 ㋑ 〕 ②〔 ㋐ 〕 ③〔 ㋒ 〕

㋐ ごみをはいにするところ
㋑ ごみを集めるところ
㋒ ごみがもえるのを管理しているところ

(3) ごみをもやしたときに出る熱やはいは、何に利用されていますか。
① ごみをもやしたときに出る熱…(電気)をつくる。
② もやしたはい………(セメント)などをつくる。

セメント　ガス　電気

月　日 [名前]

ポイント　せいそう工場の仕組みと、ごみをへらす取り組みを理解しましょう。

(4) プラットホームからすてられるごみは何ですか。( )に〇をつけましょう。
(〇)生ごみ　( )古新聞　( )こわれたテレビ

(5) もやしたあとにでたはいのほとんどは、トラックによってどこに運ばれますか。
((最終)しょ分場)
(うめたて場)

[2] 次のグラフを見て、あとの問いに答えましょう。

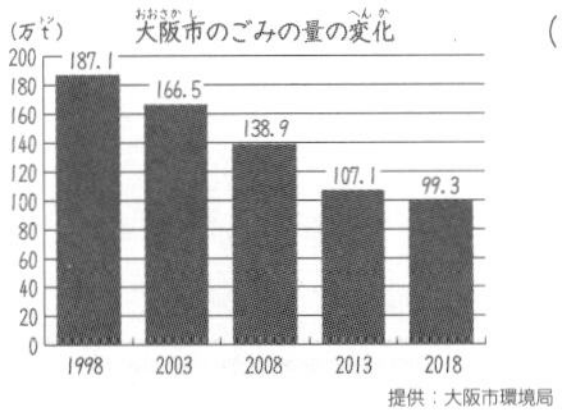

大阪市のごみの量の変化
(万t)
200
180
160
140
120
100
80
60
40
20
0
187.1
166.5
138.9
107.1
99.3
1998
2003
2008
2013
2018
提供：大阪市環境局

(1) 1998年と2018年のごみの量をかきましょう。
① 1998年
(187.1)万t
② 2018年
(99.3)万t

(2) ( )にあてはまる言葉を、[ ]から選んで書きましょう。

地いきのスーパーの入り口には、トレイや牛にゅうパックなどの(回しゅう)ボックスが置かれています。また、2020年度からプラスチックの使いすてをへらすために(レジぶくろ)にお金がいるようになり、お店の人は(エコバッグ)の利用をお客さんによびかけています。

エコバッグ　回しゅう　レジぶくろ

ごみはどこへ
しげんごみ

[1] 次の図を見て、あとの問いに答えましょう。

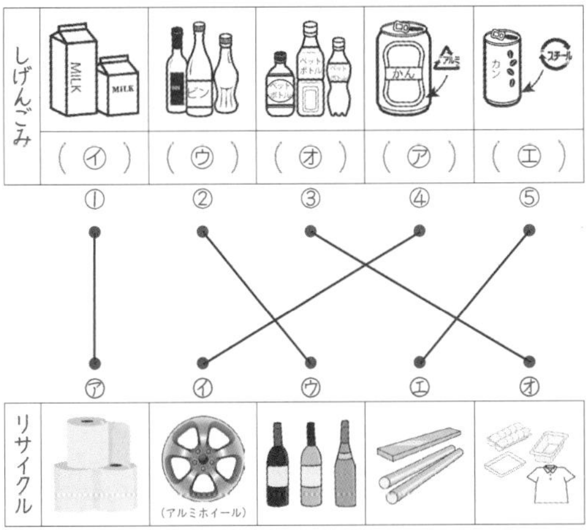

しげんごみ
MILK
MILK
ペットボトル
かん
アルミ
カン
スチール
(㋑)
(㋒)
(㋔)
(㋐)
(㋓)
①
②
③
④
⑤
㋐
㋑
㋒
㋓
㋔
リサイクル
(アルミホイール)

(1) 図の( )にあてはまる言葉を、[ ]から選んで記号を書きましょう。

㋐アルミかん　㋑紙パック　㋒びん
㋓スチールかん　㋔ペットボトル

(2) しげんごみとリサイクルがつながるように線で結びましょう。

月　日 [名前]

ポイント　しげんごみは、リサイクルされると新たな品物に生まれ変わることを理解しましょう。

[2] 次のマークを見て、あとの問いに答えましょう。
(1) 次のマークは、何からできているかを( )にかきましょう。

①

プラ

②
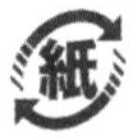

紙

③

1
PET

(プラスチック) (紙) (ペットボトル)

ペットボトル　プラスチック　紙

(2) 家庭で使われる電気せい品の中には、いらなくなったりこわれたりすると、店が回しゅうしメーカー（せいぞう元）がリサイクル（再利用）しなければならない決まりがあります。その電気せい品について、正しいものに〇をつけましょう。
( ) すいはん器　(〇) 冷ぞう庫
(〇) エアコン　( ) そうじ機

[3] なぜ、ごみを出すときに分別しないといけないのでしょうか。( )にあてはまる言葉を、[ ]から選んで書きましょう。

ごみの中には、もう一度(① しげん)として使えるものがたくさんあります。ごみを(② 分別)して出すと、(③ リサイクル)工場で新たな品物に生まれ変わることができるからです。

リサイクル　しげん　分別

ごみはどこへ
ごみ問題と取り組み

[1] 次のグラフを見て、あとの問いに答えましょう。

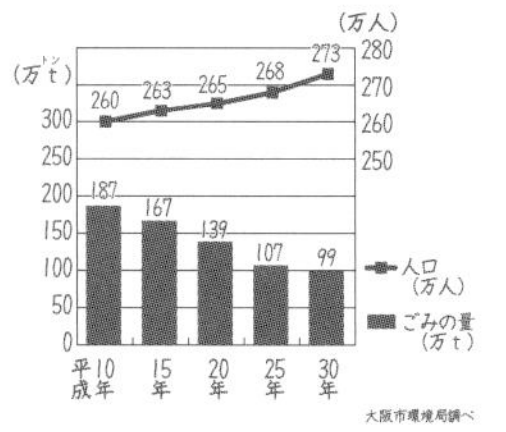

(万t)
(万人)
260
263
265
268
273
280
270
260
250
300
250
200
150
100
50
0
187
167
139
107
99
平成10年
15年
20年
25年
30年
人口(万人)
ごみの量(万t)
大阪市環境局調べ

(1) 人口とごみの量は、どうなっていますか。

① ㋐ 一番人口が多い年
平成(30)年

㋑ ㋐のときのごみの量
(99)万t

② ごみの量 ㋐ 一番人口が少ない年 平成(10)年

㋑ ㋐のときのごみの量 (187)万t

(2) ①と②をくらべて気づいたことを書きましょう。

人口は(ふえた)が、ごみの量は(へった)。

(3) ごみをへらすための取り組みとして、正しいものに○をつけましょう。

( ) よく使うものは、ねだんの安いものを買うようにする。
(○) 買い物に行くときは、エコバッグを使う。
(○) 学校では、落ち葉をたいひにしている。
( ) 古新聞は、もえるごみの回しゅう日に出す。
(○) 印刷して失敗した紙は、うらも使う。

ポイント ごみをへらす取り組み(4Rと3きり運動)を理解しましょう。

[2] ごみをへらす取り組みとして、「4R」があります。

(1) 次の①～④が表していることを( )に書きましょう。

① ごみそのものをへらすこと。 (リデュース)
② 物をすてずに、くり返し使うこと。 (リユース)
③ ごみをしげんに変えて、ふたたび使うこと。(リサイクル)
④ いらないものはことわること。 (リフューズ)

リユース リサイクル リデュース リフューズ

(2) 次のできごとは、(1)の①～④のどれと関係がありますか。( )に番号を書きましょう。

(①) 商品のほうそうをなるべくかんたんにしてもらう。
(④) 買い物に行ったとき、必要のないわりばしやスプーンはことわった。
(②) 使わなくなったおもちゃを、いる人にゆずる。
(③) ペットボトルを決められた日と場所に出す。

[3] 次は、家庭でできる「3きり運動」です。図を見て、どんなことかを、[ ]から選んで書きましょう。

①
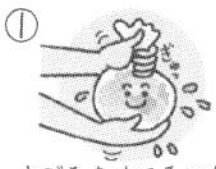
生ごみをすてるとき
(水きり)

②
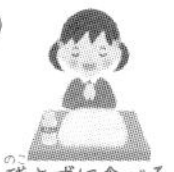
残さずに食べる
(食べきり)

③
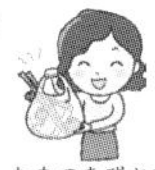
買ったものを残さない
(使いきり)

食べきり
水きり
使いきり

まとめテスト

ごみはどこへ(1)

[1] 次の図を見て、家から出たごみを表に分けて書きましょう。2か所にあてはまるごみもありますが、ここでは1か所に1つ入ります。 (10点×6)

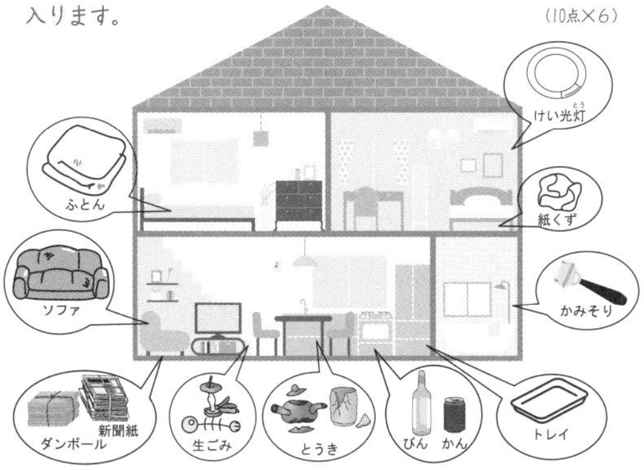

けい光灯
ふとん
紙くず
ソファ
かみそり
新聞紙
ダンボール
生ごみ
とうき
びん
かん
トレイ

もえるごみ	もえないごみ	大がたごみ
紙くず 生ごみ	けい光とう とうき、かみそり	ソファ ふとん
しげんごみ		
紙類・衣類	びん・かん・ペットボトル	プラスチック
ダンボール 新聞紙	びん、かん	トレイ

[2] もえるごみは、せいそう工場に運ばれます。あとの問いに答えましょう。 (5点×8)

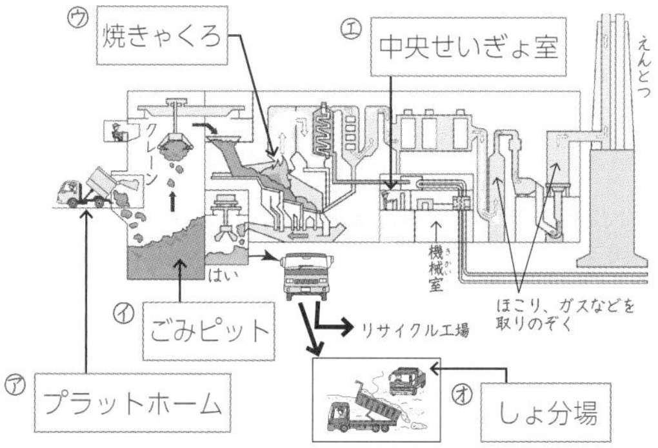

㋒ 焼きゃくろ
㋓ 中央せいぎょ室
えんとつ
クレーン
はい
機械室
㋑ ごみピット
リサイクル工場
ほこり、ガスなどを取りのぞく
㋐ プラットホーム
㋔ しょ分場

(1) 図中の[ ]にあてはまる言葉を、[ ]から選んで書きましょう。

焼きゃくろ ごみピット 中央せいぎょ室
しょ分場 プラットホーム

(2) 次の説明にあたるところは、図中の㋐～㋔のどれですか。

(㋓) コンピューターを使って工場を管理するところ。
(㋔) 焼きゃくされたはいをしょ分するところ。
(㋑) ごみを集めるところ。

まとめテスト

ごみはどこへ(2)

[1] 次の図と写真は、しげんごみとして集められたものが何に生まれ変わるかを表しています。図のA～Dにあてはまるものを、［　　］のア～エから１つずつ選んで、記号を書きましょう。

（6点×4）

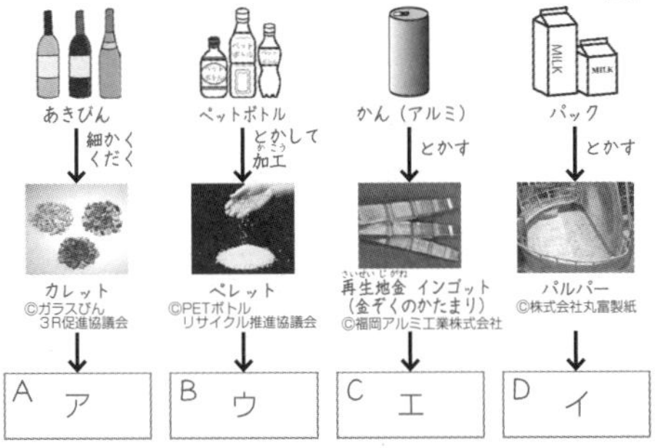

A　ア　　B　ウ　　C　エ　　D　イ

ア　ガラスびん　　イ　トイレットペーパー
ウ　服・再生ペットボトル　　エ　アルミせい品

[2] 次のしげんごみが表しているマークを線で結びましょう。

（6点×4）

①プラスチック　②ペットボトル　③ダンボール　④紙

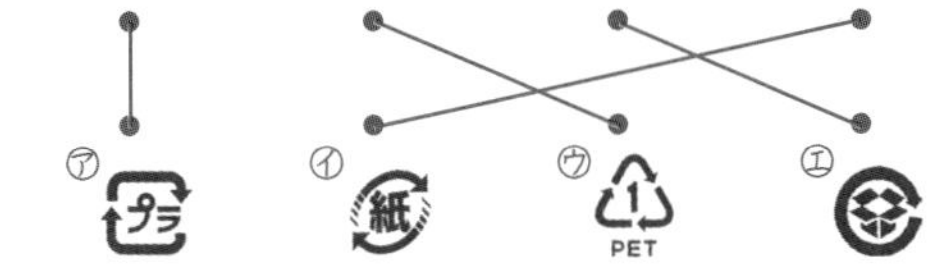

月　日　[名前]　／100点

[3] ごみをへらすために、４Ｒという取り組みが進められています。それぞれ関係するものを線で結びましょう。

（5点×8）

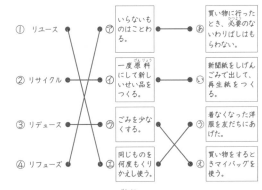

① リユース
② リサイクル
③ リデュース
④ リフューズ

㋐ いらないものはことわる。
㋑ 一度原料にして新しいせい品をつくる。
㋒ ごみを少なくする。
㋓ 同じものを何度もくりかえし使う。

㋐ 買い物に行ったとき、必要のないわりばしはもらわない。
㋑ 新聞紙をしげんごみで出して、再生紙をつくる。
㋒ 着なくなった洋服を友だちにあげた。
㋓ 買い物をするときマイバッグを使う。

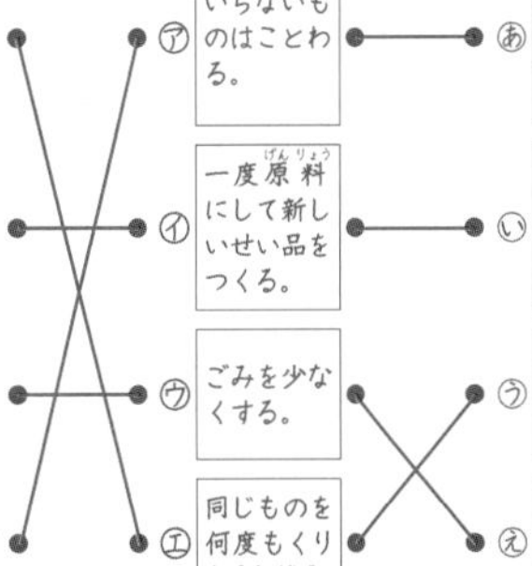

[4] なぜ、ごみを出すときに分別しないといけないのですか。次の言葉を使って書きましょう。（リサイクル工場・分別・しげん）

（12点）

（例）
ごみの中には、しげんとして使えるものがあります。だから、ごみを分別して出すと、リサイクル工場で新たな品物として生まれ変わることができるから。

水はどこから

水の利用と水が送られてくる仕組み

[1] 次の図を昔から今とつながるように順番を書きましょう。

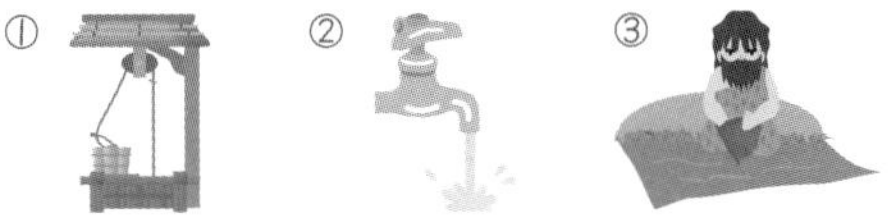

①（ 2 ）　②（ 3 ）　③（ 1 ）

[2] 次の図を見て、家庭で使われている水の量を書きましょう。

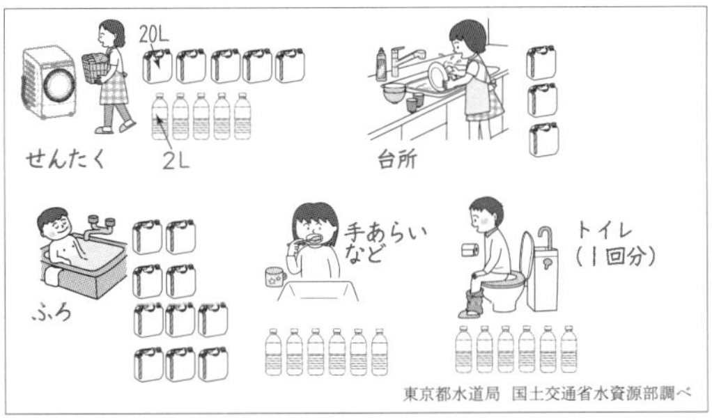

① トイレ〔 12 〕L　② せんたく〔 110 〕L
③ 台所〔 60 〕L　④ ふろ〔 200 〕L
⑤ 手あらいなど〔 12 〕L

①～⑤の合計〔 394 〕L

月　日　[名前]

ポイント　家庭で使う水がどのようにして流れてきているかを理解しましょう。

[3] 次の図は、家庭で使う水が、どのようにして流れてきているかを表しています。①～④にあてはまる言葉を、［　　］から選んで書き、つながりのある文と線で結びましょう。

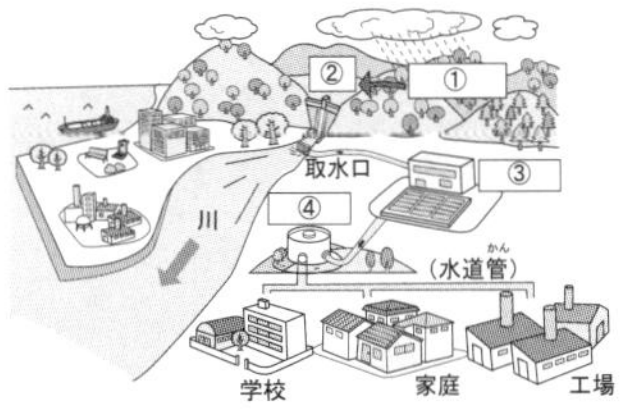

配水池
水げんの森
じょう水場
ダム

①〔 水げんの森 〕（緑のダム）
②〔 ダム 〕
③〔 じょう水場 〕
④〔 配水池 〕

㋐ 水をきれいにして、飲んでも安全な水にするところ。
㋑ 家庭や学校などに水を送り出すところ。
㋒ ふった雨が土にしみこみ水をたくわえる。
㋓ 雨の量によって、川に流れ出す水量を調節する。

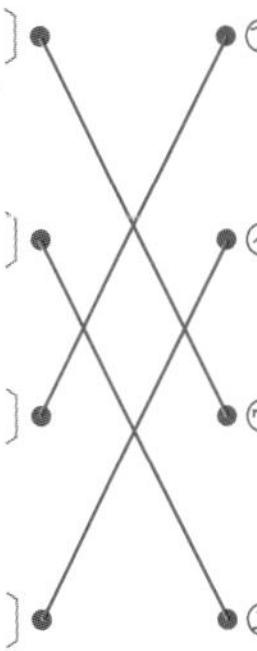

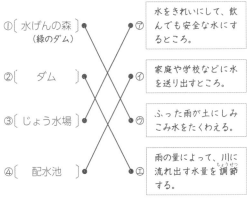

水はどこから
じょう水場・下水しょり場

[1] 次の図は、じょう水場のようすを表しています。あとの問いに答えましょう。

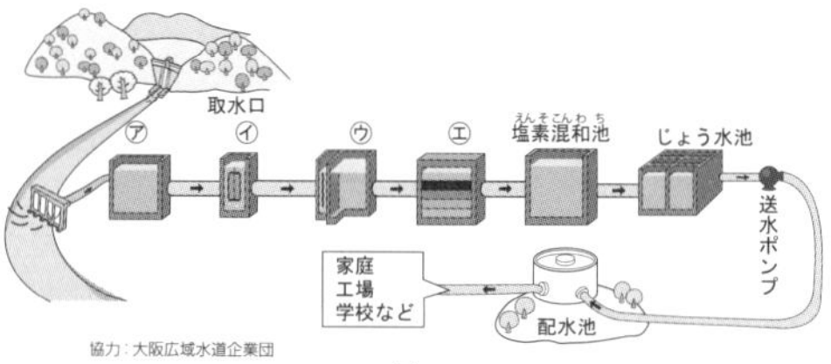

取水口
㋐
㋑
㋒
㋓
塩素混和池
じょう水池
送水ポンプ
家庭
工場
学校など
配水池

協力：大阪広域水道企業団

(1) ㋐～㋓の名前を、[　　]から選んで書きましょう。

㋐（ ちんさ池 ）　㋑（ かくはん池 ）

㋒（ ちんでん池 ）　㋓（ ろか池 ）

[ちんでん池　ろか池　かくはん池　ちんさ池]

(2) ①～④にあてはまる役わりを㋐～㋓から選んで、記号を書きましょう。

①（ ㋓ ）すなやじゃりのそうを通して、きれいな水にする。

②（ ㋑ ）薬を入れて水をかきまぜる。

③（ ㋐ ）すなや大きなごみをしずめる。

④（ ㋒ ）薬で小さなごみを固めてしずめる。

(3) きれいになった水を家庭、工場、学校などに送るのはどこですか。

（ 配水池 ）

月　日 [名前]

ポイント　じょう水場と下水しょり場の仕組みを理解しましょう。

[2] 次の図は、家庭や工場などで使われた水を、下水しょり場できれいにする仕組みを表しています。

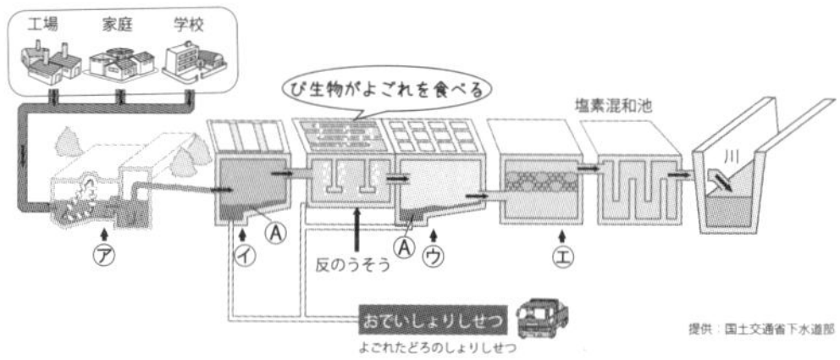

工場　家庭　学校
び生物がよごれを食べる
塩素混和池
川
㋐
㋑
Ⓐ
反のうそう
Ⓐ
㋒
㋓
おでいしょりしせつ
よごれたどろのしょりしせつ

提供：国土交通省下水道部

(1) 図の㋐～㋓は、じょう水場のせつびと同じはたらきをしています。それぞれの名前を書きましょう。

㋐（ ちんさ池 ）　㋑ 第1（ ちんでん池 ）

㋒ 第2（ ちんでん池 ）　㋓（ ろか池 ）

(2) 「反のうそう」では、何を使って水をきれいにしていますか。

（ び生物 ）

(3) Ⓐのどろは、どこに運ばれますか。　（おでいしょりしせつ）（うめ立て場）

[3] 右のグラフから、家庭での水は何に一番多く使われていますか。

（ ふろ ）

家庭での水の使われ方

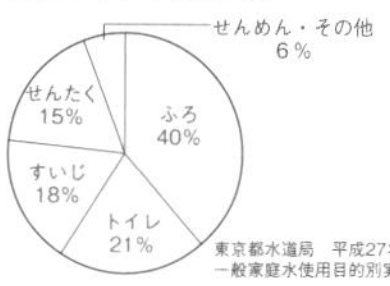

せんめん・その他 6%
ふろ 40%
せんたく 15%
すいじ 18%
トイレ 21%

東京都水道局　平成27年度 一般家庭水使用目的別実態調査

水はどこから
水の流れ

[1] 次の図は、水の流れを表しています。あとの問いに答えましょう。

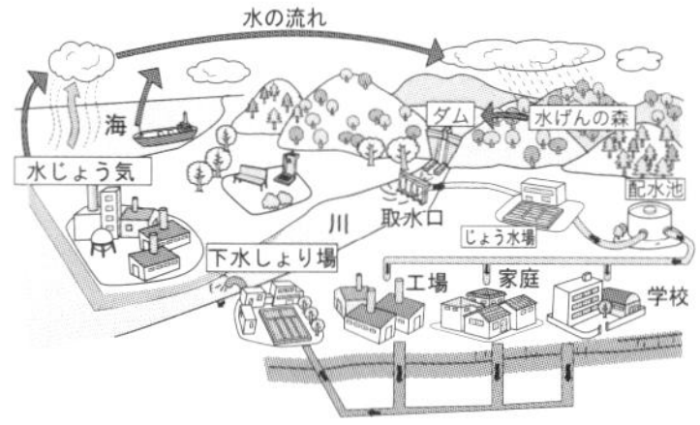

水の流れ
海
水じょう気
ダム
水げんの森
川
取水口
配水池
じょう水場
下水しょり場
工場
家庭
学校

(1) 次の①～④にあてはまる言葉を、図を見て書きましょう。

雨 → ①水げんの森 → 川 → ②ダム → 川 → ③じょう水場 → 配水池 →（水道管）学校・家庭・工場 →（下水管）④下水しょり場 → 川・海 → 雨

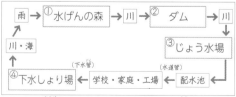

(2) 次の文と関係するはたらきを上の①～④から選んで、（　）に番号を書きましょう。

（ ① ）ふった雨を地下水としてたくわえる。

（ ③ ）川の水を取り入れて、飲める水にする。

（ ② ）雨の量によって、川の水の量を調節する。

（ ④ ）家庭や工場で使われた水をきれいにする。

月　日 [名前]

ポイント　水の流れを理解するとともに、森林の大切さを学びましょう。

[2] 次の図をくらべて、あとの問いに答えましょう。

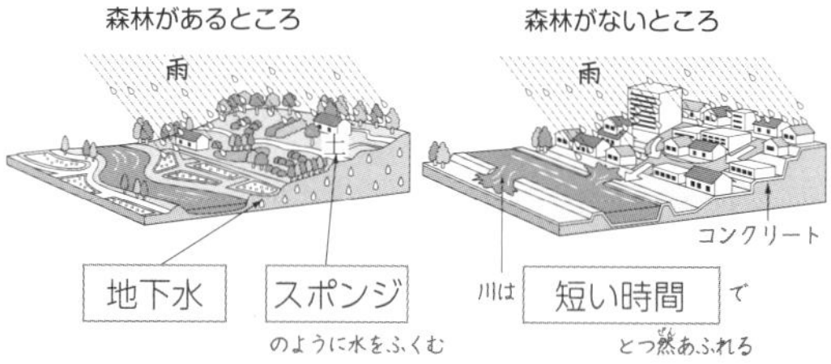

森林があるところ
森林がないところ
雨
雨
コンクリート
地下水
スポンジ
のように水をふくむ
川は
短い時間
で
とつ然あふれる

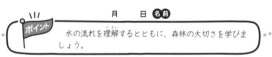

（「国土交通省資料」より作成）

(1) 図中の[　　]にあてはまる言葉を、[　　]から選んで書きましょう。

[短い時間　地下水　スポンジ]

(2) なぜ、森林は「緑のダム」といわれているのですか。（　）にあてはまる言葉を、[　　]から選んで書きましょう。

森林は、（①雨水）をたくわえ、（②こう水）をふせぐはたらきがあります。
また、（③木の根）が土やすなをおさえこみ、（④土しゃくずれ）をふせぐはたらきもするからです。

[土しゃくずれ　こう水　木の根　雨水]

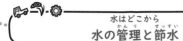

水はどこから
水の管理と節水

[1] 写真の説明(せつめい)について、正しいものを線で結(むす)びましょう。

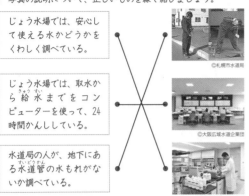

じょう水場では、安心して使える水かどうかをくわしく調べている。

じょう水場では、取水から給水(きゅうすい)までをコンピューターを使って、24時間かんししている。

水道局の人が、地下にある水道管(すいどうかん)の水もれがないか調べている。

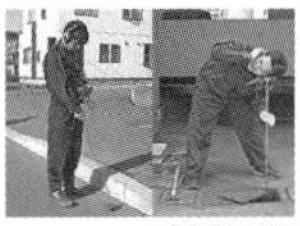
©札幌市水道局

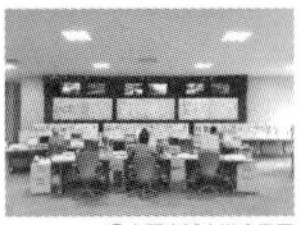
©大阪広域水道企業団

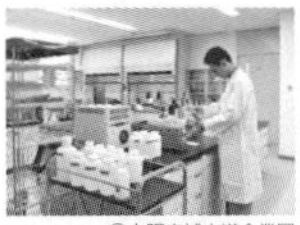
©大阪広域水道企業団

[2] 下水しょり場について、( )にあてはまる言葉を、[ ]から選(えら)んで書きましょう。

下水しょり場できれいになった水は、大部分を(① 川)や(② 海)に流しますが、一部の工場やビルでは(③ トイレの水)などに再利用(さいりよう)しているところもあります。

①・②順不同

[トイレの水　川　海]

月　日 [名前]

ポイント かぎられた水をいかに大切にするかを理解(りかい)しましょう。

[3] 右のグラフを見て、あとの問いに答えましょう。

家庭で使う水の使われ方

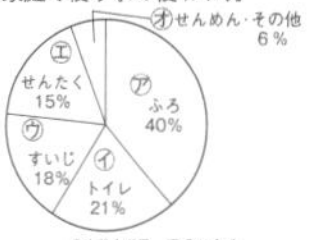
㋔せんめん・その他 6%
㋐ふろ 40%
㋑トイレ 21%
㋒すいじ 18%
㋓せんたく 15%
東京都水道局 平成27年度 一般家庭水使用目的別実態調査

(1) 毎日使う水の中で、一番多く使っているのは、何ですか。(ふろ)

(2) 次の①～⑤は、グラフの㋐～㋔のどこで行うとよいですか。( )に記号を書きましょう。

① (㋑) 大と小のレバーを使い分ける。
② (㋐) 残(のこ)った湯をせんたくするときに使う。
③ (㋓) 回数をへらすためにまとめてあらう。
④ (㋒) 米のとぎじるは、植物の水やりに使う。
⑤ (㋔) 必要(ひつよう)な量(りょう)だけコップなどに入れて使う。

(3) (2)の①～⑤を、「節水(せっすい)」と「水の再利用」に分けましょう。

節水 〔 ① 〕〔 ③ 〕〔 ⑤ 〕
水の再利用 〔 ② 〕〔 ④ 〕

[4] 水をよごさないことも、水を大切にすることになります。( )にあてはまる言葉を、[ ]から選んで書きましょう。

① 食べ物のくずなどは、(くず取りネット)に入れる。
② 使えなくなった油は、(新聞紙)などにすわせる。
③ あらうときに、(せんざい)の量をへらす。

[新聞紙　せんざい　くず取りネット]

まとめテスト

水はどこから(1)

[1] 次の図を見て、あとの問いに答えましょう。

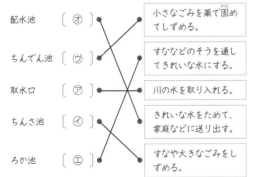

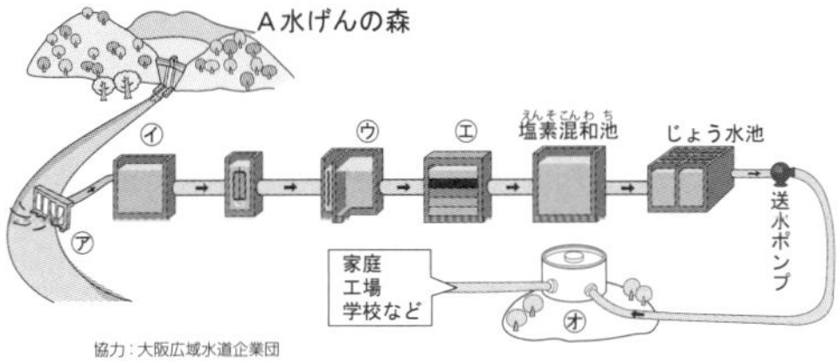
A水げんの森
㋐
㋑
㋒
㋓
塩素混和池
じょう水池
送水ポンプ
家庭
工場
学校など
㋔
協力：大阪広域水道企業団

(1) 図のAは、何のダムといわれていますか。(5点) (緑のダム)

(2) 次のしせつにあてはまるものを、図中の㋐～㋔から選(えら)び、そのしせつを説明(せつめい)した文を線で結(むす)びましょう。(6点×10)

配水池 〔 ㋔ 〕
ちんでん池 〔 ㋒ 〕
取水口 〔 ㋐ 〕
ちんさ池 〔 ㋑ 〕
ろか池 〔 ㋓ 〕

小さなごみを薬で固(かた)めてしずめる。
すななどのそうを通してきれいな水にする。
川の水を取り入れる。
きれいな水をためて、家庭などに送り出す。
すなや大きなごみをしずめる。

月　日 [名前]　/100点

[2] ある市の給水量(きゅうすいりょう)と人口の変化(へんか)のグラフを見て、あとの問いに答えましょう。(5点×7)

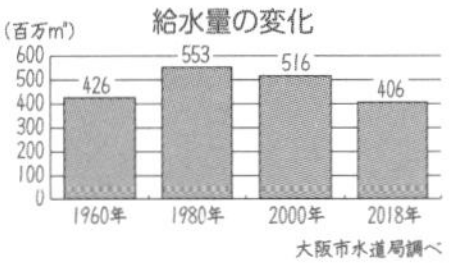
給水量の変化
(百万m³)
600
500
400
300
200
100
0
426
553
516
406
1960年
1980年
2000年
2018年
大阪市水道局調べ

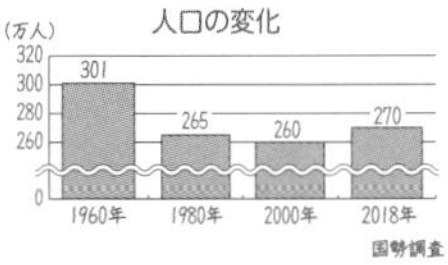
人口の変化
(万人)
320
300
280
260
0
301
265
260
270
1960年
1980年
2000年
2018年
国勢調査

(1) この市の1960年と2018年の給水量と人口を書きましょう。

	給水量	人口
1960年	(426)百万m³	(301)万人
2018年	(406)百万m³	(270)万人

(2) 次の①②の理由を、[ ]から選んで書きましょう。

① 1980年まで給水量がふえている理由

(人口)はへっているが、1960年ごろには使っていなかったせんたく機(き)や(水せんトイレ)が使われるようになったから。

② 2000年から給水量がへった理由

(節水)の大切さがわかってきたことと、水を多く使わない電気せい品などがふえてきたから。

[節水(せっすい)　水せんトイレ　人口]

まとめテスト

水はどこから(2)

月　日 [名前]　／100点

[1] 次の図を見て、あとの問いに答えましょう。

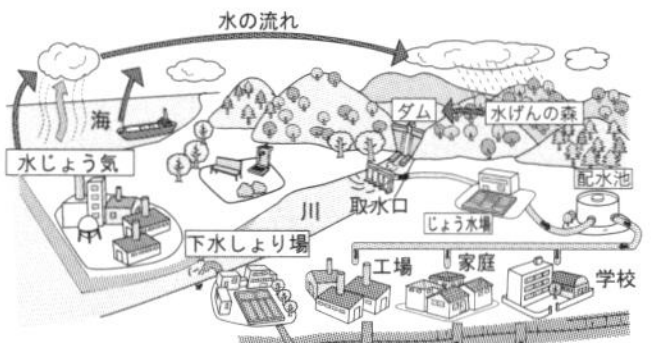

(1) じょう水場からのきれいな水は、下水管か水道管のどちらの管で家庭までとどけられますか。(5点)

（ 水道管 ）

(2) 次の①～⑤の役わりをはたすところはどこですか。(5点×5)

① 川から取り入れた水をきれいにする。（じょう水場）

② 使われた水をきれいにして流す。（下水しょり場）

③ きれいになった水をためておく。（ 配水池 ）

④ 山にふった雨をためておく。（水げんの森）

⑤ 川の水をたくわえる。（ ダム ）

(3) (2)の①～⑤を水が運ばれる順に番号を書きましょう。(完答15点)

〔 ④ 〕→〔 ⑤ 〕→〔 ① 〕→〔 ③ 〕→〔 ② 〕

(4) じょう水場と下水しょり場で出たどろは、何に再利用されていますか。□から選んで書きましょう。(5点×2)

㋐ じょう水場 …（ 植物 ）を育てるための土

㋑ 下水しょり場 …（ セメント ）の原料

セメント　うめ立て場　植物

[2] 次の図を見て、あとの問いに答えましょう。(5点×9)

(1) 水を大切に使うためのくふうを、図を見て書きましょう。

㋐ 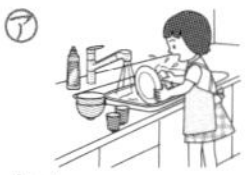
水を（出しっぱなし）であらわない。

㋑ 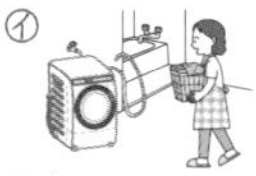
ふろの（ 残り湯 ）を使う。

㋒ 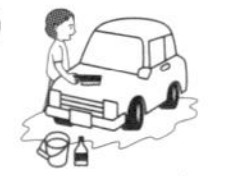
（ バケツ ）にくんだ水であらう。

バケツ　出しっぱなし　残り湯

(2) 下水道を大切にするために、流さないものを書きましょう。

① トイレ…（トイレットペーパー）以外の紙。

② 台　所…（ 食用油 ）　③ ふ　ろ…（ かみの毛 ）

食用油　かみの毛　トイレットペーパー

(3) 札幌市の水道局では、右の写真のように、毎日水げんパトロールを行っています。（　）にあてはまる言葉を書きましょう。

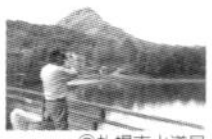
©札幌市水道局

川の①（ 上流 ）にあるダムからじょう水場にとどくまで、②（ 川 ）の水のにおいや、にごりがないかなど水げんの③（ 見守り ）を行っています。

川　見守り　上流

自然災害から人びとを守る

自然災害の種類

月　日 [名前]

[ポイント] 自然災害の種類とそれらから人びとを守る方法を学びましょう。

[1] 次の地図を見て、あとの問いに答えましょう。

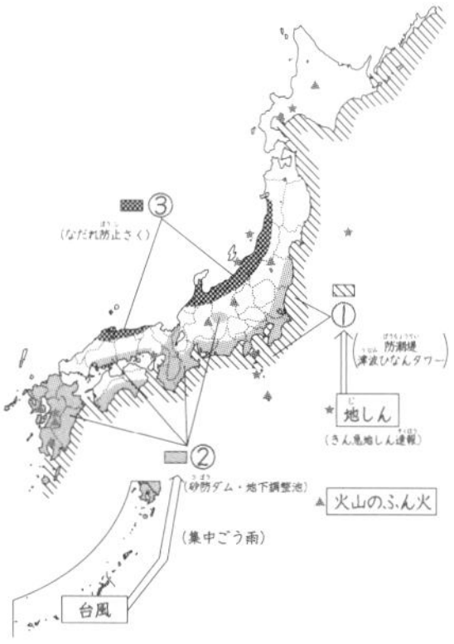

(1) ①～③の災害を□から選んで書きましょう。

①（ つ波 ）

②（ 風水害 ）

③（ 雪害 ）

雪害　つ波　風水害

(2) 次の災害にあたる言葉を書きましょう。

① 日本のどこで起きてもふしぎではないが、特に1995年の阪神・淡路と、2011年の東日本で起きた災害。（ 地しん ）

② 1990年雲仙普賢岳、2014年御嶽山では、とつぜんばく発して火山ばいやガスなどがふき出した。（火山のふん火）

③ 夏から秋にかけて日本をおそい、大雨でこう水や土砂くずれを起こす。（ 台風 ）

台風　地しん　火山のふん火

(3) (1)の①～③の災害の中で、気候に関係するものすべてを番号で書きましょう。

（ ②・③ ）

[2] 次のことがらは、自然災害から人びとを守るためのものです。名前を□から選び、関係のあるものを線で結びましょう。

① 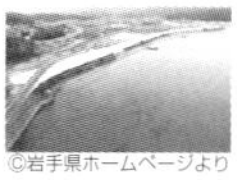
©岩手県ホームページより
（ぼうちょうてい）

② 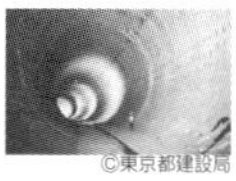
©東京都建設局
（ 地下調整池 ）

③ 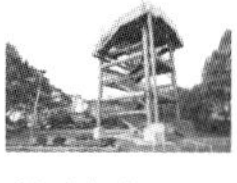
（つ波ひなんタワー）

④ 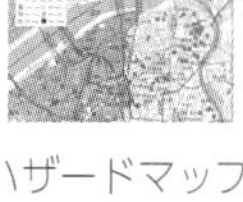
（ハザードマップ）

- 大雨のとき、雨水をためるために地下につくったトンネル。
- 津波の起きやすいところに建てられた、住民がひなんするための場所。
- 台風などの大波や高潮のひ害を少なくするもの。
- 災害が起きそうなところを地図上で表したもの。

ハザードマップ　つ波ひなんタワー　ぼうちょうてい　地下調整池

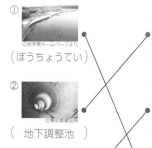

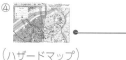

自然災害から人びとを守る
自然災害にそなえる

[1] 自然災害にそなえた取り組みです。□と（　）にあてはまる言葉を、□から選んで書きましょう。

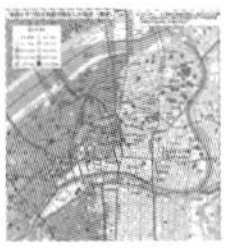

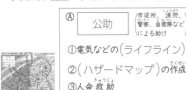

Ⓐ 公助 （市役所、消防、警察、自衛隊などによる助け）

①電気などの（ライフライン）
②（ハザードマップ）の作成
③人命救助

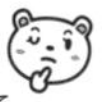

ライフラインは、上・下水道やガス、電気、通信、輸送など人びとの生活をささえるものよ。

Ⓑ 共助
（近所や地いきの人たちと助け合う）
①救出訓練
②（　ひなん　）場所にいっしょに行く
③（ぼうさい）倉庫の点けん

Ⓒ 自助
（自分や家族の命は、自分たちで守る）
①（　食料品　）・飲料水などをそなえる
②家具などがたおれないようにする
③（　家族　）で身の回りの安全をたしかめる

Ⓐ～Ⓒ
公助　自助　共助

①～③
ひなん　家族　ハザードマップ
ぼうさい　食料品　ライフライン

月　日 [名前]

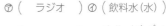

[ポイント] ふだんから自然災害の取り組みや用意するものを学びましょう。

[2] 自然災害にそなえて、リュックサックに入れておくとよい物を下の図を見て書きましょう。

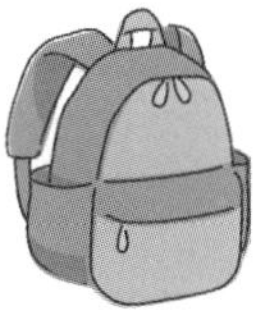

㋐（　ラジオ　）㋑（飲料水(水)）
㋒（　薬　）㋓（トイレットペーパー）（ティッシュペーパー）
㋔（かん電池）㋕（　雨具　）
㋖（軍手(手ぶくろ)）㋗（ひじょう食(食料)）
㋘（タオル(衣類)）㋙（お金(現金)）

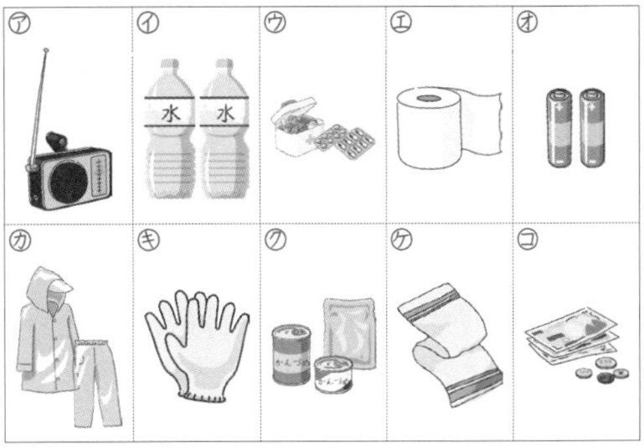

自然災害から人びとを守る
地しんにそなえる

[1] 次の写真について、あとの問いに答えましょう。

(1) ㋐・㋑の災害の名前を、□から選んで書きましょう。

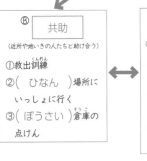

㋐ 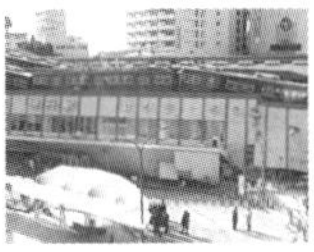
©伊丹市役所

㋐の写真は、1995年1月17日に兵庫県南部で起きた地しんによりたおれた建物です。
（阪神・淡路大しんさい）

㋑ 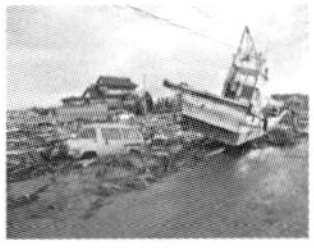
©名取市図書館

㋑の写真は、2011年3月11日に東北地方を中心に起きた地しんにより、起きたひ害の様子です。
（東日本大しんさい）

東日本大しんさい　阪神・淡路大しんさい

(2) ㋑により起きた災害を、次の□から選んで書きましょう。
たつまき　大雨　大雪　つ波
（　つ波　）

[2] 次の写真は、地しんが起こったときに、ひ害を少なくするための取り組みです。□から選んで記号を書きましょう。

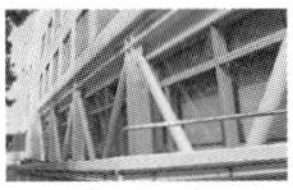
〔㋐〕

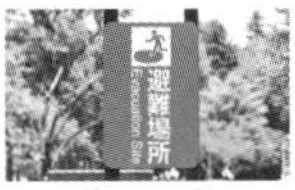

〔㋒〕

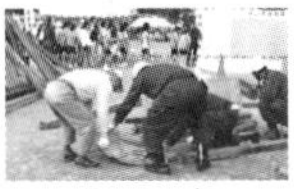
〔㋑〕

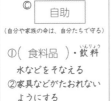

㋐ 耐震工事がされた建物　㋑ 防災訓練
㋒ ひなん場所をしめすかん板

月　日 [名前]

[ポイント] 地しんのこわさを知るとともに、それにそなえた取り組みを理解しましょう。

[3] 次の図は、地しんから住民を守る仕組みです。あとの問いに答えましょう。

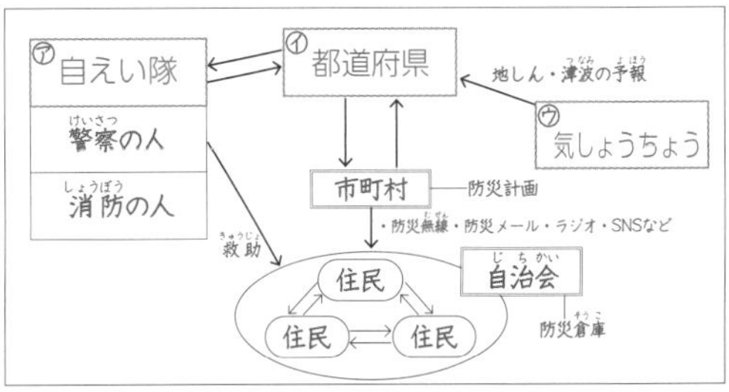

(1) 図の㋐～㋒にあてはまる言葉を、□から選んで書きましょう。
気しょうちょう　自えい隊　都道府県

(2) 市町村は、地しんの情報をどのようにして住民に伝えていますか。2つ書きましょう。
（ぼうさい無線）（ぼうさいメール）
ラジオ　SNS　どれか2つ

(3) 市や町がつくっている、地しんなどの災害が起きたときに、どのように対おうするかをまとめた計画を、何といいますか。
（ぼうさい計画）

(4) 災害にそなえて、毛布やトイレなど必要なものが保管されているところを何といいますか。
（ぼうさい倉庫）

水害・雪害・ふん火にそなえる

① 次の文は、日本で水害が多い理由です。（ ）にあてはまる言葉を、◻️から選んで書きましょう。

> 日本の川は、海までのきょりが（① 短く ）、流れも（② 急 ）なので、雨が一度に多くふると水害が起きやすくなります。山地では（③ 土しゃ ）災害が起こります。最近は（④ 台風 ）や集中ごう雨での災害が多くなっています。

土しゃ　台風　急　短く

② 次の図は、水害をふせぐための取り組みです。それぞれ答えましょう。

① 森林　　② 都市（町）　　③ 川

（ 植林 ）

（地下調整池）

（ ていぼう ）

地下調整池　ていぼう　植林

③ 人びとが水害から身を守るためにしていることを書きましょう。

① 〔気しょうちょう〕が出す情報…台風の進路などに気をつける。

② 〔ぼうさい無線〕…地いきに流れるきん急の情報を聞く。

③ 〔ハザードマップ〕…水害になりそうな地いきを地図で知る。

ハザードマップ　ぼうさい無線　気しょうちょう

138

ポイント　水害・雪害・火山のふん火に対する取り組みを知りましょう。

④ 次の問いに答えましょう。

(1) 雪害が多い地いきに〇をつけましょう。

（ 太平洋側 ）・（〇 日本海側 ）

(2) 雪害に対して、次の①～③のうち、市役所が行っている取り組みには㋐、地いきで行っている取り組みには㋑をかきましょう。

① お年よりの家の雪かきを手伝ってもらう。　　（ ㋑ ）

② 防災メールを出して、大雪への注意をよびかける。　（ ㋐ ）

③ 広報誌で、集めた雪を置く場所がどこにあるかを伝える。
　　　　　　　　　　　　　　　　　　　　　（ ㋐ ）

(3) 御嶽山は、2014年のふん火で、登山をしていてなくなったりした人が60人以上になりました。

有珠山
(2000)
浅間山 (2005)
御嶽山 (2014)
雲仙岳 (1991)
三宅島 (2000)
伊豆大島 (1986)

1 御嶽山は、どこにありますか。

（ 長野 ）県・（ 岐阜 ）県　※順不同

2 御嶽山のふもとの村がした対さくを、◻️から選んで書きましょう。

① 「ふん火」対さく…
（火山ぼうさいマップ）の作成。

② 「ふん石」対さく…山小屋をほ強し、（ヘルメット）やかい中電灯などをそなえる。

③ 「登山者」対さく…
（ 登山計画書 ）を出す。

ヘルメット
登山計画書
火山ぼうさいマップ

139

まとめテスト
自然災害から人びとを守る(1)

① 次の地図と関係する災害と写真を選んで、記号を書きましょう。
(6点×10)

（集中ごう雨）
（台風）

災害

	名前	写真
①	㋑	㋑
②	㋑	㋓
③		㋐
④	㋐	㋒
⑤	㋑	㋔

㋐ 雪害　㋑ 地しん　㋒ 火山のふん火　㋓ 津波　㋔ 風水害

©気象庁

©名取市図書館

©伊丹市役所

140

　　　　　　　　　　　　　　　　　　　　　　/100点

② 次の図は、災害のときにひなんするための標しきです。あとの問いに答えましょう。
(5点×4)

(1) 災害のために、自分の家にもどることができない人が、ある期間、ひなん生活をする所を表している図は、㋐と㋑のどちらですか。

（ ㋑ ）

㋐（きん急ひなん場所）

㋑（ひなん所）

(2) (1)の図では、どの災害のときにひなんできますか。正しいものに〇をつけましょう。

（ 〇 ）地しん　（　）雪害　（　）土砂災害

③ 次の表示は、何のためでしょうか。（ ）にあてはまる言葉や数字を、◻️から選んで書きましょう。
(5点×4)

ここの地盤は
海抜 6 m
Above Sea Level

① この土地は、海から（ 6 ）mの高さです。次のときのひなんの目安にします。

㋐ 台風のときの（ 高しお ）や、地しんなどで起こる（ つ波 ）のとき。

㋑ 集中ごう雨などの（ こう水 ）のとき。

つ波　こう水　高しお　6

141

まとめテスト

自然災害から人びとを守る(2)

[1] 次のグラフは、阪神・淡路大震災を経験して助かった人たちのアンケート結果です。あとの問いに答えましょう。（5点×5）

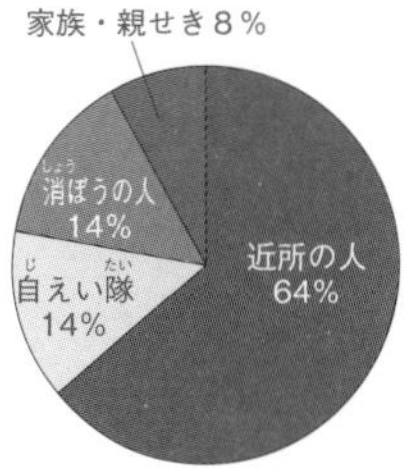

家族・親せき８％
消ぼうの人 14%
自えい隊 14%
近所の人 64%

(1) 自助と共助で助かった方は、合わせて何%ですか。

・自助（ 8 ）%

・共助（ 64 ）%

合わせて（ 72 ）%

(2) 公助では、どんな人たちに助けてもらいましたか。

（消ぼうの人）

※順不同（ 自えい隊 ）

[2] 次のポスターを見て、あとの問いに答えましょう。

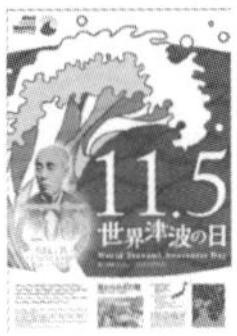

11.5
世界津波の日
©和歌山県広川町

1854年11月５日の「安政南海地震」のとき、稲むらに火をつけて村人を津波から救ったことから、2015年に世界共通の記念日になりました。

※稲むら…145ページ②参照

(1) 村人を何から救うために、どうしましたか。（10点）

（例）
つ波からすくうために、いなむらに火をつけた。

(2) 11月５日は、何の日になりましたか。（5点）

（ 世界津波の日 ）

月　日 [名前]　/100点

[3] ことわざで、「そなえあればうれいなし」とあるように、じゅんびしておくことは大事です。次のことがらは、何にそなえてのことですか。関係するものを線で結びましょう。（5点×4）

① ひなんタワー ― ㋒ 津波のひなん場所
② 防災訓練 ― ㋓ 災害が起きたときの行動
③ 砂防ダム ― ㋐ 土砂くずれをふせぐ
④ ハザードマップ ― ㋑ 災害の起きそうな場所

[4] 次の地図は、自然災害のひ害をへらすためのものです。（5点×2）

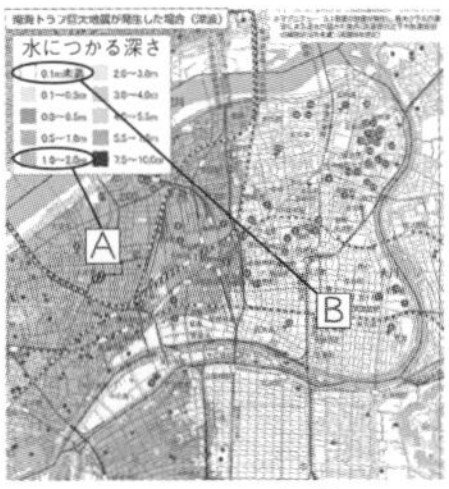

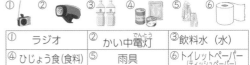

水につかる深さ
A
B

(1) この地図のことを何といいますか。

（ハザードマップ）

(2) [A]と[B]の地点で、津波がおそってきたときに、どちらの地点にいるのがいいですか。

（ [B] ）

[5] 次の図を見て、必要な防災グッズを書きましょう。（5点×6）

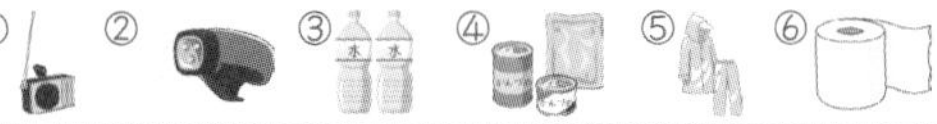

① ラジオ	② かい中電灯	③飲料水（水）
④ ひじょう食(食料)	⑤ 雨具	⑥トイレットペーパー（ティッシュペーパー）

地いきを切り開く・守る

通潤橋

[1] 次の断面図と図を見て、あとの問いに答えましょう。

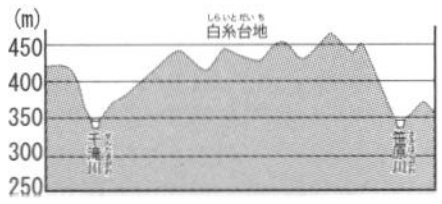

(m)
450
400
350
300
250
白糸台地

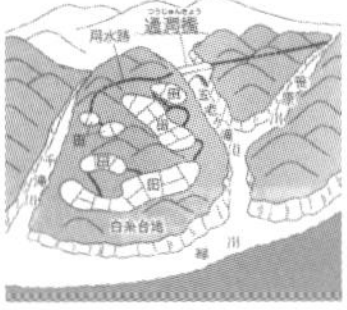

用水路
通潤橋
白糸台地

(1) 白糸台地は、どんな土地だと思いますか。（ ）にあてはまる言葉を、[ ]から選んで書きましょう。

① 近くに（ 川 ）がある。

② 台地になっているから、（ 水不足 ）が考えられる。

③ （ 米づくり ）にてきさない。

[米づくり　水不足　川]

(2) 谷と同じ高さの橋をつくるぎじゅつがないときに、水を引くために布田保之助が思いついたことを、[ ]から選んで書きましょう。

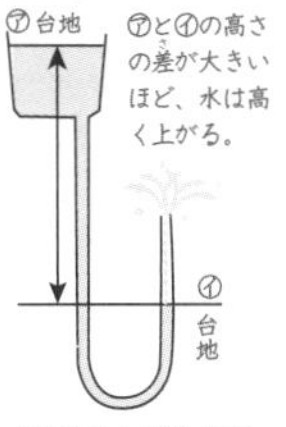

㋐台地
㋐と㋑の高さの差が大きいほど、水は高く上がる。
㋑台地

水がふき上がる原理

水は、ふつう高いところから（①低い）ところに流れます。そこで、川よりも（②高い）台地に水を流すために、水が（③落ちる）力を利用して（④台地）に水を引くようにした。

[高い　台地　低い　落ちる]

月　日 [名前]

ポイント　用水路づくりの大変さと、それを成しとげるための努力を知りましょう。

(3) (2)の考えの問題点を次のように改良しました。（ ）にあてはまる言葉を、[ ]から選んで書きましょう。

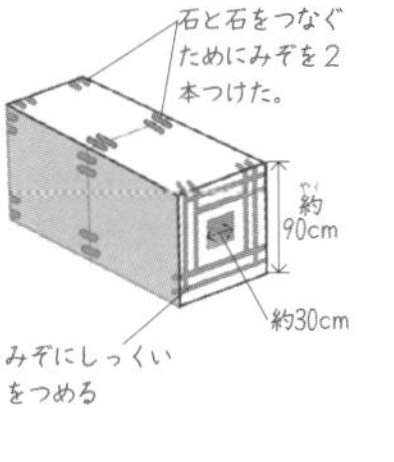

石と石をつなぐためにみぞを２本つけた。
約90cm
約30cm
みぞにしっくいをつめる

・落ちる水のいきおいが強いので、（① 木 ）の管を、（② 石 ）の管にする。

・（③ すきま ）から水がもれないように、石と石をつなぐ特別な（④ しっくい ）をつくった。

[すきま　石　しっくい　木]

(4) 次の図は、じょうぶな橋にするために石工たちの考えたことです。つくられる順に番号を書きましょう。

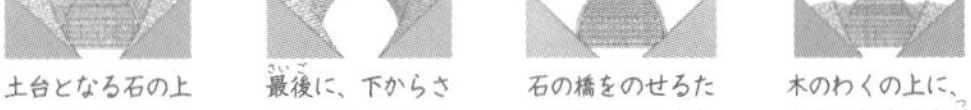

土台となる石の上に、さらに石を積み上げる。	最後に、下からささえていた木のわくをはずす。	石の橋をのせるための木のわくを組み立てる。	木のわくの上に、土台となる石を積み上げる。
（ 3 ）	（ 4 ）	（ 1 ）	（ 2 ）

(5) 次のグラフを見て、あとの問いに答えましょう。

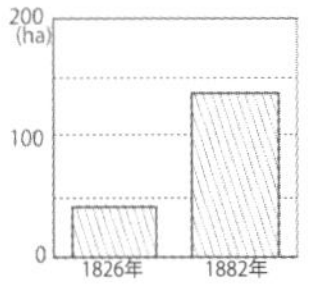

200 (ha)
100
0
1826年
1882年

〈通潤橋ができる前後の田の広さ〉

① 1826年と1882年の田の広さ

㋐ 1826年　約（ 40 ※30～45は可）ha

㋑ 1882年　約（ 130 ※130～140は可）ha

② 1882年は、1826年とくらべて約何倍になりましたか。　約（ 3 ）倍

地いきを切り開く・守る

那須疏水

1 次の図は、栃木県那須野が原（台地）の土地のようすを表しています。あとの問いに答えましょう。

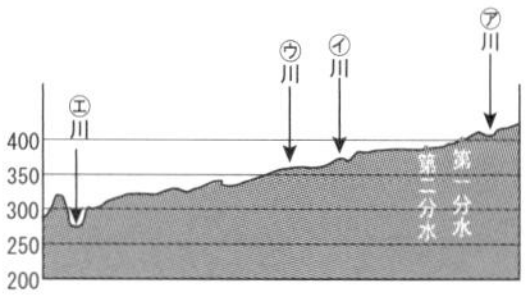

400
350
300
250
200
㋓川
㋒川
㋑川
㋐川
第二分水
第一分水

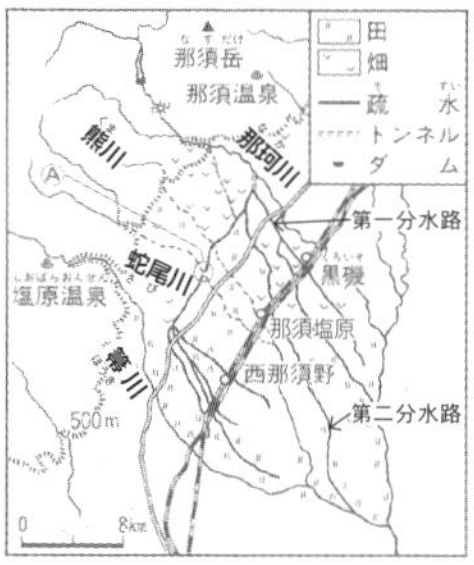

田
畑
疏水
トンネル
ダム
那須岳
那須温泉
熊川
那珂川
第一分水路
塩原温泉
蛇尾川
黒磯
箒川
那須塩原
西那須野
500m
第二分水路
Ⓐ
0
8km

(1) この台地を流れている㋐〜㋓川の名前を、上の地図を見ながらひらがなで書きましょう。

㋐（　なか　）川　㋑（　くま　）川
㋒（　さび　）川　㋓（　ほうき　）川

(2) (1)の中で、次の写真のように川の水が流れていない川（地図上では点線）の記号を書きましょう。

（ ㋑ ）（ ㋒ ）

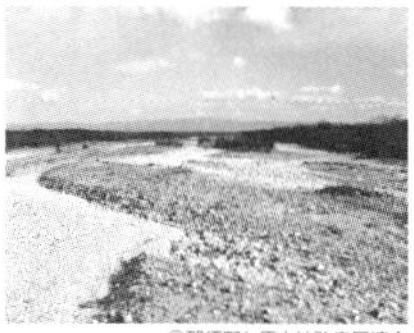
©那須野ケ原土地改良区連合

(3) この台地は、何に利用されていますか。

（　田　）（　畑　）
※順不同

月　日 [名前]

ポイント　あれ地に用水路をつくるための苦労と、むずかしさを知りましょう。

(4) なぜ、この台地に(3)がつくれられるようになったのでしょうか。

㋐川に（① 取水口 ）をつくり、そこから（② 用水路 ）を引いて、と中、（③ 川の底 ）に②を通すことで、台地全体に（④ 水 ）を流れるようにしたからです。

水　取水口　川の底　用水路

(5) 地図上のⒶは、川の下を用水路が通っています。そこは、「ふせこし」といって、那須疏水の水が川の底を流れるようにしました。その工事方法の順に番号を書きましょう。

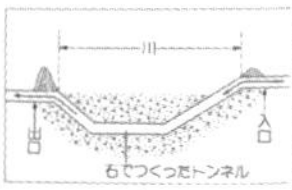

川
石でつくったトンネル

ふせこし
©那須野ケ原土地改良区連合

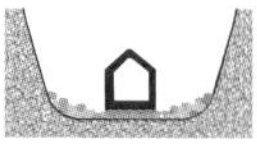
木わくを下にしき、切り石を積み上げる。
（ 2 ）

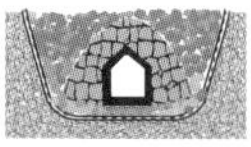
川原の石をもとにうめもどす。
（ 3 ）

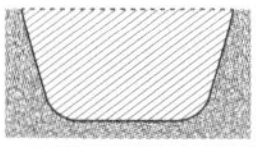
川底をななめにほる。はば・深さは5〜6m。
（ 1 ）

2 1(5)の工事に使われた道具の中で、土をほり出す道具の番号を書きましょう。

（ ③ ）

土やすなをかきよせる道具

©那須野が原博物館

① じょれん
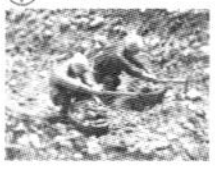

② てんびん
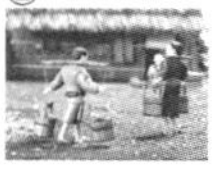

③ くわ
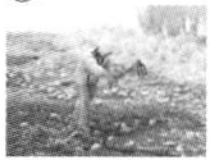

④ もっこ
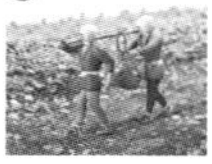

地いきを切り開く・守る

稲むらの火

1 次のポスターを見て、あとの問いに答えましょう。

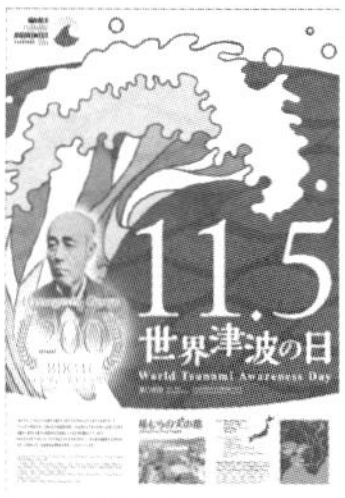

11.5
世界津波の日
World Tsunami Awareness Day

©和歌山県広川町

安政南海地震が起きた日が、「稲むらの火」の話にちなんで、「世界津波の日」として世界共通の記念日になった。

(1) 11月5日は、何の日ですか。

（ 世界つ波の日 ）

(2) (1)は、何の話にちなんで決められましたか。　（ いなむらの火 ）

(3) (2)について、次の（　）にあてはまる言葉を書きましょう。

安政南海地震（1854年）が起こったあと、潮が引き、広い砂原や岩底があらわれました。

（① つ波 ）がおそってくるにちがいないと思った濱口梧陵は、（② 村人 ）に知らせるために自分の畑に積んであった（③ いなむら ）に火をつけました。火に気づいた村人は、それを消そうと（④ 高台 ）にかけつけました。

その後、①が村をのみこんで、村はすべてなくなってしまいました。

村人　高台　いなむら　つ波

月　日 [名前]

ポイント　津波から人びとを守るための取り組みから、人びとの知恵を学びましょう。

2 次の図を見て、あとの問いに答えましょう。

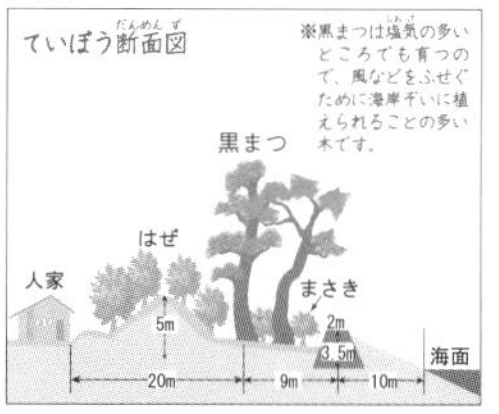

ていぼう断面図
※黒まつは塩気の多いところでも育つので、風などをふせぐために海岸ぞいに植えられることの多い木です。
黒まつ
はぜ
人家
まさき
5m
2m
3.5m
海面
20m
9m
10m

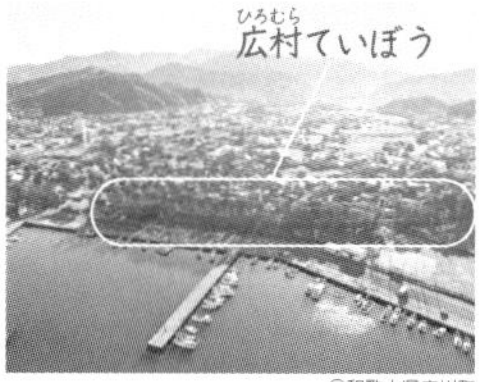

広村ていぼう

©和歌山県広川町

(1) 濱口梧陵は、地しんのあとにふたたび村が津波におそわれないように何をつくりましたか。　広村（ ていぼう ）

(2) 次の問いに答えましょう。

① 広村ていぼうの高さは、何mですか。（ 5 ）m

② 昔の石のていぼうとの間に植えた高い木は何ですか。

（ 黒まつ ）

③ 何のために黒まつを植えたのですか。（　）にあてはまる言葉を、□から選んで書きましょう。

（㋐ 塩気 ）に強い黒まつは、（㋑ つ波 ）と、（㋒ 風 ）をふせぐだけなく、（㋓ 漁船 ）が村に流れこんでくるのもふせぐため。

漁船　つ波　塩気　風

②・③順不同

まとめテスト

地いきを切り開く・守る(1)

[1] 次の地図を見て、あとの問いに答えましょう。（6点×9）

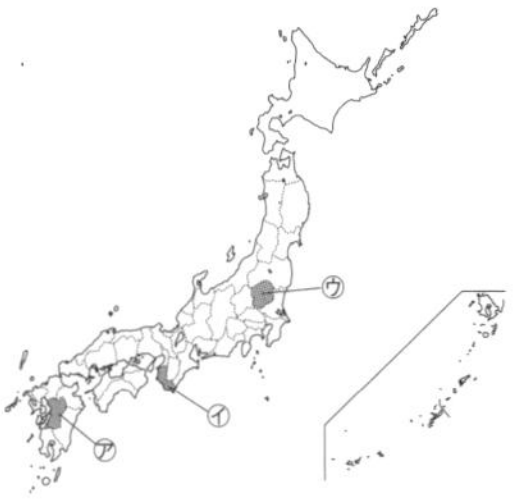

(1) ①〜③が行われたところを㋐〜㋒から選びましょう。

① 那須疏水（栃木県）　（ ㋒ ）

② 広村ていぼう（和歌山県）　（ ㋑ ）

③ 通潤橋（熊本県）　（ ㋐ ）

(2) ①〜③と関係する説明を線で結びましょう。

① ・　・㋕ 深い谷にはさまれていた台地につくった。

② ・　・㋖ あれた原野を切り開いてつくった。

③ ・　・㋗ 地しんのあとの津波にそなえてつくった。

(3) ①〜③と関係する図を選んで記号を書きましょう。

① 那須疏水　（ ㋜ ）　② 広村ていぼう　（ ㋛ ）　③ 通潤橋　（ ㋚ ）

㋚
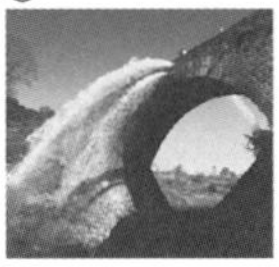

㋛
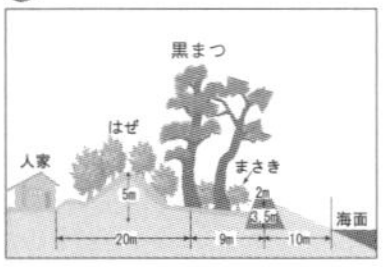

㋜
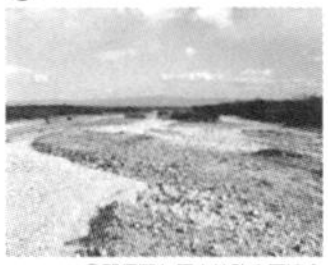

©那須野ケ原土地改良区連合

月　日　[名前]　／100点

[2] 次の断面図は、[1](1)の①〜③のどれと関係していますか。（5点×2）

㋐
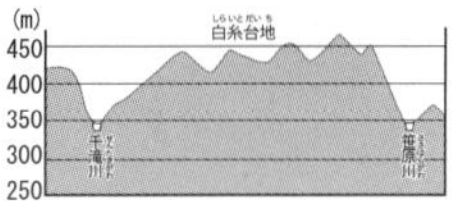

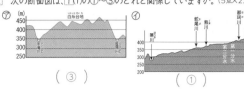

（ ③ ）

㋑
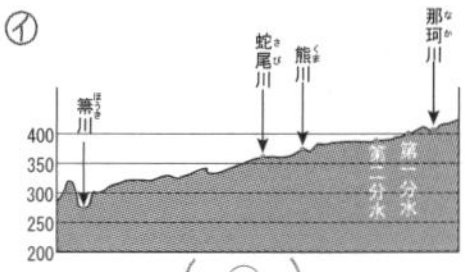

（ ① ）

[3] 下の図は、高いところに水を送るくふうを表しています。（　）にあてはまる言葉を書きましょう。（6点×6）

(1) この図が関係しているのは、①那須疏水、②広村ていぼう、③通潤橋のどれですか。　（ ③ ）

(2) 問題点

谷と台地に（ 同じ ）高さの橋をつくるぎじゅつがなかったこと。

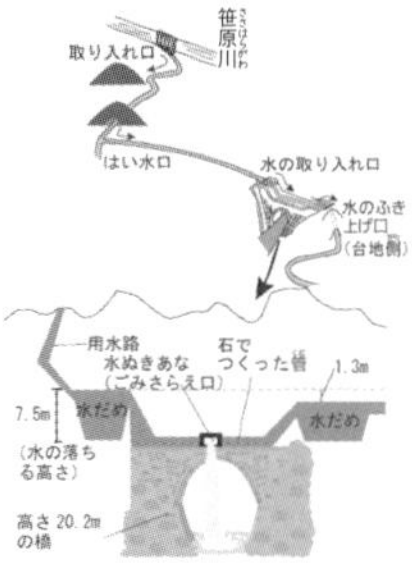

(3) くふう

台地よりも（① 低い ）土地を流れている川の水を（② 台地 ）に流すために、水が（③ 落ちる ）力を利用して橋より（④ 高い ）台地に水をふき上げた。

高い　台地　低い　落ちる

まとめテスト

地いきを切り開く・守る(2)

● あとの問いに答えましょう。

(1) 次の人物と関係する図や写真を線で結びましょう。（8点×3）

㋐ 濱口梧陵　㋑ 布田保之助　㋒ 印南、矢板

㋐
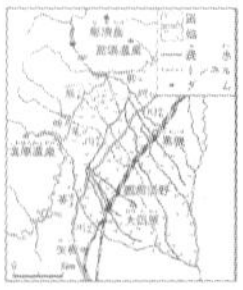

㋑
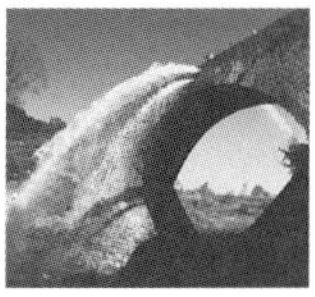

㋒
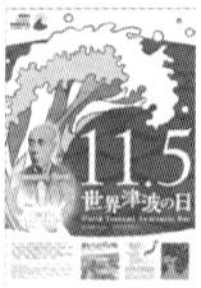

©和歌山県広川町

(2) 右の図は、広村ていぼうを表しています。(1)の㋐〜㋒のだれと関係していますか。（8点）

（ ㋐ ）

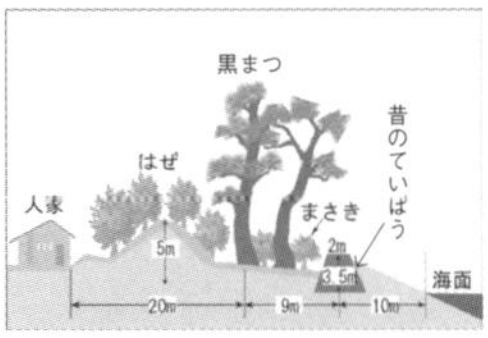

(3) このていぼうの強さのひみつを書きましょう。（16点）

（つ波・高さ・植林・漁船）

（例）つ波の高さに負けないように、塩気に強い黒まつを植林して、つ波だけでなく漁船が村に入ってくることもふせぐことができること。

月　日　[名前]　／100点

(4) 次の道具は、どんなときに使われますか。関係するものの記号を、[　]から選んで書きましょう。（8点×4）

①
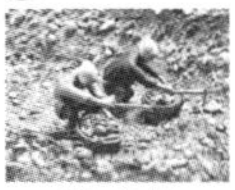
（じょれん）

②
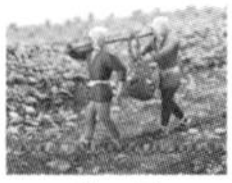
（もっこ）

③
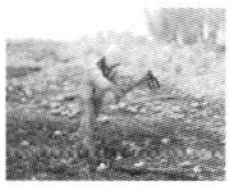
（くわ）

④
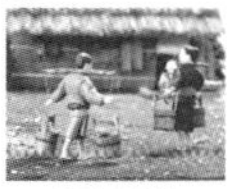
（てんびん）

©那須野が原博物館

（ ㋗ ）（ ㋖ ）（ ㋘ ）（ ㋕ ）

㋕ 水おけを運ぶ　㋖ 土・石を運ぶ

㋗ 土やすなななどをかき集める　㋘ 土をほり出す

(5) 次の図の工事のくふうを書きましょう。（10点×2）

①
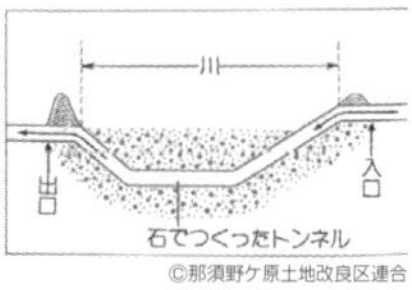

©那須野ケ原土地改良区連合

（例）用水路が、川の底を通れるトンネルをつくったこと。

②
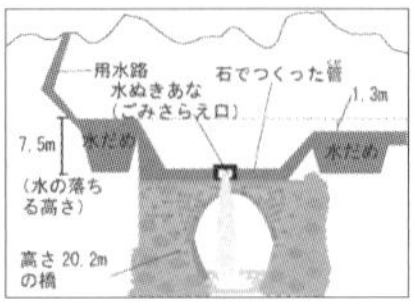

（例）高い台地に水を引くために、水が落ちる力を利用した。そのためにじょうぶな石の管をつくったこと。

電気はどこから
くらしと電気

① 次のグラフは、1950年～2016年までの発電方法を表しています。あとの問いに答えましょう。

日本の総発電量のわりあい

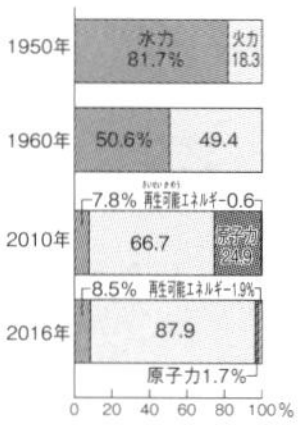

1950	水力 81.7%	火力 18.3
1960	50.6%	49.4
2010	-7.8% 原子力 26.6 -0.6 / 66.7	
2016	-8.5% 原子力 1.9% / 87.9	原子力1.7%

0　20　40　60　80　100%

(1) 左のグラフを見ながら（　）にあてはまる言葉を、[　　]から選んで書きましょう。

1950年までは（①　水力　）発電が中心でした。1960年からは（②　火力　）発電がふえています。1980年からは（③　原子力　）発電もふえ始め、2010年には総発電量の約（④　$\frac{1}{4}$　）をしめるようになりました。

しかし、2011年の（⑤　東日本大しんさい　）から風力や太陽光、地熱などの（⑥　さい生かのうエネルギー　）を使った発電量のわりあいが少しずつ多くなっています。

[　火力　さい生かのうエネルギー　水力　東日本大しんさい　原子力　$\frac{1}{4}$　]

(2) 原油、石炭、天然ガスなどをもやした熱を利用する発電方法は何ですか。上のグラフから選んで書きましょう。
（　火力発電　）

(3) 大気中に二酸化炭素がふえすぎることが原いんで、気温が高くなることを何といいますか。次の[　　]から選んで書きましょう。
（　地球温だん化　）

[　地盤沈下　悪しゅう　地球温だん化　]

158

ポイント 発電の種類とこれからの発電はどうしたらいいかを考えましょう。

② 次の①～③は、発電の仕方を説明しています。関係するものを線で結びましょう。

① ウランをねん料として、少ないねん料で多くの電気をつくる。ねん料やはいき物のあつかいがむずかしく、事こが起こると大きなひ害が出る。

② 風の力で風車を回して発電する方法。二酸化炭素を出さないが、発電量が少ないことや電力を安定してえるのがむずかしいなどの問題がある。

③ 太陽の光を電気エネルギーに変える太陽電池を使った発電。夜間の発電はできないが、あまった電気は電力会社に売ることができる。

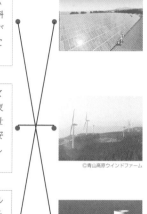
©青山高原ウインドファーム

159

日本の都道府県
日本の都道府県

① A～Hそれぞれの地方の色で都道府県をぬりましょう。

A（水色）北海道　地方
D（茶色）中部　地方
F（黄緑色）中国　地方
B（緑色）東北　地方
C（黄色）関東　地方
E（むらさき色）近畿　地方
G（ピンク色）四国　地方
H（赤色）九州　地方

162

34

ポイント 日本の都道府県名を、自分の興味のあるところから覚えていきましょう。

② ①～㊼の都道府県名を書きましょう。

A	① 北海道		

B	② 青森 県	③ 岩手 県
	④ 宮城 県	⑤ 秋田 県
	⑥ 山形 県	⑦ 福島 県

C	⑧ 茨城 県	⑨ 栃木 県
	⑩ 群馬 県	⑪ 埼玉 県
	⑫ 千葉 県	⑬ 東京都
	⑭ 神奈川 県	

D	⑮ 新潟 県	⑯ 富山 県
	⑰ 石川 県	⑱ 福井 県
	⑲ 山梨 県	⑳ 長野 県
	㉑ 岐阜 県	㉒ 静岡 県
	㉓ 愛知 県	

E	㉔ 三重 県	㉕ 滋賀 県
	㉖ 京都府	㉗ 大阪府
	㉘ 兵庫 県	㉙ 奈良 県
	㉚ 和歌山 県	

F	㉛ 鳥取 県	㉜ 島根 県
	㉝ 岡山 県	㉞ 広島 県
	㉟ 山口 県	

G	㊱ 徳島 県	㊲ 香川 県
	㊳ 愛媛 県	㊴ 高知 県

H	㊵ 福岡 県	㊶ 佐賀 県
	㊷ 長崎 県	㊸ 熊本 県
	㊹ 大分 県	㊺ 宮崎 県
	㊻ 鹿児島 県	㊼ 沖縄 県

163

日本の都道府県

県名と県庁所在地名がちがう県

[1] 次の①～⑱は、都道府県名と都道府県庁所在地名がちがうところです。それぞれ色をぬって、右の表を完成させましょう。

●…県庁所在地の場所

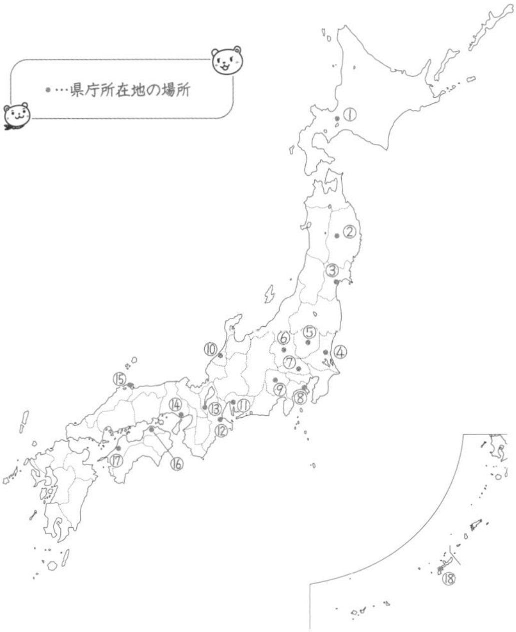

①
②
③
④
⑤
⑥
⑦
⑧
⑨
⑩
⑪
⑫
⑬
⑭
⑮
⑯
⑰
⑱

月　　日 [名前]

ポイント　都道府県名と都道府県庁所在地名がちがうところはどこか、白地図に色をぬって確かめ、覚えましょう。

[2] 道・県名と道・県庁所在地名を書きましょう。

〈北海道・東北地方〉

番号	道・県名	道・県庁所在地名	番号	県名	県庁所在地名
①	北海道	札幌　市	②	岩手　県	盛岡　市
③	宮城　県	仙台　市			

〈関東・中部地方〉

番号	県名	県庁所在地名	番号	県名	県庁所在地名
④	茨城　県	水戸　市	⑤	栃木　県	宇都宮　市
⑥	群馬　県	前橋　市	⑦	埼玉　県	さいたま　市
⑧	神奈川　県	横浜　市	⑨	山梨　県	甲府　市
⑩	石川　県	金沢　市	⑪	愛知　県	名古屋　市

〈近畿・中国・四国・九州地方〉

番号	県名	県庁所在地名	番号	県名	県庁所在地名
⑫	三重　県	津　市	⑬	滋賀　県	大津　市
⑭	兵庫　県	神戸　市	⑮	島根　県	松江　市
⑯	香川　県	高松　市	⑰	愛媛　県	松山　市
⑱	沖縄　県	那覇　市			

日本の都道府県

日本の祭りと都道府県

[1] 次の日本地図の祭りが行われている都道府県名を書きましょう。

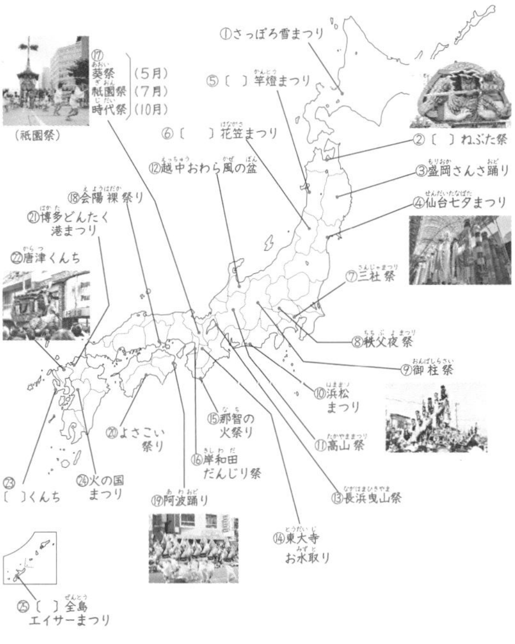

①さっぽろ雪まつり
②〔　〕ねぶた祭
③盛岡さんさ踊り
④仙台七夕まつり
⑤〔　〕竿燈まつり
⑥〔　〕花笠まつり
⑦三社祭
⑧秩父夜祭
⑨御柱祭
⑩浜松まつり
⑪高山祭
⑫越中おわら風の盆
⑬長浜曳山祭
⑭東大寺お水取り
⑮那智の火祭り
⑯岸和田だんじり祭
⑰葵祭（5月）祇園祭（7月）時代祭（10月）
（祇園祭）
⑱会陽裸祭り
⑲阿波踊り
⑳よさこい祭り
㉑博多どんたく港まつり
㉒唐津くんち
㉓〔　〕くんち
㉔火の国まつり
㉕〔　〕全島エイサーまつり

月　　日 [名前]

ポイント　知っている祭りの行われているところから都道府県を覚えましょう。

〔北海道・東北地方〕

①	北海道	②	青森県	③	岩手県
④	宮城県	⑤	秋田県	⑥	山形県

〔関東・中部地方〕

⑦	東京都	⑧	埼玉県	⑨	長野県
⑩	静岡県	⑪	岐阜県	⑫	富山県

〔近畿地方〕

⑬	滋賀県	⑭	奈良県	⑮	和歌山県
⑯	大阪府	⑰	京都府		

〔中国・四国・九州地方〕

⑱	岡山県	⑲	徳島県	⑳	高知県
㉑	福岡県	㉒	佐賀県	㉓	長崎県
㉔	熊本県	㉕	沖縄県		

新幹線と都道府県

作業1 新幹線に乗って、日本列島を北から南へ旅行します。それぞれの新幹線が通る都道府県名を書きましょう。

〔※（ ）は都道府県庁所在地〕

Ⓐ 北海道・東北新幹線

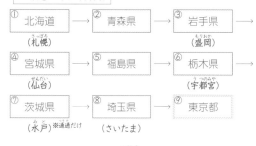

① 北海道（札幌） → ② 青森県 → ③ 岩手県（盛岡） →
④ 宮城県（仙台） → ⑤ 福島県 → ⑥ 栃木県（宇都宮）
⑦ 茨城県（水戸）※通過だけ → ⑧ 埼玉県（さいたま） → 東京都

170

Ⓑ 東海道新幹線

⑨ 東京都 → ⑩ 神奈川県（横浜） → ⑪ 静岡県 →
⑫ 愛知県（名古屋） → ⑬ 岐阜県 → ⑭ 滋賀県（大津） →
⑮ 京都府 → ⑯ 大阪府

Ⓒ 山陽新幹線

⑯ 大阪府 → ⑰ 兵庫県（神戸） → ⑱ 岡山県 →
⑲ 広島県 → ⑳ 山口県 → ㉑ 福岡県

Ⓓ 九州新幹線

㉑ 福岡県 → ㉒ 佐賀県 → ㉑ 福岡県 →
㉓ 熊本県 → ㉔ 鹿児島県

171

都道府県を調べよう！(1)

作業1 次の問いに答えた都道府県をぬりましょう。

1 次のシルエットの都道府県名を、 から選んで書きましょう。（同じわりあいで、ちぢめていません）

(1) ①（金魚） 静岡県 　②（クワガタムシの角） 愛知県 　③（ゴジラ） 新潟県

愛知県　新潟県　静岡県

172

(2) ①（人の横顔） 山形県 　②（犬のおすわり） 茨城県 　③（つるがとぶ） 群馬県

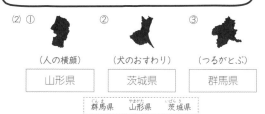

群馬県　山形県　茨城県

2 次のクイズにチャレンジして、都道府県名を書きましょう。

① 1000 千葉県 　② 滋賀県 　③ ¥ 大阪府

3 ①～⑤の「県名しりとり」をして、漢字も書きましょう。

① ナガサキ 長崎 → ② キョウト 京都 → ③ トチギ 栃木
→ ④ ギフ 岐阜 → ⑤ フクシマ 福島

173

社会ゲーム

都道府県(とどうふけん)を調べよう！(2)

[1] 次の県名を漢字で書いて、地図中の番号は○に書きましょう。

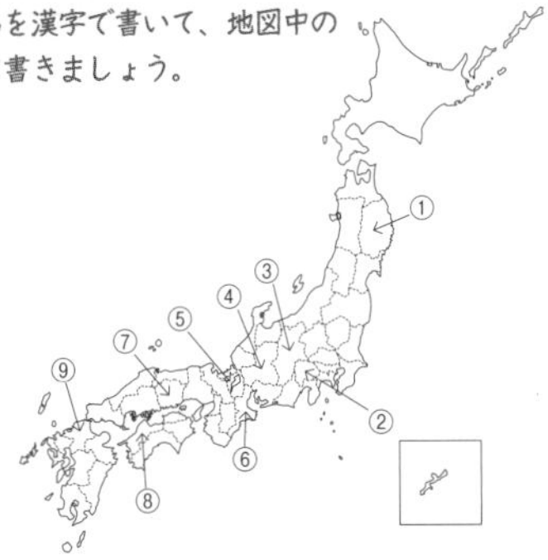

①
②
③
④
⑤
⑥
⑦
⑧
⑨

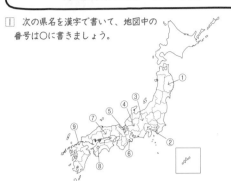

(1) 県名がひらがな2文字と3文字の県を書きましょう。

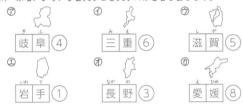

㋐ 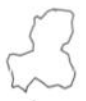 岐(ぎ)阜(ふ) ④

㋑ 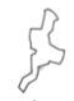 三(み)重(え) ⑥

㋒ 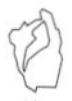 滋(し)賀(が) ⑤

㋓ 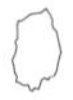 岩(いわ)手(て) ①

㋔ 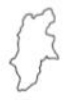 長(なが)野(の) ③

㋕ 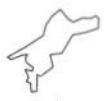 愛(え)媛(ひめ) ⑧

(2) 漢字しりとりをしましょう。

㋐ 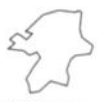 福 岡 ⑨ → ㋑ 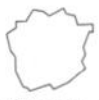 岡 山 ⑦ → ㋒ 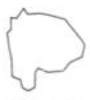 山 梨 ②

月　　日 [名前]

[2] 次の漢字の集まりの中から県をさがして、□でかこみ、(　)に県名を漢字で書きましょう。

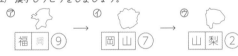

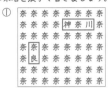

①

奈	奈	奈	奈	奈	奈	奈	奈
奈	奈	奈	奈	神	奈	川	奈
奈	奈	奈	奈	奈	奈	奈	奈
奈	奈	奈	奈	奈	奈	奈	奈
奈	良	奈	奈	奈	奈	奈	奈
奈	奈	奈	奈	奈	奈	奈	奈
奈	奈	奈	奈	奈	奈	奈	奈

(神奈川県)(　奈良県　)

②

宮	宮	宮	宮	宮	宮	宮	宮
宮	宮	宮	宮	宮	宮	宮	宮
宮	宮	宮	宮	宮	宮	宮	宮
宮	宮	宮	宮	宮	宮	崎	宮
宮	宮	宮	宮	宮	宮	宮	宮
宮	宮	城	宮	宮	宮	宮	宮
宮	宮	宮	宮	宮	宮	宮	宮

(　宮崎県　)(　宮城県　)

[3] 次の絵は何県ですか。漢字で書きましょう。

① 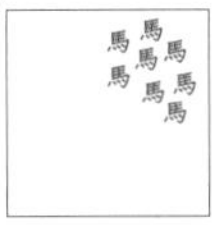

馬
馬
馬
馬
馬
馬

(　群馬県　)

② 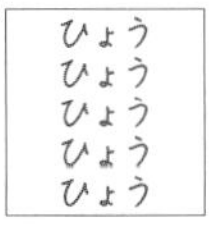

ひょう
ひょう
ひょう
ひょう
ひょう

(　兵庫県　)

③ 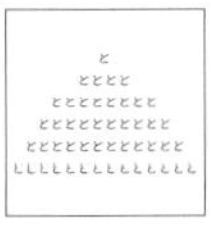
(　富山県　)

[4] 次のシルエットは何県ですか。漢字で書きましょう。（同じわりあいで、ちぢめていません）

① 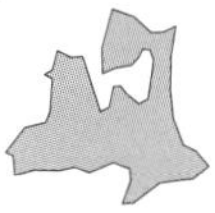
(　青森県　)

② 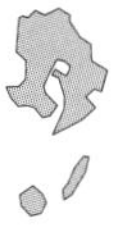
(鹿児島県)

③ 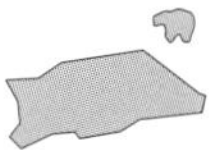
(　香川県　)

地図の見方

しゅくしゃく(1)

[1] 次の(　)にあてはまる言葉を、□から選(えら)んで書きましょう。

地図では、実さいの(①　きょり　)でのせることはできません。そこで、実さいのきょりを(②　ちぢめて　)表します。それが、どのくらい②いるかを表したものを(③しゅくしゃく)といいます。③を使うと、地図から実さいのきょりを求(もと)めることができます。

しゅくしゃく　　ちぢめて　　きょり

[2] 5万分の1の地図を使って、実さいのきょりを求(もと)めましょう。

1：50000

$\frac{1}{50000}$

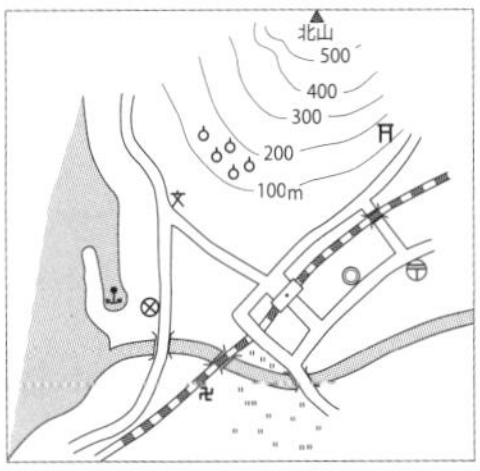

北山
500
400
300
200
100m

(1) 駅から市役所まで

㋐ 地図上　　長さ〔　1　〕cm

㋑ 実さい（単位(たんい)をそろえる）

〔㋐　1　〕cm×〔50000〕=〔50000〕cm

=〔　500　〕m

=〔　0.5　〕km

月　　日 [名前]

ポイント　しゅくしゃくの表し方と実さいのきょりを求めることができるようになりましょう。

(2) 駅から学校まで

㋐ 地図上　　長さ〔　2　〕cm

㋑ 実さい（単位をそろえる）

〔㋐　2　〕cm×〔50000〕=〔100000〕cm

=〔　1000　〕m

=〔　1　〕km

(3) ゆうびん局からけいさつしょまで

㋐ 地図上　　長さ〔　4　〕cm

㋑ 実さい（単位をそろえる）

〔㋐　4　〕cm×〔50000〕=〔200000〕cm

=〔　2000　〕m

=〔　2　〕km

[3] しゅくしゃくの表し方には、次のようなものがあります。

(1) 読み方を□から選んで(　)に書きましょう。

① 5万分の1　（　ごまんぶんのいち　）

② 1：50000　（　いちたいごまん　）

ごまんぶんのいち　　いちたいごまん

(2) $\frac{1}{50000}$ の読み方で同じなのは、①と②のどちらですか。

（　①　）

地図の見方

しゅくしゃく(2)

[1] 次の図から、どれだけちぢめたかを求(もと)めましょう。

(1) 地図上の長さを書きましょう。

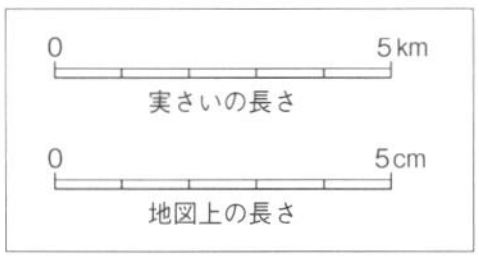

実さいのきょり	地図上の長さ
1km	1cm
3km	3cm
5km	5cm

(2) (1)は、どれくらいのわりあいでちぢめたかを計算しましょう。

1km=〔 1000 〕m=〔100000〕cm

[地図上の長さ] ÷ [実さいのきょり] = [しゅくしゃく]

1÷〔 100000 〕= $\frac{1}{100000}$

〔 10万 分の1〕〔 1 : 100000 〕

(3) 次の〔 〕にあてはまる数字を書きましょう。

1cmが10kmの地図は、10km=〔 1000000 〕cm

だから、〔 1000000 〕分の1のしゅくしゃくの地図です。

この地図で、東京(とうきょう)・横浜(よこはま)間が約(やく)3cmだったら、実さいのきょりは、約〔 30 〕kmということになります。

ポイント しゅくしゃくの表し方を知って、目的(もくてき)に合わせたしゅくしゃくを選(えら)ぶことができるようになりましょう。

[2] しゅくしゃくによって、表される地図がちがってきます。次の地図を見て、あとの問いに答えましょう。

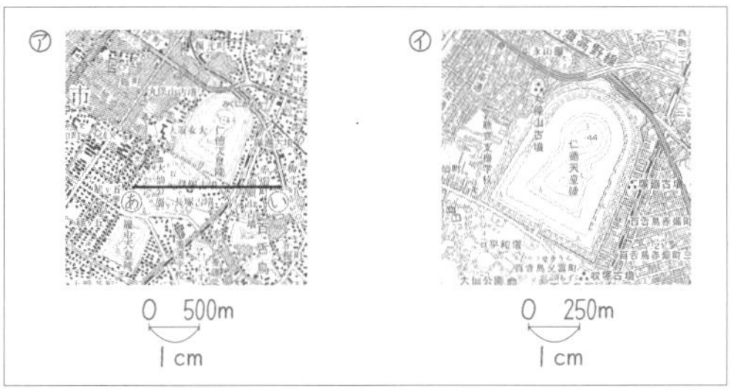

(1) ㋐と㋑の地図は、「2万5千分の1」と「5万分の1」のどちらでしょうか。

㋐(5万 分の1) ㋑(2万5千 分の1)

(2) ㋐と㋑の地図で1cmが、実さいのきょりでは何mになりますか。

㋐〔 500 〕m ㋑〔 250 〕m

(3) ㋐の地図で、[あ]ー[い]の長さが3cmです。実さいのきょりは、何mですか。 〔 1500 〕m

(4) 町の様子をくわしく表しているのはどちらの地図ですか。

(2万5千 分の1)

地図の見方

等高線(とうこうせん)(1)

[1] 次の図を見て、( )にあてはまる言葉を[ ]から選(えら)んで書きましょう。

(1) 海面からの高さが同じところを結(むす)んだ線を何といいますか。

(等高線)

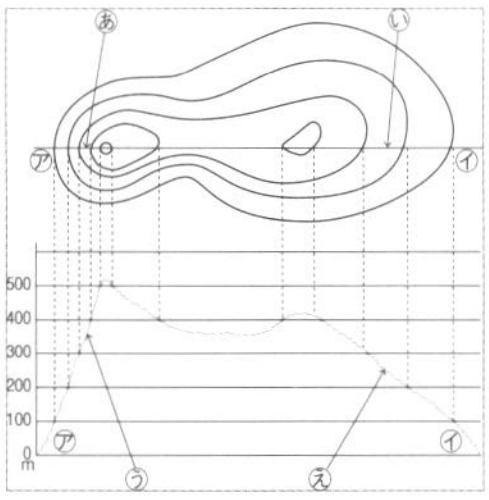

(2) 図中の[あ]~[え]にあてはまる言葉を書きましょう。

① [あ]…線と線の間が(せまい)
↓
[う]…山のかたむきが(急)

② [い]…線と線の間が(広い)
↓
[え]…山のかたむきが(ゆるやか)

広い　せまい　急
ゆるやか　等高線(とうこうせん)

[2] 次の図は、土地の様子を上から見た図です。㋐と㋑の線で切り取った面を横から見た図は、①~③の中のどれですか。

(③)

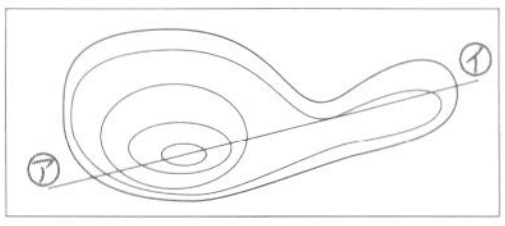

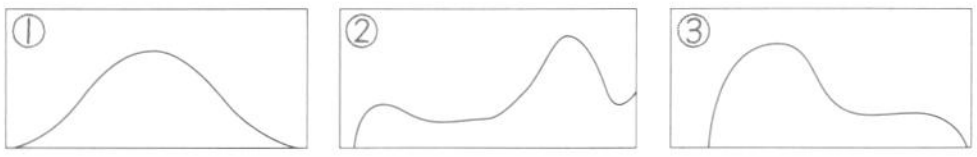

ポイント 等高線から地形を読み取ったり、断面図に表せたりすることができるようになりましょう。

[3] 次の図から、あとの問いに答えましょう。

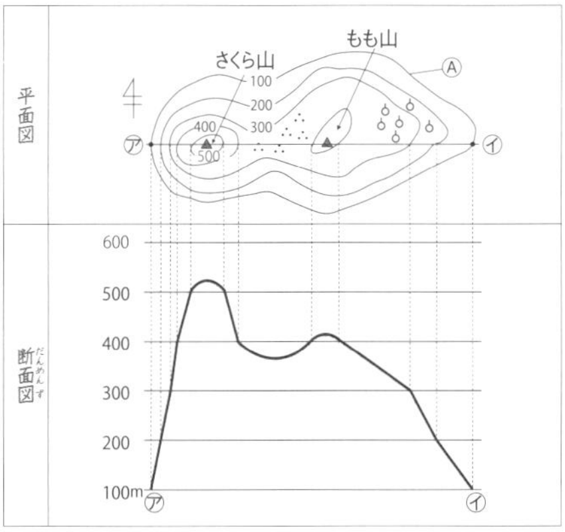

(1) 真上から見た図(平面図)から真横から見た図(断面図)をかきましょう。

(2) 図からわかったことを書きましょう。

① さくら山ともも山、どちらの方が高いですか。(さくら山)

② さくら山ともも山、どちらの方がしゃ面がゆるやかですか。

(もも山)

③ もも山の東と西ではどちら側(がわ)にくだもの畑がありますか。

(東側)

地図の見方

等高線(2)

ポイント 等高線や地形図から土地の様子を読み取ることができるようになりましょう。

月　日 [名前]

[1] 次の図を見て、あとの問いに答えましょう。

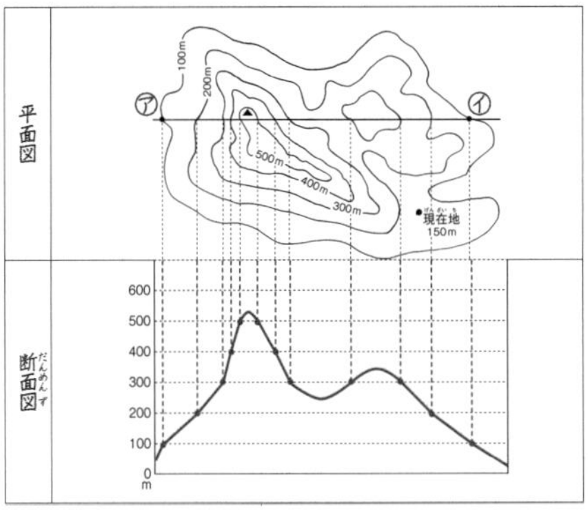

(1) 平面図から㋐と㋑を結ぶ線の断面図をかきましょう。

(2) この地図では、等高線は、何mおきに引かれていますか。

〔 100 〕m

(3) 山のしゃ面が急になっているところは、等高線の間かくは、どうなっていますか。

間かくが(せまく)なっている。

(4) 現在地とちょう上では、何mぐらいの差がありますか。

約〔 400 〕m

[2] 次の地図を見て、あとの問いに答えましょう。

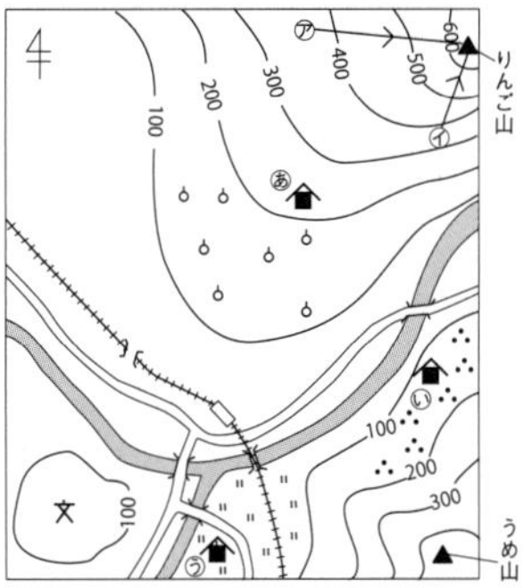

(1) りんご山とうめ山のちょう上は、何m以上ありますか。

① りんご山

〔 600 〕m以上

② うめ山

〔 400 〕m以上

(2) 学校と同じ高さにある家は、[あ]～[う]のどの家ですか。

([い])

(3) [あ]～[う]の家の近くは何に使われているかを、[ ]から選んで書きましょう。

[あ](くだもの畑)　[い](茶畑)　[う](田)

茶畑　田　くだもの畑

(4) (3)の中で、一番低いところでつくられているのは、[あ]～[う]のどれですか。

([う])

(5) りんご山にゆるやかに登ろうとすると、㋐と㋑のどちらのコースがよいですか。

(㋐)

まとめテスト

地図の見方(1)

月　日 [名前]　/100点

[1] 次の地図を見て、あとの問いに答えましょう。(5点×11)

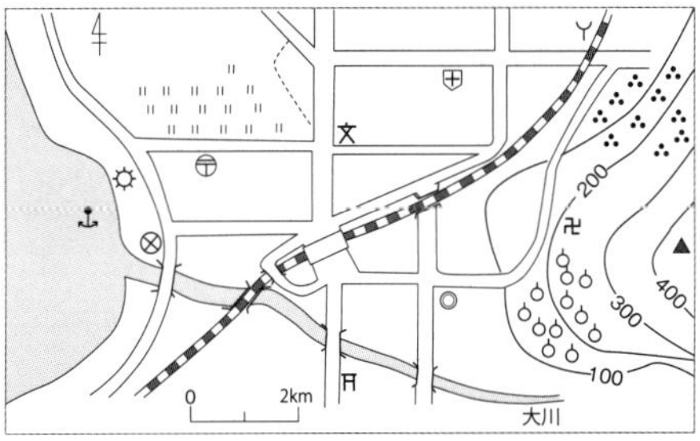

(1) 次の2つの場所の方角(八方位)ときょりを求めましょう。

		方角	実さいのきょり
①	学校から見た病院	北東	2km
②	駅から見たけいさつしょ	西	3km
③	市役所から見たゆうびん局	北西	5km
④	工場から見た神社	南東	5.5km

(2) 次の高さの土地は何に利用されていますか。

① 0～100m (田)　② 0～300m (茶畑)

③ 100～300m (くだもの畑)

茶畑　くだもの畑　田

[2] 次の( )にあてはまる言葉を書きましょう。(5点×4)

地図には、海面からの高さが同じところを結んだ(① 等高線)があります。①にしたがって色をぬると、土地の(② 高低)がよくわかり、せまくなっているところは、(③ 急)で、広いところは(④ ゆるやか)になっています。

等高線　ゆるやか　高低　急

[3] 下の地図を見て、あとの問いに答えましょう。(5点×5)

(1) 神社と寺の高さを求めましょう。

神社	(200)mぐらい	寺	(700)mぐらい

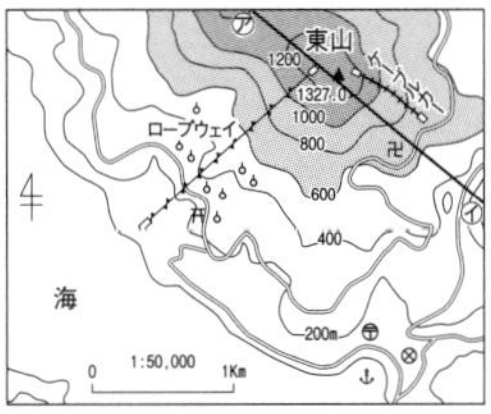

(2) (1)の近くの乗り物の高低差を求めましょう。

①ロープウェイ

(1200)mぐらい

②ケーブルカー

(500)mぐらい

(3) 図中の㋐と㋑の断面図は、[あ]～[う]のどれでしょうか。( )に書きましょう。

([う])

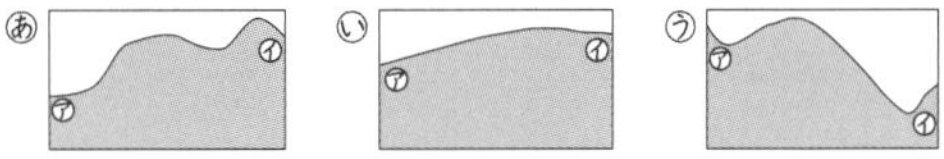

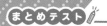

まとめテスト

地図の見方(2)

[1] 次の地図を見て、あとの問いに答えましょう。 (10点×5)

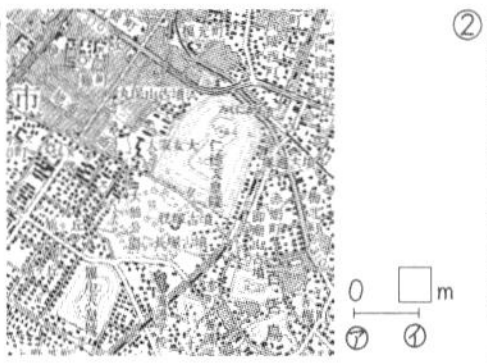

5万分の1の地図

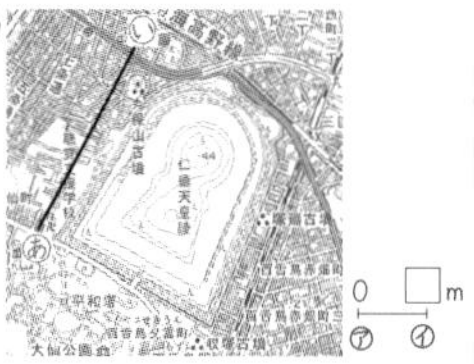

2万5千分の1の地図

(1) ㋐と㋑の長さが1cmのときの実さいのきょりを求めましょう。

①	②
(500)m	(250)m

(2) ②の地図のあといの長さは3cmです。実さいのきょりを求めましょう。 (750)m

(3) ③の地図は、1cmが2000mです。何分の1の地図ですか。

(20万)分の1
※200000でも可

(4) ①～③の中で、地いきの様子をよりくわしく表している地図は、何分の1の地図ですか。番号で書きましょう。 (②)

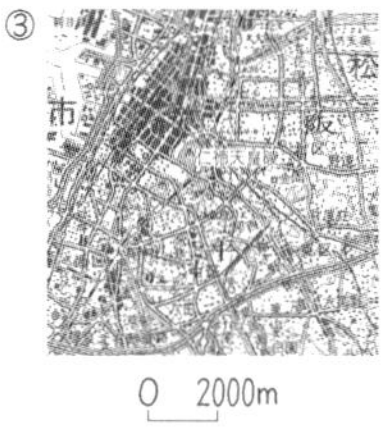

月 日 [名前] ／100点

[2] 次の平面図から断面図をかいて、あとの問いに答えましょう。 (20点)

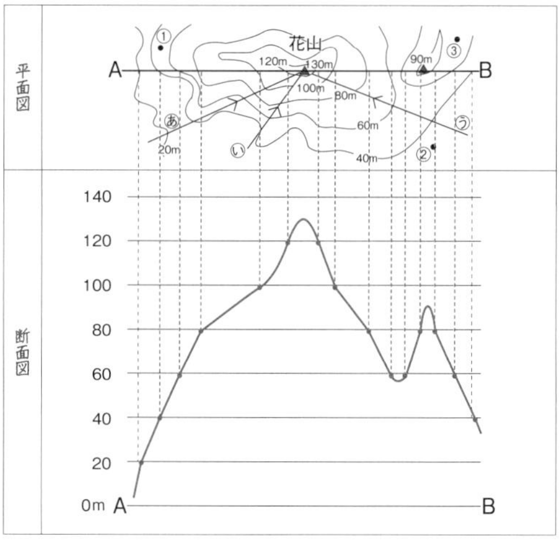

(1) ①～③の地点で一番高いところにあるのはどれで、だいたい何mくらいありますか。 (10点×2)

(③) [70]mぐらい

(2) 花山に登るのに、あ・い・うのコースの中でどのコースが一番ゆったりと登れますか。(10点) (う)

学年末テスト

健康なくらしとまちづくり

[1] 次の図を見て、あとの問いに答えましょう。

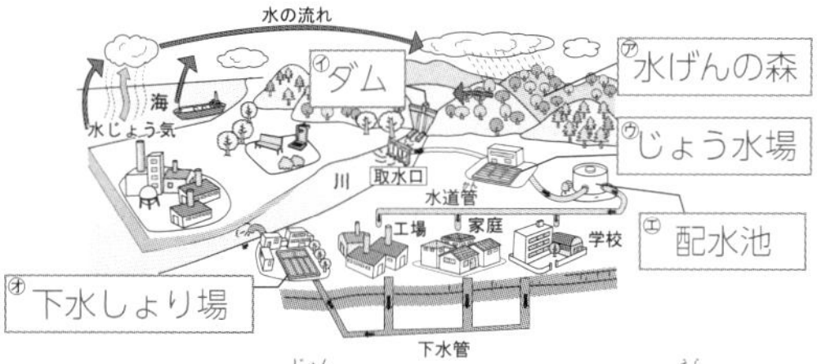

(1) ㋐から水が流れる順にあてはまる言葉を[ ]から選んで、図の中に書きましょう。 〈知識〉(6点×5)

配水池　下水しょり場　ダム　じょう水場　水げんの森

(2) 次の①～③のはたらきをするところは、㋒～㋔のどちらでしょうか。( )に記号を書きましょう。 〈知識〉(5点×3)

① (㋒) 川の水を取り入れて、飲める水にする。

② (㋓) きれいな水をためて、家庭などに送り出す。

③ (㋔) 水をきれいにして、川や海に流す。

(3) なぜ、水げんの森は、大切なのでしょうか。( )の言葉を使って書きましょう。(こう水・土しゃくずれ) 〈思考〉(15点)

(例) 森林は、ふった雨を地下にたくわえるので、こう水をふせぎ、木の根は土やすなをおさえこむので、土しゃくずれをふせぐから。

月 日 [名前] ／100点

[2] 次の図を見て、あとの問いに答えましょう。

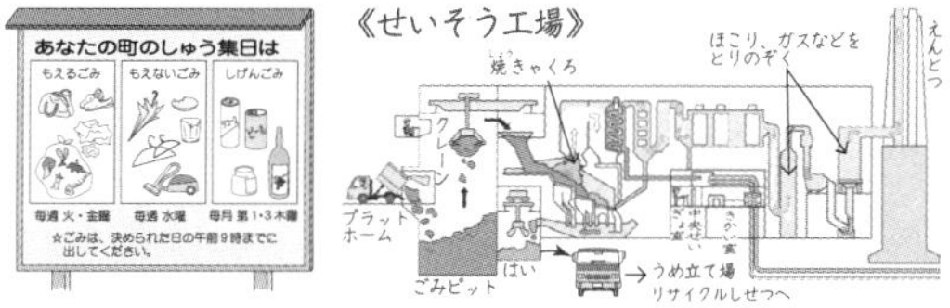

(1) 次の曜日に出せるごみを書きましょう。 〈技能〉(5点×2)

① 金曜日(もえる)ごみ　② 水曜日(もえない)ごみ

(2) もえるごみは、せいそう工場に運ばれます。次の説明のところを書きましょう。 〈技能〉(5点×3)

① ごみをはいにするところ。 (焼きゃくろ)

② ごみがもえるのを管理しているところ。 (中央せいぎょ室)

③ ごみを集めるところ。 (ごみピット)

(3) しげんごみは、毎月いつ出せますか。 〈技能〉(5点) (第1・3木曜)

(4) (3)は、リサイクル工場でどうなりますか。 〈思考〉(10点)

(例) リサイクル工場ではごみをしげんとして、新たな品物として生まれかわる。

学年末テスト

地いきを切り開く・守る

[1] 次の地図を見て、あとの問いに答えましょう。〈技能〉(9点×6)

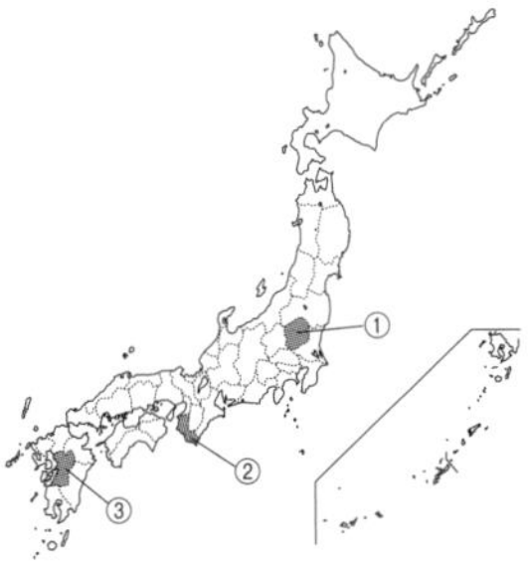

(1) ㋐～㋒がつくられたところを、地図から選んで番号を書きましょう。

㋐通潤橋(熊本県)
〔 ③ 〕

㋑那須疏水(用水路)(栃木県)
〔 ① 〕

㋒広村ていぼう(和歌山県)
〔 ② 〕

(2) 次の説明にあった写真や図を、あ～うから選びましょう。

説明	記号
深い谷にはさまれていた台地につくった用水路。	[あ]
村を津波から守るためにつくったていぼう。	[う]
あれた原野を切り開いてつくった用水路。	[い]

[あ] 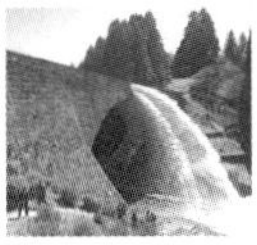
[い] 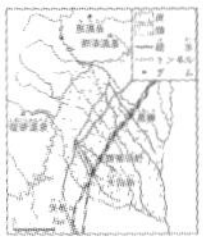
[う] 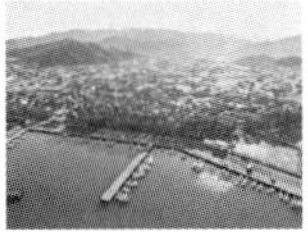

月　日 [名前]　/100点

(3) ㋐の橋ができたことでどうなったかを、( )の言葉を使ってかきましょう。　(水不足　落ちる力　米)〈思考〉(18点)

(例) 白糸台地の田は、深い谷にはさまれているので、水不足になる。そこで、水が落ちる力を利用して台地に水を引いた。すると米をつくれるところがふえた。

[2] 広村ていぼうの図について、あとの問いに答えましょう。

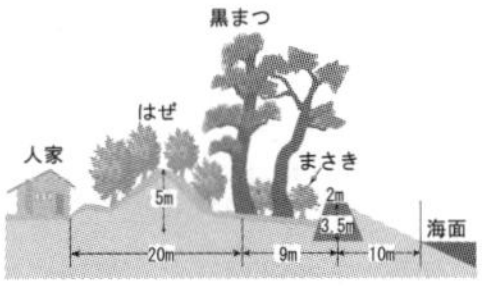

(1) 津波は、どんな災害のあとにやってきますか。〈知識〉(10点)
(地しん)

(2) 左の図に黒まつが植えられています。なぜですか。( )の言葉を使って書きましょう。〈思考〉(18点)
(漁船　塩気　つ波　村)

(例)
つ波から村を守るために、塩気に強い黒まつを植えた。黒まつは、つ波だけでなく、村に流れこんでくる漁船までもふせぐことができるから。

学年末テスト

九州・中国・四国地方

[1] 次の特産品を見て、都道府県名を書きましょう。〈知識〉(6点×9)

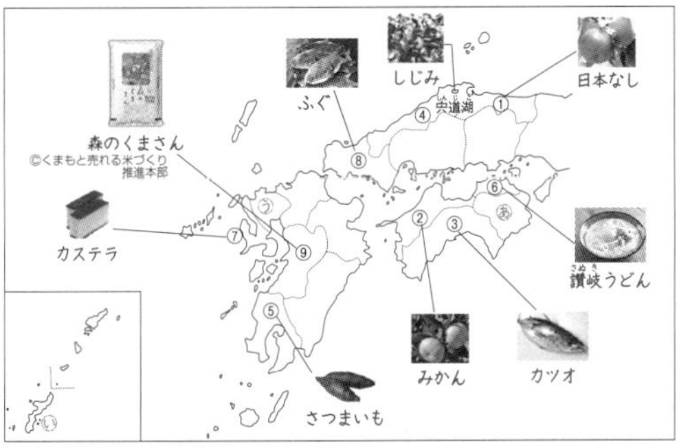

	特産品	都道府県名		特産品	都道府県名
①	日本なし	鳥取　県	②	みかん	愛媛　県
③	カツオ	高知　県	④	しじみ	島根　県
⑤	さつまいも	鹿児島　県	⑥	讃岐うどん	香川　県
⑦	カステラ	長崎　県	⑧	ふぐ	山口　県
⑨	森のくまさん(ブランド米)	熊本　県			

鹿児島　島根　熊本　山口　鳥取　香川　長崎　高知　愛媛

月　日 [名前]　/100点

[2] [1]図(あ～う)の祭りや伝統的工芸品に関係する都道府県名を書きましょう。〈知識〉(6点×3)

沖縄　佐賀　徳島

[あ] 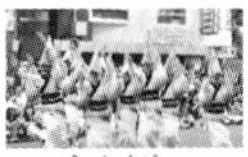
阿波踊り
(徳島)県

[い] 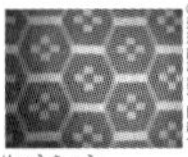
©琉球絣事業協同組合
琉球がすり
(沖縄)県

[う] 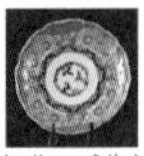
伊万里・有田焼
(佐賀)県

[3] 次の地図を見て、あとの問いに答えましょう。〈知識〉

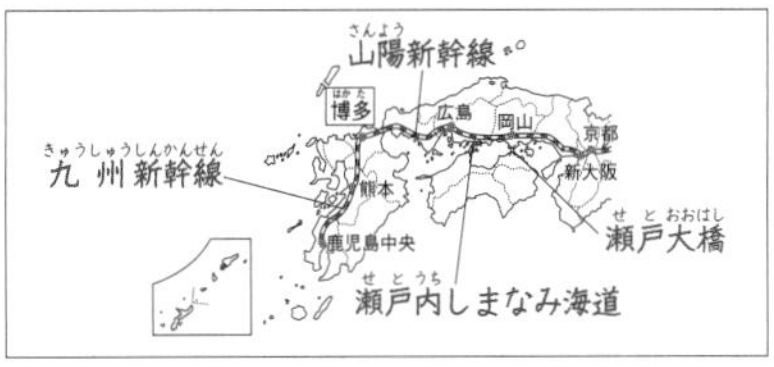

長崎　福岡　宮崎　岡山　大分　広島

(1) 次の連絡橋が結んでいる都道府県名を書きましょう。(4点×2)

① 瀬戸内しまなみ海道…(広島)県と愛媛県

② 瀬戸大橋…(岡山)県と香川県

(2) 次の新幹線に関係する都道府県名を書きましょう。(5点×4)

① 山陽新幹線と九州新幹線をつないでいる県
(福岡)県

② 沖縄県以外で九州新幹線が通っていない県(2020年)
(大分)県 (宮崎)県 (長崎)県
※順不同

学年末テスト

近畿・中部地方

1 次の特産品を見て、都道府県名を書きましょう。〈知識〉(6点×8)

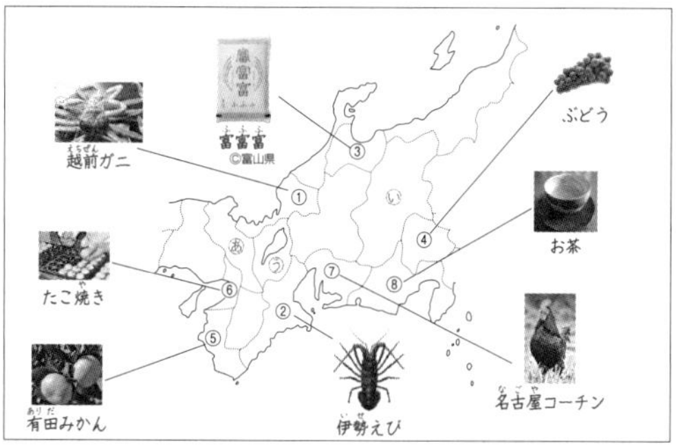
富富富
©富山県
越前ガニ
ぶどう
お茶
たこ焼き
有田みかん
伊勢えび
名古屋コーチン

	特産品	都道府県名		特産品	都道府県名
①	越前ガニ	福井 県	②	伊勢えび	三重 県
③	富富富(ブランド米)	富山 県	④	ぶどう	山梨 県
⑤	有田みかん	和歌山 県	⑥	たこ焼き	大阪 府
⑦	名古屋コーチン	愛知 県	⑧	お茶	静岡 県

静岡　山梨　富山　大阪　福井　和歌山　愛知　三重

月　日　[名前]　/100点

2 1図(あ〜う)の祭りや伝統的工芸品に関係する都道府県名を書きましょう。〈知識〉(6点×3)

長野　滋賀　京都

あ 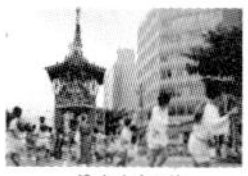
祇園祭
(京都)府

い 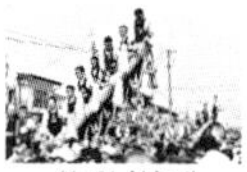
御柱祭
(長野)県

う 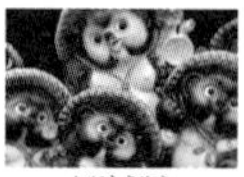
信楽焼
(滋賀)県

3 次の地図を見て、あとの問いに答えましょう。〈知識〉

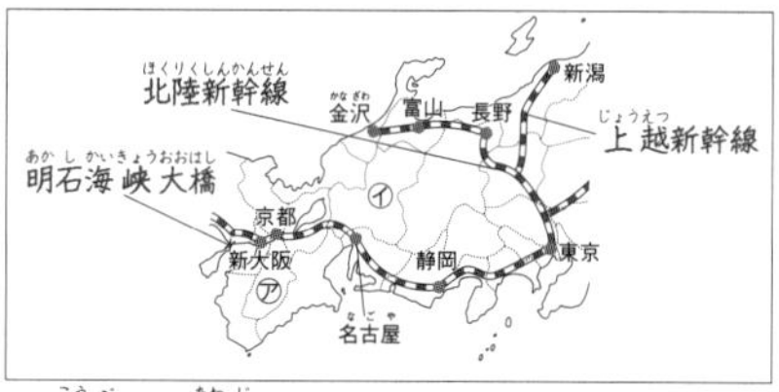
北陸新幹線
金沢
富山
長野
新潟
上越新幹線
明石海峡大橋
京都
新大阪
静岡
東京
名古屋

新潟　石川　奈良　兵庫　岐阜

(1) 神戸市と淡路島の間にかけられた、明石海峡大橋がある県は、どこですか。(6点)　(兵庫)県

(2) 海に面していない㋐と㋑の都道府県名を書きましょう。(7点×2)

㋐(奈良)県　㋑(岐阜)県

(3) 東京発新幹線の終着駅の都道府県名を書きましょう。(7点×2)

① 北陸新幹線…(石川)県

② 上越新幹線…(新潟)県

学年末テスト

関東・東北・北海道地方

1 次の特産品を見て、都道府県名を書きましょう。〈知識〉(7点×8)

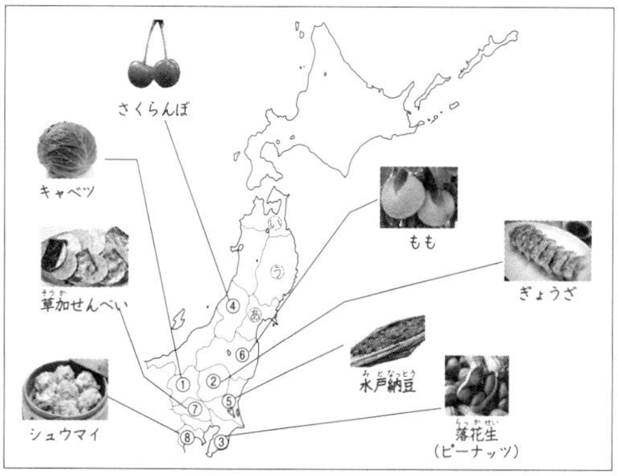
さくらんぼ
キャベツ
もも
ぎょうざ
草加せんべい
水戸納豆
シュウマイ
落花生
(ピーナッツ)

	特産品	都道府県名		特産品	都道府県名
①	キャベツ	群馬 県	②	ぎょうざ	栃木 県
③	落花生(ピーナッツ)	千葉 県	④	さくらんぼ	山形 県
⑤	水戸納豆	茨城 県	⑥	もも	福島 県
⑦	草加せんべい	埼玉 県	⑧	シュウマイ	神奈川 県

茨城　栃木　神奈川　群馬　福島　山形　埼玉　千葉

月　日　[名前]　/100点

2 1図(あ〜う)の祭りや伝統的工芸品に関係する都道府県名を書きましょう。〈知識〉(6点×3)

岩手　青森　宮城

あ 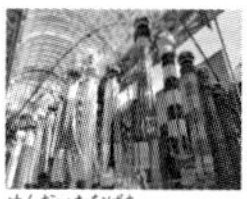
仙台七夕まつり
(宮城)県

い 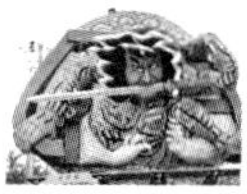
ねぶた祭
(青森)県

う 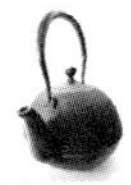
南部鉄器
(岩手)県

3 次の地図を見て、あとの問いに□から言葉を選んで書きましょう。〈知識〉

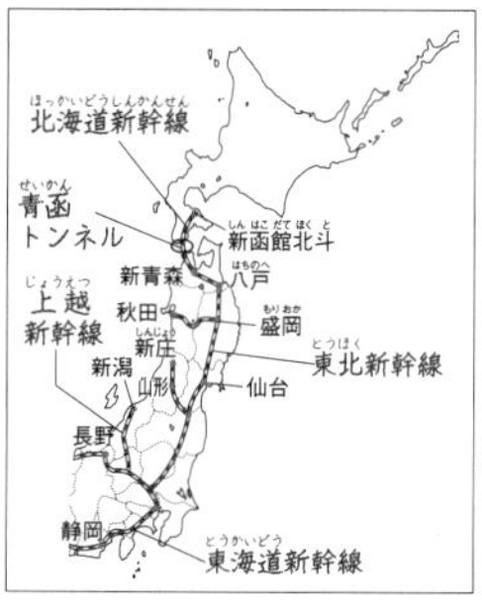
北海道新幹線
青函トンネル
新函館北斗
新青森
八戸
上越新幹線
秋田
盛岡
新庄
新潟
山形
東北新幹線
仙台
長野
静岡
東海道新幹線

(1) 新幹線の始発駅がある都道府県は、どこですか。(7点)

(東京都)

(2) 東北新幹線で次の県庁所在地を通る都道府県名を書きましょう。(6点×2)

① 仙台 (宮城県)

② 盛岡 (岩手県)

(3) 青函トンネルを通る新幹線は、何新幹線ですか。(7点)

(北海道)新幹線

岩手県　宮城県　東京都　北海道

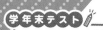